U0448826

张孝德 —— 主编

乡村振兴
探索创新典型案例

Xiangcun Zhenxing
Tansuo Chuangxin Dianxing Anli

人民东方出版传媒
People's Oriental Publishing & Media
东方出版社
The Oriental Press

图书在版编目（CIP）数据

乡村振兴探索创新典型案例/张孝德主编．—北京：东方出版社，2022.5
ISBN 978-7-5207-2766-2

Ⅰ.①乡… Ⅱ.①张… Ⅲ.①农村—社会主义建设—案例—中国 Ⅳ.① F320.3

中国版本图书馆 CIP 数据核字（2022）第 070795 号

乡村振兴探索创新典型案例
（XIANGCUN ZHENXING TANSUO CHUANGXIN DIANXING ANLI）

主　　编：张孝德
责任编辑：陈钟华
责任校对：赵鹏丽
出　　版：东方出版社
发　　行：人民东方出版传媒有限公司
地　　址：北京市西城区北三环中路 6 号
邮　　编：100120
印　　刷：三河市中晟雅豪印务有限公司
版　　次：2022 年 5 月第 1 版
印　　次：2022 年 5 月北京第 1 次印刷
开　　本：710 毫米 ×1000 毫米　1/16
印　　张：20
字　　数：240 千字
书　　号：ISBN 978-7-5207-2766-2
定　　价：68.00 元
发行电话：（010）85924663　85924644　85924641

版权所有，违者必究

如有印装质量问题，我社负责调换，请拨打电话：（010）85924725

序

与城市相比,乡村有一个特性,就是分散且多样化。古人讲,一方水土养一方人。基于道法自然的农耕经济而形成的中国乡村,因不同的地理环境养育了多样性的乡村。城市则不同,特别是近代以来形成的现代化城市,就像标准化、规范化生产出的工业品一样,呈现同质化、千城一面的特点。

我认为,不能以建设城市的思维搞乡村建设,不能以搞工业化的思维搞乡村产业,不能以城市治理的思维搞乡村治理。在乡村振兴上,不同地区形成的因地制宜的相关政策和规划,正是基于乡村的多样性特性,由此也决定了乡村振兴切忌一刀切。本书对乡村振兴探索创新典型案例的编写,也是基于这个思路进行的。本书按照中央提出的乡村振兴战略的具体要求,选编21个乡村振兴的典型案例。这些案例概括起来有这样一些特点。

首先,乡村振兴的目标是一样的,但迈向这个目标的道路是多样化的。因不同乡村有不同的禀赋和优势,由此决定了乡村振兴模式的多样化。本书21个案例,就是21个不同乡村振兴的模式。如本书第五篇"艺术可兴村 文化能富村",介绍了福建龙潭村、浙江沿坑岭头村、四川明月村，虽然都是因艺术家下乡而振兴的乡村，但这三个村仍有各自不同的特色。福建龙潭村是一条艺术家进村，通过让农民成为画家而带动起来的乡村振兴之路；浙江沿坑岭头村则是一个画家让一个空心村变成了一个画家和学生的写生村；四川明月村，则是因为遗留下的"明月古窑"的文化遗产带动一批艺术家进村而兴。我们发现，乡村振兴就像乡村的小吃一样，虽然都是一类小吃，但不同家庭、不同厨师做出的味道都不一样。本书所提供的案例，不是什么标准化、拿去就能用的模板，如果这样就会走偏。就像陕西的袁家村火了之后，全国各地就出现拷贝袁家村的现象，结果成功的很少。

所以，我们希望读者，要像品尝风味小吃那样，品完之后，不是要把人家的小吃搬到自己的家乡，而是因此而有所启示，发现自己家乡的风味小吃是什么，做出自己独特风味的小吃来。可以说，本书所提供的21个案例，就是不同地方的21种风味小吃，希望大家认真品读。

其次，乡村振兴是一个系统工程，乡村是一个活的生命体。本书所选的案例，之所以都具有自己的个性和品格，就是因为每一个乡村都是一个鲜活的生命体。中国乡村经历了近代以来的工业化洗礼和城市化冲击之后，历史悠久而古老的乡村面临凋零。党的十九大提出的乡村振兴，是一个古老生命开启新生命的一次涅槃。本书案例中的这些乡村，是迈向新时代获得新生命的乡村。

乡村是一个集政治与经济、文化与历史、社会与生活于一体的有自己独立生命的文明体，携带着中华文明的基因。因此，这决定了中央提出的乡村振兴，不能归结为单一产业的振兴，而是乡村生命有机体整体的复兴。许多地方花巨额资金打造的田园综合体为什么陷入困境？就是因为它没有生命。本书讲述的每一个案例都是一个鲜活的乡村故事。

赋予乡村生命活力就要复兴乡土文化，因为乡土文化是乡村生命的魂。让乡土文化传承扎根的是乡村教育，乡村教育是乡村生命的根。让乡村生命实现自我修复激发出活力的是乡村治理，乡村治理是乡村生命活力的源。让乡村生命健康与美丽的是乡村生态文明建设，乡村生态文明建设是乡村生命健康与美丽的宝。在此基础上形成的乡村产业和释放出的生产力，是有生命的生产力，是能够让乡村更健康美丽、更可持续发展的生产力。中国乡村生命实现涅槃的乡村振兴大逻辑是：乡土文化是魂，乡村教育是根，乡村治理是本，乡村生态是宝，产业兴旺是乡村生命活力释放的必然结果。这样的乡村振兴才是让乡村美丽、让村民幸福、让集体发展的全面振兴之路；这样的乡村振兴，才能承担起习近平总书记所讲的"民族要复兴，乡村必振兴"的使命。

本书收集的21个案例各有特色，乡村也都实现了生命重生，所以，我们希望读者，要以生命的感觉阅读此书，进行生命与生命的对话，从中找到自己乡村的涅槃之道。

最后，要以大道至简的智慧来阅读这些案例，悟其中的道、解其中的理。这21个案例，虽然各有各的生命和个性，但也有共同的东西，这个东西不是可以简单拷贝的标准，而是其中蕴含的道理。这些道理可能是智者见智仁者见仁，但从大的方面看，有这样一些共同的道理：第一，每一个乡村振兴案例故事的背后，都有一个有公心、有能力、有智慧的带头人。为此，本书的每一个案例，都有故事人物金句。他们的真知灼见和智慧就在这些金句中。第二，每一个成功的乡村都在开放中振兴。孤阴不长，独阳不生。这些成功振兴的乡村都通过不同方式，借用外来的人财物等资源实现了与城市市场的对接，充分发挥了文化、艺术、乡贤、乡建、社会组织等有情怀的高端人才的价值。第三，党的领导是保证乡村集体发展、共同富裕的核心。第四，这些乡村都高度重视乡土文化振兴，使其成为乡村振兴自信之根、发展之源。乡土文化与红色文化、革命文化相辅相成，成为照亮乡村振兴之光。为了让读者能够更好地领悟其中的道理，本书为每个案例都设置了专家解读，供读者参考。

总之，本书所提供的案例，不是可拷贝的模板，而是关于走自己的路、建设属于自己的有生命力乡村的启迪与思考。

2022 年 3 月 16 日

目录

第一篇

党的领导是核心 乡村善治是前提

四川战旗村：优良党风代代相传的乡村振兴之路 ... 002
一、习近平总书记对战旗村的称赞：战旗飘飘，名副其实 ... 002
二、八任党支部书记"一任接着一任干"，久久为功代代传 ... 004
三、从精神到物质、从富有到共富的战旗发展之路 ... 007
四、党建引领、文化兴村、城乡互动迈向未来新战旗 ... 011
故事人物金句 ... 013
专家点评·董筱丹 ... 014

江苏马庄村：党建引领、文化兴村的善治之路 ... 018
一、习近平总书记为马庄精神点赞 ... 019
二、"富口袋"更要"富脑袋"的双轮驱动发展之路 ... 022
三、整治村貌、敦化民风，内外美丽都要抓 ... 025
四、马庄的经验与启示："两手抓、两手都要硬" ... 027
故事人物金句 ... 028

专家点评·刘　忱..029

山东单县：德治落地，探索乡村善治路..032

　　一、单县党委的创新探索：以德治为方向，以治理搞振兴.................033

　　二、以德治为纲的"五位一体"善治模式...035

　　三、单县德治结善果：乡村治理显成效、乡村振兴开新局.................038

　　故事人物金句...041

　　专家点评·刘　忱..042

第 二 篇

产业兴旺路不同　创业致富道相通

陕西袁家村：颠覆经典经济学的乡村财富..046

　　一、"无中生有"：村集体与市场对接的市场经济................................047

　　二、共富不暴富：生产和分配的非市场化...048

　　三、绝不养懒人：让农民成为经济事务和公共事务的主体.................050

　　四、新市场、新经济带来共同富裕的新财富......................................052

　　故事人物金句...053

　　专家点评·胡颖廉..055

浙江何斯路村：现代版的共同富裕"桃花源".....................................057

　　一、回乡创业，何允辉的"桃花源"梦从薰衣草故事开始.....................058

　　二、建设学习型村庄，成为"桃花源"经济发展的原动力.....................061

　　三、国内首创"功德银行"，让精神富裕成为共同富裕的魂.................063

四、何斯路村是物质与精神的共同富裕.................................066

　　故事人物金句.................................067

　　专家点评·鲁可荣.................................068

山西振兴村：一村带动一片的振兴之道.................................071

　　一、扎根乡土40载，始终心系共富路.................................072

　　二、以企带村、以工带农、以商带户，"三带"并举产业兴.................................073

　　三、义务教育、素质教育、职业教育，"三育"融合强基础.................................076

　　四、转民风、治家风、养村风，"三风"共育促文明.................................078

　　五、融入生产，便利生活，注重生态，"三生"同步建新村.................................079

　　六、党委抓大事，党支部办实事，党员做好事，三级齐抓固党建.................................081

　　故事人物金句.................................083

　　专家点评·张孝德.................................084

第 三 篇

合作路这样走　共富经如此念

山东衣家村：共富的劳动入股、工票制度合作社.................................088

　　一、穷则思变，党支部领办合作社走向脱贫致富路.................................089

　　二、工票创业股＋原始股：解决多劳多得与共同富裕难题.................................091

　　三、党支部＋合作社：新时代合作社创新之路.................................093

　　四、党领导的合作社带来乡村全面发展新格局.................................095

　　故事人物金句.................................096

专家点评·江　宇...097

安徽南塘村：一个大学生回乡创业的合作社之路.................101

一、从"哭着维权"到"笑着合作"，南塘合作社诞生.................102

二、南塘合作社铭记的初心：为村民服务的"公义心".................104

三、拓展空间：重建城乡互助合作新链接.................106

四、南塘兴农合作社，一个让乡村全面振兴的合作社.................108

五、南塘的启示与未来.................109

故事人物金句.................110

专家点评·潘家恩.................112

山东田家村：党支部领办合作共富之路.................115

一、回乡青年杨春华：立党为公，发愿改变田家村.................116

二、办合作社从整顿党风开始，田家村迎来了春天.................117

三、改变村风、凝聚人心的"三驾马车"带动走向善治路.................118

四、党支部领办合作社是人人有股的合作共富路.................121

五、党支部领办合作社，使田家村走向振兴.................123

故事人物金句.................124

专家点评·张孝德.................125

第 四 篇

新农业之路　新农人之梦

北京"分享收获"：一对博士夫妇的有机农业梦想.................130

一、从"洋插队"到回国创办"小毛驴农园"..................131

　　二、从"小毛驴农园"到"分享收获"的再次创业..................134

　　三、让"分享收获"成为社会共享的"好农业"..................137

　　四、追求和理想：发展让乡村可以复兴的农业..................139

　　故事人物金句..................140

　　专家点评·周　立..................142

山东弘毅农场：“六不用”的生态农业、智慧农业..................146

　　一、"六不用"农业：让实验室回到乡村的16年科学探索..................147

　　二、循环再生：物尽其用，五谷丰登与五畜兴旺的农业..................150

　　三、创造奇迹：搞生态农业不会饿死人，不用农药照样夺高产..................151

　　四、弘毅生态农业模式输出：星星之火，可以燎原..................155

　　故事人物金句..................156

　　专家点评·张孝德..................158

吉林郭家村：让村民共富养老的发酵床养猪合作社..................161

　　一、困难人生倒逼李云凤走向养猪之路..................162

　　二、云凤社与公司合作，探索"种—养循环"新模式..................163

　　三、发酵床养猪一举多得：成本低、收益大、重建人地新循环..................165

　　四、庭院养殖、合作养殖探索出产业养老新模式..................167

　　五、构建让生态养猪惠及更多村民的"省县乡三级"服务网..................169

　　故事人物金句..................171

　　专家点评·胡跃高..................172

第 五 篇

艺术可兴村　文化能富村

福建龙潭村：文创赋能让传统村落重生 176

　一、筑巢引凤，吸引众多艺术家落户龙潭 177

　二、人人都是艺术家，让村民成为文创新主体 179

　三、文化招商、全国首创"居住绿卡"吸引新村民 180

　四、艺术引领乡村振兴路，文创脱贫创造龙潭新模式 182

　故事人物金句 184

　专家点评·姜志燕 186

浙江沿坑岭头村：让山村成为"画家村" 189

　一、一个画家的到来，改变了沿坑岭头村的命运 190

　二、从写生亭到民宿业，画家与农民共建的"画家村" 193

　三、从画家民宿到合作社，走向合作共富路 195

　四、"画家村"的启示 198

　故事人物金句 199

　专家点评·叶培红 200

四川明月村：农民与艺术家共建的诗意乡村 203

　一、从"两个村长"开始的明月村艺术兴村之路 204

　二、活化传承：从"明月古窑"到"明月国际陶艺村" 206

　三、艺术生活化：让村民成为乡村艺术家 208

四、政府助推：陪伴明月村成长壮大……211

五、艺术兴村带动乡村振兴……212

故事人物金句……214

专家点评·董进智……216

第六篇

振兴靠人才　教育要先行

福建岵山社区大学：社区教育助推乡村振兴……220

一、想农民之所想，从家庭教育开始的社区大学……221

二、创新教育理念，让儿童走上自我教育、自我成长之路……223

三、搞活社区活动，传承乡土文化……224

四、教育兴村，社区大学赋能乡村精气神……226

故事人物金句……229

专家点评·萧淑珍……230

四川大邑县：让乡村教育美丽而有温度……233

一、以改革思维探索乡村教育振兴之路……234

二、以"五大工程"探索乡村教育的"大邑方案"……235

三、改革成果：影响全国乡村教育的"大邑样态"……242

四、展望与启示：拥抱乡村教育的3.0时代……243

故事人物金句……244

专家点评·汤　勇……245

山西关头村：让教育回村的教育实验 248

一、"三亲教育"是什么样的教育，家长如是说 249

二、让孩子一生幸福、扎下做人之根的教育 252

三、从根本上实现"双减"的教育实验 255

四、给村庄带来希望、让乡村振兴的教育 257

故事人物金句 259

专家点评·王占伟 260

第七篇

垃圾成为宝　生态变成金

河南毛庄村：让垃圾成为宝的"零污染村庄" 264

一、毛庄媳妇张新岭回乡，成了巾帼带头人 264

二、从孝道到垃圾治理：先内后外的"零污染村庄"建设之路 267

三、制度+义工：实现垃圾在地化、资源化、无害化治理 269

四、再造人地新循环，变废为宝带动有机农业发展 271

故事人物金句 274

专家点评·张孝德 274

浙江大竹园村：美丽乡村的蝶变之路 277

一、从环境治理起步的美丽乡村建设"三步走" 278

二、"有为政府+有效市场+有情社区"的乡村环境治理模式 279

三、生态治理转化为经济效益和社会效益 285

故事人物金句 287
　　专家点评·王晓莉 287

湖南光明村：分布式、生物化污水治理新模式 290
　　一、因地制宜，分布式、生物化污水治理新模式落地光明村 291
　　二、分布式污水处理：成本低、操作便捷，深受村民喜欢 293
　　三、党建引领综合治污，治污带来乡村发展新气象 295
　　四、志愿者服务，让治污成为村民参与的公益活动 297
　　故事人物金句 298
　　专家点评·王晓莉 299

第一篇

党的领导是核心
乡村善治是前提

四川·战旗村

江苏·马庄村

山东·单县

四川战旗村

优良党风代代相传的乡村振兴之路

解读专家：董筱丹

闻名遐迩的全国乡村振兴示范村四川省成都市郫都区唐昌镇战旗村，从20世纪60年代中期"深度负债"起家，发扬艰苦奋斗精神大干农田改造，一举摘下饥饿、落后、贫困的帽子，之后不断进行军民共建、村企共建、村校共建等创新探索，用50多年的勤俭苦干，谱写了不惧艰险、敢于争先、大道为公、求实探索的"战旗精神"，八任党支部书记"一任接着一任干"，鲜亮党旗代代相传。

一、习近平总书记对战旗村的称赞：战旗飘飘，名副其实

战旗村原名集凤村，位于都江堰精华灌区的上游，水利灌溉条件较好，行政区划属于都江堰市、彭州市和郫都区的交界地带。在与金星村合并以前，战旗村面积约2.06平方公里，耕地共1930亩（约129公顷），

总人口约1700人。2020年初，因建制调整，战旗村与金星村合并，现在面积达5.36平方公里，耕地面积5441.5亩，共1445户，人口4493人。

1956年农业合作化运动中，集凤生产队成为先锋人民公社金星大队的一部分，叫作"金星三大队"。1965年，蒋大兴担任战旗村第一任党支部书记，在他的提议下，金星三大队更名为战旗大队。更名的背后是一种战斗精神的焕发。"战旗"这一响亮的名字一直沿用至今，它激励着每一位党员都成为一面战旗，激励着战旗村始终奋斗在时代前列。

战旗飘飘，凯歌高奏。2018年2月，习近平总书记来到战旗村视察，在听取了党支部书记高德敏的汇报后，高兴地赞许"战旗飘飘，名副其实"，并要求战旗村在乡村振兴的道路上"走在前列，起好示范"。这是党的十九大提出乡村振兴战略之后习近平总书记视察并发表重要讲话的第一个村庄，其重要性和荣誉感不言而喻。在这光荣背后，是战旗村50多年始终如一的砥砺奋斗，是优秀党风代代相传的自觉自律，是建设美好家园久久为功的笃定信念。50多年来，无论改土、修路、建厂、改制，无论搞农业、办工业还是生态化转型，村党支部始终发挥着凝聚人心的战斗堡垒作用，全村上下一心，战旗村每次调整转型都能实现高效有序，与不断变化的时代脉搏紧紧相扣，"敢为天下先"实至名归，精神物质双丰收。

二、八任党支部书记"一任接着一任干",久久为功代代传

战旗村的今天确实像习近平总书记讲的那样,是埋头苦干久久为功、一任接着一任干出来的。自改名为战旗村以来,一任又一任领导,不负"战旗"这个称呼,使凝聚着艰苦奋斗、立党为公的战旗一直飘扬到今天。

战旗精神的奠基者是第一任党支部书记蒋大兴(已故)。1966年,"文化大革命"开始。在蒋大兴带领下,当时的战旗村坚持以生产为主,号召村民要把粮食生产搞好,提倡"勤俭持家,艰苦奋斗",全队社员搞生产、抓农业。蒋大兴说,如果连饭都吃不饱,还搞什么革命?那时候,除了土地,战旗村一无所有。在这种情况下,他们只能向土地要东西,所以,不管晴天还是雨天,全队人都拼命下地干活。几年时间,战旗村的农田由原来高低不平、大小不一的小丘、小田改造成了方方正正的标准化农田,沟、渠、路相通,交通方便。战旗村的土地耕作水平得到了提高,这为后来粮食增产增收奠定了坚实的基础。

战旗村"听党话 感恩党 跟党走"标语

用革命精神建设村庄的是第二任党支部书记罗会金(已故)。罗会金担任党支部书记期间,充分利用民兵建设的国家号召,对村庄实行军事化管理,实现对村内劳动力的

高强度组织动员。罗会金认为,战旗村也可以说是"民兵起家"。以罗会金为首的党支部狠抓民兵组织建设工作,大力倡导发挥民兵作用,一个队就是一个排,一个村就是一个连。战旗村就这样开始投入农田改造,把农田水利建设搞得轰轰烈烈。

罗会金回忆道:"军队作风对(我们)这个村影响较大,村民积极性高,做事效率也很高,很团结。在有准备的情况下,全村人一般5—8分钟就能集合起来;没有准备的情况下,半个小时能集合起来。所以建村一两年后,在全村人的共同努力下,我们基本上就有粮食吃了。"

奠定集体经济基础的是第三任党支部书记李世炳。20世纪70年代中期,李世炳担任大队党支部书记,以学大寨的精神,修起了郫县的第一个农民集中居住区,并有17户87人先后入住。

在罗会金和李世炳先后担任党支部书记期间,战旗大队还建立了村级砖窑厂,为以后的村级企业发展铺垫了坚实的基础。

战旗村集体企业大发展时期是在第四、第五、第六任党支部书记杨正忠、易奉先、高玉春领导下实现的。那一时期,战旗村采用滚雪球的方式,先后创办了铸造厂、肥料厂、砖瓦厂、凤冠酒厂、宁昌商贸公司、树脂厂、会富豆瓣厂、五七一九工厂战旗分厂(与飞机发动机修理厂联办)、鹃城复合肥料厂、面粉厂、迎龙山庄等十几家集体企业。易奉先在介绍当年兴办集体企业时说:"我那时候,想法其实很简单,就是想怎样才能让老百姓好过,怎样才能成为万元户。"

强化集体经济控制权改制的是第七任党支部书记李世立。在李世立的带领下,战旗村克服重重阻力,2002年实施了对集体企业的二次改制,重点就是让村集体重新掌握对集体多年积累所形成资产的主导权,即体

战旗村生产的郫县豆瓣是当地的特色农产品，在市场上非常抢手，已经成为一种特色文化

现全体村民作为这些资产所有者的权益。战旗村在完成企业改制后的第二年便收回了资金420万元，从制度上解决了集体资产流失、村集体失去控制权的问题。

让新时代战旗继续飘扬的是第八任党支部书记高德敏。2002年，高德敏被推选为村委会主任，2010年他当选为村党支部书记。高德敏阅历丰富，曾经放牛、在砖场搬砖、倒买卖、在树脂厂担任会计、创办"浪大爷"食品公司，等等。在高德敏的带领下，战旗村从一个地处偏远的小村庄发展成为远近闻名的明星村，实现了传统农村到幸福美丽新村的蜕变。战旗村先后荣获"全国文明村"、四川省"创先争优"先进基层组织、四川省"四好村"、"四川省百强名村"、"四川省集体经济十强村"、成都市"先进基层党组织"、成都市"四好村"等称号。

高德敏经常说："战旗村的今天，是村'两委'一届接着一届干的结果，遇到问题，我们经常向老支书请教。不忘初心，方得始终。发展依靠个人的力量始终是不行的,我们要广学典型,每个人都有值得学习的地方。"

三、从精神到物质、从富有到共富的战旗发展之路

战旗村的发展历史,就是新中国发展历史的一个缩影,是一条从无到有、从有到富有、从富有到共同富有的发展之路。在这个发展过程中,使战旗飘扬不倒的根是坚持集体发展。

1.1965—1978年:从无到有,依靠集体经济起家。艰苦奋斗的革命精神、敢于创新的改革精神、追求集体富裕的集体精神,成为战旗村发展的魂。

1965年3月,战旗村与金星大队分家后,所拥有的物质财富可以说是"一穷二白"。当时战旗大队只分得3间猪棚、1个木制文件柜、3把圈椅,还负担了700元债务。分家的第一天晚上,战旗大队仅有的茅草房的大梁就被外村人偷走了,村委也没有好的办公地点,战旗村可以说是真正的"白手起家"。

白手起家的战旗村,在蒋大兴的带领

战旗村党支部始终抓住"党建引领"不放松,图为战旗村党群服务中心

下，掀起了"农业学大寨"的高潮，以木工罗会富为代表的一批手艺人还修建了水涡轮发电机、大队办公室、医疗站、代销店等，战旗大队开始有了一些基础设施。

1969年，中苏关系日趋紧张，全国上下开始推广"军民共建"。战旗村以民兵建设为抓手，由此激发出的革命传统精神，成为这个时期战旗村发展的巨大动力。民兵在劳动的时候，5—8分钟之内就能全部集合在一起。部队雷厉风行、敢打硬仗的作风被应用到村庄的民兵训练中，进而又运用到生产劳动中。战旗大队先后被评为"全省农业学大寨先进大队""温江地区民兵工作先进大队"。此后，由民兵建设形成的强大组织力以特殊且高效的方式改造着村庄面貌和村民的精神风貌，培育了一大批年轻干部，也让集体观念深深扎根于战旗人的记忆中。

在此之后，战旗村利用这一精神力量换来了集体发展的物质基础。1974年7月，战旗大队与四川省五七干校签订协议，承包养护红宝公路（红卫镇到宝光寺）全长5000米的路段，每公里额定1人，共计5人，养护费每工日1.15元，由干校按月以现金拨付。战旗大队因此每年可以得到一笔2000多元的现金收入。之后，战旗大队从所在的先锋公社承接了5000米的公路修建工程，工程费用2.6万多元。

战旗村用这些收入添置拖拉机，农忙时推土整地，农闲时跑运输，大大增加了副业收入，成为工业化初始资金积累的重要来源。

在1974年前后，战旗村千方百计凑齐了烧砖需要的各项条件——通过郫县武装部联系获得了最为稀缺的砖机，建起了曲线窑；用水田同别村换了10亩黏土地；用历年积累的11万斤储备粮食换了11万工分；各生产队援助桌子、板凳，出30%义务工——修建了郫县第一个农民集中居住区，开启了村庄发展主线从农业向工业的转型。

2.1978—2002年：从有到富有，集体经济快速发展。改革开放之后，战旗村传承在计划经济时期形成的战旗精神财富，走向了战旗精神+市场经济的发展之路。

1978年下半年，战旗村在全县各部门的支持下修建轮窑，历经10个月，于1979年竣工并投入使用。这是郫县的第一座轮窑。

砖厂上马同期，全村先后办起了农机、农副业产品加工、机砖、建筑、弹花、理发、屠场、缝纫等企业。1979年，全村拥有固定资产103万元，全年工副业总产值99.1万元，占村总收入的54.3%；上缴税款5万元；全村参加务工的人员达247人，占总劳动力的37.5%；务工人员工资和纯收入299770元，亦工亦农的人员有110人。

进入20世纪80年代，全国乡镇企业异军突起，战旗村也乘势而上，集体企业最多时有12个。除了铸钢厂系联营以外，其他企业都是依托大包干之后的村集体经济组织发展起来的。到1987年，村办企业产值高达150万元，占唐昌镇村办企业总产值的46%。

3.2003年—现在：从富有到共同富有，制度创新引领共富路。在改革开放大潮的推动下，战旗村集体企业快速发展。随着财富的增加，一直恪守集体发展理念与精

村史馆，记载了战旗村的奋斗史，展示了战旗村走向共同富裕的历程。图为战旗村村史馆

神的战旗村敏锐地发现，随着产业规模的扩大，集体的控制权出现失控。围绕这个问题，从 2002 年开始，战旗村围绕强化集体控制权、坚定走集体富裕发展的道路，开展了一系列制度改革。

2002 年进行提升集体资产控制权的改革。针对集体资产分散化、私有化的问题，对战旗集凤实业总公司所辖的五大企业依次进行资产集体化转制改革。集体通过竞价回收村民手里的股权，之后将这些企业厂房、品牌和原材料重新竞标发包。由于 2002 年下半年以后经济开始回暖，地租和原材料开始涨价，过去不显化而被隐性占有收益的资产开始转向明朗，使这笔因市场溢出的资产成为集体的资产。这一改革，极大增强了村集体对现代企业的控制力，为新时代的集体经济发展奠定了制度基础。

2008 年进行人人有股的集体股份制改革。2008 年，战旗村对集体资产进行清产核资和股份量化，共估值 4700 余万元。2011 年 4 月 20 日，全村界定了 529 户 1704 名集体经济组织成员，进行土地确权颁证和集体资产股权量化。在此基础上，2015 年 8 月 17 日注册成立郫县唐昌镇战旗资产管理有限公司，全村成员一人一股，实现了土地资源变为集体资产、村集体资金收益变为全体村民股金、农民变为集体经济股东的"三变"改革，实现了对集体建设用地及其他经营性资产的统一经营管理。通过入股保底、二次分红的方式，村民人均年收益达 1.5 万多元。

2015 年进行共享成果的集体资产入市改革。2015 年，战旗村成为四川省集体经营性建设用地使用权入市改革试点。这一改革，不仅使村民获得了人均 520 元土地增值收益，还同步推动"乡村十八坊""郫县豆瓣非物质文化遗产展示区"入市及建设，推进"园区 + 景区 + 社区"联动发展，创建了 AAAA 级景区。

为了解决土地分散与市场对接的矛盾，2015年8月26日，战旗村13.447亩建设用地在郫县公共资源交易服务中心挂牌交易，最终拍卖出52.5万元/亩的价格，成功地敲响了四川省集体经营性建设用地入市的"第一槌"。此举不仅给村里带来700余万元集体建设用地出让收入，也使更多的外部资金进入村里和其他业态形成互补，并且村里还能以配套服务与企业分享合作开发收益。

四、党建引领、文化兴村、城乡互动迈向未来新战旗

高德敏十余次自费带领村"两委"班子和村民代表到全国各地发展好的先进村镇学习，学习他们怎样凝聚人心，怎样整合资源。学习回来后马上召集会议，让村民们谈谈自己的看法和想法，学习别人先进的地方，同时弥补自身的不足。对于战旗村内的能人、贤人，高德敏更是尊为老师，经常咨询他们的意见建议。

1."三问三亮"党建活动。火车跑得快，全靠车头带。为了充分发挥基层党员的带头作用，结合实施乡村振兴战略，高德敏开创了党建工作的"三问三亮"活动。

战旗村举办多种形式的文化活动，丰富群众的精神生活，弘扬文明乡风。图为2019年"牢记嘱托 感恩奋进 喜迎新春"邻里相亲齐贺岁迎新会活动

在全村党员中开展"亮身份、亮承诺、亮实绩"活动，积极推行支部集中亮、小组分散亮、党员门口亮，不断形成全体党员比、学、赶、超氛围。切实推进"五星"党组织创建，并成功创建"五星"党总支部，组织凝聚力不断增强，每年举办党员夜校、农民夜校等"微党校"不少于12期，培训学员1000人次以上，凝心聚力推动工作，村域各项工作不断强化。

2.让村民参与村务管理的"六步工作法"。为了满足村民对民主、高效、便民的要求，党支部提出了村务管理的"六步工作法"，即"宣传动员""征求村民意见""决议公示""村委会组织实施""村务监督委员会监督""社会评价"。从战旗村酿造厂的搬迁，到安装路灯、监控设备，以及道路维修等村内工程，都严格按照"六步工作法"实施。有章可循之下，工程完成了，质量有保证了，村民增收了，实现了集体与个人的

战旗村在党建引领、文化兴村指导下迈向未来。图为战旗村油菜花拼成的"战旗飘飘"字样

双赢。与此同时，全村建立9个网格小组，全方位、全过程、全覆盖进行动态管理，对全村529户的用水、用电、用气和环境卫生等日常生活进行常态化监管，引导村民积极自主管理社区，初步探索出一条农村社区自我管理、自我约束的民主管理之路。

3.敦化民风的文化兴村建设。战旗村"两委"班子成员积极倡导文明新风，共建和谐社区，开展十佳文明户、五好家庭、孝老敬老户等评选活动，举办"人人争当战旗人，人人都是形象者"系列活动；充分发挥党员先锋模范带头作用，开展党员干部"三亮四考五星"活动，党员干部带头实行门前三包，开展党员志愿服务、青年志愿服务等。通过活动开展，破除村民陈规陋习，提升村民崇尚科学、向往美好生活的良好氛围。

故事人物金句

高德敏 2002年进入村"两委"班子，2010年当选为村党支部书记。

坚持抓党建促发展，在解决村庄发展面临的问题时，充分发挥党支部的战斗堡垒作用和党员的先锋模范作用。坚持发展村集体经济，带领全村村民走共同富裕的道路。把中央、省、市、区的农村改革政策及时、灵活地转变为村庄发展的经济动能。坚持绿色发展理念，关闭污染企业，改善生态环境，努力把生态价值转换为经济价值，走农商文旅体融合发展的道路。

获得"2013中国农村创意榜样"，2014年"四川省农村优秀党组织书记"，2015年"全国十大杰出村官"，2018年"成都市五一劳动奖章""成都市优秀共产党员""成都市道德模范",2019年"四川省优秀共产党员"等荣誉,2020年被表彰为"全国劳动模范"。

» 我们经营村庄不能像经营企业一样,而要像经营家庭一样,村庄发展不能落下任何一个人。

» 明天的战旗村应该是既不大富也不小富,而是共同富裕。

» 村庄发展不能冒进,要穿棕鞋,拄拐杖,稳上加稳。

» 要想群众听我们的话,我们要首先听群众的话,我们才知道怎么去跟他们说话。

» 人与人之间相处,人敬人高。你敬他一尺,他就会敬你一丈。你敬他一丈,他就会把你举在头上。

» 乡村干部很多是农村真"钻"家,钻了东家钻西家,在千家万户中钻出真学问,才是真专家。

» 穿不穷,吃不穷,没有计划常常穷。村庄发展应该有长远的规划,既要规划先行,也要量力而行。

» 我们还要多搞文化活动,提高群众文化素质,让纯朴的民风也能成为一道亮丽的风景线。

专家点评·董筱丹

从第一次接触战旗村开始,我就被这个村庄深深吸引。这个充满着精气神的村庄,带给人们的启示是非常丰富的,在此谨分享以下4点。

1.战旗村的集体发展是集体精神、集体经济和集体制度三位一体的有机发展。发展壮大农村集体经济不能仅仅局限在经济维度，还要有精神引领和村社综合制度保障作为配套。战旗村集体精神—集体经济—集体制度"三位一体"，构成了党支部领导村庄发展的有力抓手。

50多年来，战旗村"两委"带领下的集体经济组织，无论是在农田基础设施建设、承接修路养护工程中，还是在兴办工商企业，推动第一、二、三产业融合，重新焕发土地价值中，不仅始终是一个重要的经济主体，实质性地参与村庄内外的经营活动，而且是一个以村庄为机体、以集体精神为灵魂从而具有鲜明人格化特征、具有强大主观能动性的经济主体，在全村发挥了举足轻重的引导和调控作用。

2.依托集体经济实现高强度积累和成规模投资。战旗村用将近20年的时间，将每家每户每年少兑工分分值、少拿粮食分配所形成的剩余，在工分制下点滴汇聚到集体手里，由此攒下几万元现金、几十万斤粮食的家底。在随后的农村改革大潮中，以村集体为投资主体，将成规模积累转化为成规模投资，办起了砖厂、酒厂等"重磅"产业，带动村庄从农业强村向工业强村跃升。如果没有集体经济作为载体，各家各户的积累不仅有限和分散，而且随时可能在婚丧嫁娶中消耗掉；如果没有村社内部信息透明下的充分监督，想做到坚持出入有度、勤俭节约也是不可能的。

3."一任接着一任干"持续积累是战旗村持续发展的根本原因。乡村振兴是生态、产业、人才、组织和文化的全面振兴，正是"一任接着一任干"不断夯实基础，战旗村才能抓住21世纪以来国家加大反哺"三农"的政策机遇，迅速响应政策要求，获得机会收益。

战旗村"集建入市"就是一例。2015年2月，郫县被纳入全国33

个农村集体经营性建设用地入市改革试点。这是农村土地要素参照城市水平进行再定价的绝佳机会，但为什么是战旗村成功抓住了机遇，敲响了全省"第一槌"？有几个因素很重要：第一，2002年企业改制使村集体重新掌握了集体企业的经营主导权，可以对企业所占建设用地重新布局；第二，2007—2010年"拆院并院"促进村内耕地和宅基地双集中，改变了地块分散状况；第三，2011年集体经济组织成员资格认定和集体资产清核工作奠定了良好的制度基础。最终，战旗村将原村办复合肥料厂、预制构件厂和村委会老办公楼总计为13.447亩的集体建设用地拿出来挂牌交易，不仅获得了700多万元的土地拍卖收入，还为村里引入了7000万元投资打造"第五季·香境"旅游综合体。

4. 基于"集体经济人人有份"的集体产权制度改革，是战旗村共富发展的制度保障。战旗村通过"三变"改革（土地资源变为集体资产、村集体资金收益变为全体村民股金、农民变为集体经济股东）实现的"集体经济人人有份"，构建了村民财产权与村庄财权关联、个体利益与集体利益相关联的村庄基本经济制度，用财产关系上的深度动员为战旗村高水平发展提供可持续性制度保障。

战旗村能成为全域旅游的村庄，成功创建国家级AAAA级景区，每个村民都是幕后英雄。美好的旅游环境是全村从扔垃圾、晾衣服、上厕所等无数日常小事中一点点打磨出来的。怎么能让保持环境美丽整洁内化为每一位村民的行动？高德敏说："利益才是最大的凝聚力。"战旗村最基础的"利益凝聚工程"，就是"三变"改革。如此，村里一方面依次关停砖厂、肥料厂、预制构件厂、铸造厂、石英砂厂，既为生态减负，也腾退出可供开发的建设用地；另一方面，吸引以"妈妈农庄"为代表的农商文旅新业态入村，促进第一、二、三产业融合，实现中央反复强调的"高质量发展"。

■ **专家简介**

董筱丹，中国人民大学管理学博士，现为中国人民大学农业与农村发展学院副教授，乡村治理研究中心研究员。研究领域为发展经验比较、乡村治理、乡村建设、可持续发展。

江苏马庄村

党建引领、文化兴村的善治之路

解读专家：刘 忱

马庄村隶属江苏省徐州市贾汪区潘安湖街道办事处，地处徐州市东北郊 25 公里处，现有耕地 4100 亩，6 个村民小组，人口 2343 人，103 名党员。马庄村拥有以纺织、制衣、精密铸造、食品、建材、运输为主体的 16 家核心企业，员工 2200 人，其中各类技术人员 153 人。2021 年，全村生产总值达 2.25 亿元，人均可支配收入 3.5 万元。人均住房面积 60 平方米，已形成以花卉苗木、乡村旅游为主，文化产业与其他产业并举的格局。马庄所处的潘安湖街道，原先是一片煤矿开采区。徐州城过去的"一城烟雾半城土"有多半是这个地方造成的。2000 年，徐矿集团权台矿和旗山矿出现采煤塌陷事故后，本地煤矿被分批关停。2010 年 3 月，徐州市将采煤塌陷区规划为潘安湖公园。2014 年 6 月，该公园被评为国家 AAAA 级旅游景区。马庄村是一个老典型、老先进。多年来，马庄村先后荣获"全国文明村""中国十佳小康村""中国民俗文化村""全国民主法治示范村""全国造林绿化千佳村""全国基层民兵预备役工作单位"、江苏省"先进基层党组织""文明村标兵""生态村""卫生村""全民国防教育先进单位"、徐州市"十大魅力乡村""社会主义新农村建设十佳示范村"等荣誉称号。是什么力量使马庄村成为社会主义乡村发展的常青树？马庄发展的秘诀就是既"富口袋"也"富脑袋"，物质文明、精神文明一起抓的双轮驱动，也就是党建引领、文化兴村，产业兴旺、精神富有的两翼齐飞。

一、习近平总书记为马庄精神点赞

1. 习近平总书记为马庄村民精神风貌点赞。2017年12月12日下午，马庄迎来了历史上的高光时刻。习近平总书记到潘安湖区考察，马庄是考察活动中的一站。习近平总书记考察了香包制做室，夸大家"手艺不错""真精致"，还在香包工作坊付30元钱买了一个手工缝制的香包。接着，习近平总书记考察了马庄村史馆。他对党员干部说，刚才在村史馆看到你们村班子很稳定，说明村干部获得了村民的支持。农村要发展好，很重要的一点就是要有好班子和好带头人，希望大家在党的十九大精神指引下把村"两委"班子建设得更强。习近平总书记最后来到马庄文化礼堂，饶有兴致地观看了马庄民俗艺术团为宣讲党的十九大精神排练的一段快板。习近平总书记观看了节目后很高兴，他说，实施乡村振兴战略不能光看农民口袋里票子有多少，更要看农民精神风貌怎么样。可以说这是习近平总书记为马庄精神点赞。

习近平总书记的考察给了马庄村干部和村民莫大鼓舞。马庄是改革

马庄村

开放后涌现的老典型。经过40多年的发展,马庄以"党建引领、文化兴村"为发展思路,开启了物质文明与精神文明齐头并进、协调发展的建设历程。马庄全体村民共享的不仅是改革开放40多年来的物质财富,还有老一辈马庄人开创的以"一马当先的勇气、跃马扬鞭的速度、马不停蹄的毅力、马到成功的效率"为主要内容的马庄精神。

2. 马庄村党组织的"五个坚持"。可以说,一座坚强的战斗堡垒、一群奋发向上的马庄人、一套"党建引领、文化兴村"的发展战略,是马庄的制胜法宝。

几十年来,马庄党组织成员始终做到"五个坚持":坚持每个月过一次党组织生活,坚持每周一早晨带领村民在村文化广场升国旗、唱国歌,坚持把每位党员都锻炼成为一面旗帜,坚持不断地加强完善公共文化服务。村里每天有广播,创办了《金马周刊》,每周有舞会,每月有电影,每季度举办文化科学知识讲座,等等。党组织的领导充分体现在各项文化活动中,马庄村党组织形成了团结一致、各尽其职、相互支持的工作作风,是人民信得过、有战斗力的工作班子。党建工作与文化工作能够相互促进、相得益彰，党组织的领导是可靠的政治保证。

3. 马庄村的发展离不开老党员、原党支部书记孟庆喜。孟庆喜为人正派、待人厚道，有大局意识、有决断力，敢担当作为，能吃苦受累。他被评为江苏省劳模、中国好人。孟庆喜当了近40年村党支部书记。他已经70有余，爱琢磨，目光长远，敢闯敢干。他紧跟时代的发展步伐，见证了国家的巨大变化。改革开放后，孟庆喜响应以经济建设为中心的号召，靠养鸡脱贫致富，成了村里的万元户。

20世纪80年代末，上级领导想让孟庆喜回村当干部。领导找他谈话时说："马庄太穷了，都盼着有个领头羊。你点子多，世面广，能不能带着大伙儿一块儿致富？"孟庆喜横下一条心，走马上任后，连开3天动员会，从村委会成员到村民党员，挨个谈话。

马庄村的升旗仪式一直坚持了30多年，农民的精神风貌、文明指数也在节节攀升，全村文明程度和乡村治理效能显著提高

怎么致富，让大伙儿干点啥？马庄村所处徐州贾汪区因煤建城，是江苏乃至华东重要的煤炭能源基地。"当时允许乡镇企业和村办企业开办煤矿"，村委会思考后制定目标，建个小煤矿，让村民收入两年有小变化，五年有大变化。

孟庆喜虽已不再担任村里的领导工作，但自从区里帮他成立了劳模工作室后，他每天还是忙着接待前来参观学习的团队，介绍马庄经验。他谆谆教诲村干部说："当好村干部，要有鹰眼、兔子腿、草包肚子、话梅嘴。""鹰眼"指的是村干部要及时发现问题；"兔子腿"指工作要勤奋，发现问题要及时处理；"草包肚子"指能受气、受苦、吃亏；"话梅嘴"则指的是要理解党的方针政策，还要善于做群众工作，用群众听得懂的语言把党的政策讲出去。孟庆喜带出的好传统、好作风正在发扬光大。

二、"富口袋"更要"富脑袋"的双轮驱动发展之路

1. "富口袋"发展的三次转型升级。马庄大踏步发展始于1986年。当时马庄已承包到户，集体资产只有4台50型号的拖拉机、一座设备陈旧的砖厂，还欠着银行46万元的贷款。担任过村党支部副书记、民兵营营长的孟庆喜临危受命，放弃了自家刚有起色的养殖产业，出任马庄村党支部书记。几十年来，马庄发展历程经历了3个关键时刻。

一是采矿业与其他产业协调发展。马庄村一开始与其他村一样，发展了采矿产业，获得了第一桶金。但马庄村并未止步于采矿，开始"地下积累、地上发展"。

二是实事求是应对改制风波。2000年，当地上级领导要求村集体卖掉产业。但马庄决定从本村实际出发，只改经营权，不改所有权。村集体每年有300万元收入，有资产积累，有自主发展能力。

三是煤矿关停与业态发展。2000年，马庄又面临一次严峻考验。因徐矿集团权台矿和旗山矿采煤塌陷事故，政府下令逐步关停整顿附近所有小煤矿，马庄的三眼矿井也在关停名单上。在这紧要关头，马庄集体

积累模式开始起作用,开辟了地上的第一、二、三产业项目。2010年,旧矿区改造成潘安湖景区,地处湖畔的马庄随之实现生态转型,依托潘安湖得天独厚的资源,不吃子孙饭,吃上了生态饭。

2. 不忘"富脑袋"的精神文明建设。马庄的精神文明建设要追溯到村集体办小煤矿的1987年。煤矿的效益给受穷多年的马庄人带来了高额财富,部分被财富冲昏了头脑的村民开始赌博、酗酒、打架斗殴,村里出现了讲排场、好攀比、不敬老人的坏风气,封建迷信也有所抬头。孟庆喜十分痛心。他回想起20世纪六七十年代,虽然生产劳动辛苦,生活水平低,但村里组织文艺宣传队,村民在农闲时在一起吹拉弹唱,欢歌起舞。丰富多彩的文艺活动宣传了社会主义新思想新观念,还使村民之间有了更健康更密切的关系,也让歪风邪气没有了地盘。根据"不能富了口袋,穷了脑袋"这个经验,按照中央"物质文明与精神文明两手抓,两手都要硬"的要求,孟庆喜认为要用精神文明建设来解决"富脑袋"问题。马庄村"两委"逐步形成了经济、政治、文化、社会和生态文明"五位一体"建设格局。村"两委"高度重视农村文化建设,发展社会主义先进文化,并提出了"舞起文化彩练,打造文化马庄"的目标,始终坚持"文化立村、文化兴村、文化惠民、文化育人",从而形成了"党风正、民风淳、百姓富、社会稳、生态好、村庄美"的良好局面。

3. 铜管乐队、小香包开辟的精神文明路。乡土农村有很多吹拉弹唱的文艺人才,在农村搞演出队并不难。但人无我有、人有我强,要创造能吸引年轻人的文艺形式,就得想个"时髦"的点子。敢想敢干的孟庆喜成立了一个铜管乐团。1988年,马庄村党支部作出决定,投资12万元,组建一支西洋乐队,有小号、长号、圆号、黑管、萨克斯、电贝斯、

马庄农民乐团在演奏

架子鼓等，共有 20 多名村民加入。为了让大家尽快学会演奏这些西洋乐器，村里专门到徐州市请了老师。农闲时间，马庄的树林里、打麦场上就传来各种乐器的演奏声。有些人听不惯洋腔怪调，就奚落说："老孟啊，你们这个铜管乐团，能吹出粮食还是能吹出票子呢？"等到第二年春节徐州电视台举办的联欢晚会上，马庄农民铜管乐团一首《西班牙斗牛士》在电视台首次亮相，就轰动了徐州市。马庄农民乐团因此声名大噪，2007 年出征意大利第八届国际音乐节，出人意料地拿了第二名的优异成绩。当评委得知演奏者是一群中国农民后，给予了高度赞扬。后来，马庄农民铜管乐团发展为民俗表演艺术团，经常走出马庄去参加演出，成为有一定专业水平的演出团队。

马庄有一位女能人——王秀英，她现在已经 80 多岁了，是徐州市市级非物质文化遗产传承人，特长是做中药香包。村里为她成立了王秀英工作室，注册"王秀英中药香包"品牌商标，并提供200多平方米的工作坊。王秀英不负众望，带动马庄200人就业，打开了香包的销路。这两件事让马庄人体会到，物质文明、精神文明一起抓，收获的是双丰收，文化建设、精神文明建设也是生产力，不仅给村里带来好名声，改变人的精神面貌，还能带来经济效益。

马庄村妇女在制做香包

三、整治村貌、敦化民风，内外美丽都要抓

1. 建立村民档案，化育家风。从20世纪80年代起，马庄率先建立了村民家庭档案管理制度，实现村民自治和自我管理。所谓村民家庭档案管理制度，就是以农村的基本政策为依据，把一系列涉及村民的社会、经济、文化、生活等方面的指标进行量化管理。管理内容广泛，大到执行国家政策、遵纪守法、村规民约、完成生产任务情况，小到家庭和睦、邻里关系、家畜管理等。具体的操作方法是：一户一档、一人一表，每月进行一次评比。得分结果除了作为评先争优的依据外，还与经济奖惩挂钩。这让村民在相互学习、自我提高与相互监督中约束自己的行为，提升自身素质。

2.以史为鉴，敦化民风。自2007年起，马庄建立了文化礼堂与村史馆，随后又多次进行改造。村史馆展览分两大部分。第一部分展现的是马庄在中国共产党领导下自淮海战役的支前行动到改革开放、共同富裕的发展历史，第二部分则展示黄淮一带农耕文明的农家使用的农具、生活器具及民间习俗、民间艺术等。目前，村史馆已经成为潘安湖民俗文化展示基地和旅游景点。马庄文化礼堂位于村委会大院西侧，始建于2007年，后扩建为380平方米。它是集演出、讲堂、展示、培训于一体的综合文化礼堂，可以举行文化活动和文艺演出，是全村重要的文化场所之一。

今日马庄街道整齐干净

积极向上的文化氛围浓郁，讲究诚信重礼、相信现代科学、邻里互助守望、勤俭节约的文明乡风成为马庄人的自觉。歪风邪气没有市场，村里夜不闭户、路不拾遗，让前来投资的商户非常放心。有一年因建设需要，要迁走各家祖坟，孟庆喜和村干部以身作则，率先带头迁走了自家祖坟，再分头做思想动员，结果只一个星期就完成了任务。

3.村容村貌的整治，内外都要美。基础设施建设是一个村庄文明美丽的外在标识。马庄先后投资930万元，进行环境和基础设施建设。2002年，马庄就实现了"水、电、路、闭路电视和秸秆气化"五通工程，随后，又加入了"网络宽带通"。从1998年起，马庄对所辖的5个自然村道路进行了绿化，翻新了厨房，对厕所进行了改造。自2000年起，村里开始修建学校、敬老院、金马雕塑、多功能厅、书画院、荣誉室、青年民兵之家，并结合马庄实际，创办了"金马之声"广播、《金马周报》，创作了《马庄之歌》《马庄新歌》；各单位都有黑板报、画室。神农文化广场以神农氏雕塑为主题，淳朴厚重、庄严大气，以二十四节气文化立柱支撑四周，这是当地村民日常文化活动的空间，也可以举行祭祀神农仪式、举办大型主题文化活动等。

四、马庄的经验与启示："两手抓、两手都要硬"

马庄村党组织始终坚持"两手抓、两手都要硬"的原则，多次在重大关头作出正确抉择，使马庄始终保持了经济活力，走上了高质量发展、可持续发展的道路。马庄持续深化农村精神文明建设，以乡村精神文明建设提升农民精神风貌，推动各项事业协调发展，形成了独特而坚定的马庄精神、马庄经验。马庄经验得到了习近平总书记的肯定，也经常作为物质文明与精神文明两手抓的典型被广泛宣传。但马庄人不停步、不满足，他们通过40多年的经验得出的结论就是：没有什么战胜不了的困难，只要依靠党的正确领导、依靠群众，依靠集体的力量，苦干、实干，就能做出大成绩。成绩当然不是"吹"出来的，但管吹鼓鸣、巧手绣包，同样也能创造成绩。马庄村就是在管吹鼓鸣声中走在共同富裕的幸福路上。

故事人物金句

孟庆喜 江苏省徐州市贾汪区马庄村人。1986年到2016年担任贾汪区马庄村党委书记。徐州市第十一、十二届人大代表,江苏省第九、十届人大代表,全国十大杰出村官,多次获得"四星"级村党组织书记、改革开放30年120名农村人物、全国精神文明建设先进工作者、乡镇企业家等称号。2018年,被中央文明办评选为"中国好人"。

在孟庆喜带领下,马庄村坚持走"党建引领、文化立村、产业富民"的强村之路,形成了独树一帜的"马庄精神"。马庄村先后被授予"全国文明村""中国十佳小康村""中国民俗文化村"等30余个称号。

» 在发展过程中,积累的物质财富不是最重要的,所有人的努力奋斗凝聚成的"马庄精神"才是马庄最珍贵的财富。

» 物质变精神、精神变物质是辩证法的观点,实施乡村振兴战略要物质文明和精神文明一起抓,特别要注重提升农民精神风貌。乡村振兴,不仅是经济怎么发展,不仅是老百姓口袋里的票子有多少,群众精神面貌,人的风貌也要好,这个是最本质的东西。

» 用长远的眼光考虑未来的发展,保持敢拼敢做的"马庄精神",将别人不能做的、别人做不好的、别人做失败的拿过来做,用强大的毅力"变废为宝",使它成为拉动马庄前进的一匹"金马"。

» 别的村子都羡慕我们,说马庄人心特别齐,活得特别有滋味,其实就是长期的文化活动改变了村民的素养气质。

» 有位记者采访我,问我有没有保镖。我说,当然有保镖。那位记者来了兴趣,追问我有几个。我回答说,有2000多个。他说,不可能吧?

我说，怎么不可能？马庄有2600多口人，我自然就有2000多个保镖喽，他们保卫我，我也保卫他们。

专家点评·刘　忱

马庄农村建设取得的丰硕成果，不是一天一时的成绩，是40多年积累的结果。马庄遇到的困境与挫折，具有时代特征和典型意义，从某种程度上说，是中国农村40多年改革开放的一个缩影。马庄的奋斗，证明了中国共产党对农村工作的正确领导，展现了中国农民的智慧，也代表了中国乡村的未来。关于马庄经验，可以总结为以下几点。

1.物质文明与精神文明双轮驱动发展。回顾马庄40多年的发展历程，可以看出，马庄在经济发展取得初步成果的时候，就深刻认识到了"物质文明与精神文明两手抓，两手都要硬"的重要性。马庄通过抓文化建设，推动了乡村治理，也实现了人的素质全面提升，还意外地获得了经济收益。他们明白了文化建设与经济建设、社会建设之间是相辅相成而不是冲突背离的关系。文化与经济、社会建设可以协调发展、同步发展、互补发展。只有实现了经济社会与文化建设之间的有效互动，才能提升乡村的现代化程度，补齐城乡差距的短板，为进一步实现城乡融合、走向共同富裕夯实基础。

2.乡土文化与现代文化相融合，重塑马庄新精神。马庄有一句顺口溜："马庄文化三件宝，乐队、香包、婆媳好。"说的是传统文化元素与现代文化元素的融合。一方面，马庄大力借鉴、吸收优秀传统文化元素，大力弘扬孝老敬亲、邻里互助守望等文化传统，把评选"好婆媳"作为弘扬孝老敬亲文化传统的要点。弘扬传统乡土文化彰显着马庄人的文化底蕴。另一方面，马庄为乡村注入了开放性、现代性文化元素，如铜管乐队、周末舞会等，展现了马庄人包容、学习的胸怀。他们勇于接纳不习惯的事物，敢于突破自己。包容学习不等于盲目追随，他们学会了辨析，弘扬了正气，抵制了封建迷信和歪理邪说的侵扰，保持了积极、健康和自信的精神状态。

3.全面开展文化兴村，让文化成为马庄的软实力。党中央提出"繁荣发展文化事业和文化产业，提高国家文化软实力"的文化兴国战略。中华民族是世界上拥有文化遗产最多的国家。乡村是中华文化之根，马庄几十年来的发展，走的就是一条文化兴村路。不同文化形式有不同的功能。物质层次的文化设施，是开展文化活动必不可少的基础；乐团和民俗表演团、香包产业是马庄独特精神的外化，也是生产力；家庭档案制度起着激励、约束村民道德行为的作用，是乡村治理的制度载体；丰富多彩的文化活动涵养了马庄的文化活力；通过不同层次、不同样态文化的打造，形成了多样化、多功能的文化系统，彰显着强劲的文化软实力。马庄人从不同层次上认识文化、运用文化，形成了特殊的系统方法推动文化发展。

4.马庄基层党组织充分发挥对文化建设的领导作用。马庄村不仅创造了一条文化兴村之路，而且培育了一个爱文化、懂文化、领导全村搞文化的党支部。孟庆喜有智慧、有定力、不盲从，实事求是，因地制宜地推动了村里的各项工作。对抓精神文明建设有强烈的阵地意识、担当意识，还敢于推陈出新，总结提升。毛泽东曾讲，"一个人做点好事并不难，难的是一辈子做好事，不做坏事，一贯地有益于广大群众"。孟庆喜说，马庄之所以有现在的成就，是因为两个字——坚持。几十年来，马庄村党组织坚持每个月过一次党组织生活；坚持每周一早晨带领村民在村文化广场升国旗、唱国歌；坚持把每位党员都锻炼成为一面旗帜；坚持不断地加强完善公共文化服务。正是这种坚持，使马庄村党支部不忘初心，始终保持为人民服务本色，成为人民信得过的、有战斗力的工作班子。

▍ 专家简介

刘忱，中共中央党校（国家行政学院）社会和生态文明教研部副教授，主要研究领域为农民工文化和乡村文化发展。

山东单县

德治落地，探索乡村善治路

解读专家：刘 忱

山东省菏泽市单县地处鲁西南平原腹地，人口102万，是中国商品粮、棉、油料基地、平原绿化标准县，与苏鲁豫皖四省八县交界。公路交通已经四通八达，但铁路交通仍是短板，单县没有铁路，距离最近的高铁站也有近一个半小时的车程，这在一定程度上制约了单县的经济发展。因本地工业无明显优势，大多数青壮年外出务工经商。单县历史悠久，相传是上古时期舜帝之师单父的封地，有深厚的传统文化资源。在抗日战争、解放战争时期，单县一直属于中国共产党领导的根据地，为中国革命作出了不朽贡献，红色文化是单县文化旗帜。

自2018年以来，单县依靠新时代文明实践活动起步，探索出"村庄垃圾分类、孝善饺子宴、乡村夜话、新时代文明实践银行以及敬老互助合作社""五位一体"的做法，把村民组织起来，取得了明显成效，这为欠发达地区农村党支部主导的村民组织化与低成本治理提供了有益借鉴，走出了一条依靠德治引领乡村善治之路。

一、单县党委的创新探索：以德治为方向，以治理搞振兴

单县是中国武术之乡、中国楹联之乡、中国西红柿之乡、中国青山羊之乡、中国长寿之乡。单县作为黄淮地区的人口大县是传统的农业县，属于欠发达地区，也面临欠发达地区县域乡村的治理困扰。如何结合单县的实际，走出一条具有单县特色的乡村振兴之路？从2018年起，单县县委通过深入系统的调查和讨论，经过三年多的探索，最终形成了单县独特的经验，这就是以治理为突破口来激活单县乡村振兴的内在动力。以德治为方向，探索乡村善治之路，以此为契机，走出一条符合单县的乡村振兴之路。

党的十九大报告指出，要"健全自治、法治、德治相结合的乡村治理体系"。如何

单县刘土城村民自发义务扫雪

推进乡村治理水平、提高治理能力，特别是如何达到"德治"？单县给出了自己的答案：从乡村治理入手，为产业发展铺路搭桥。着眼提升乡村治理能力和治理现代化水平，创新工作理念和工作方法，把农民素质提升起来，把农民组织起来，把各种资源要素汇聚起来的"三起来"，成

为单县县委主抓的中心工作。

2018年7月6日，中央全面深化改革委员会第三次会议审议通过《关于建设新时代文明实践中心试点工作的指导意见》，其实践重点在于调动各方力量、整合各种资源、创新方式方法，激励群众投入社会主义现代化建设。这为单县落地实施以德治为抓手的乡村治理提供了政策支撑。

单县党委紧紧抓住这个契机，把新时代文明实践与乡村治理紧密结合起来。时任县委宣传部部长的李磊认识到，新时代文明实践活动与乡村治理存在因果关系，新时代文明实践是乡风文明的引导者、建设者，是德治的路径和方法。其效果不仅是建设几个新时代文明实践站，更在于以推进新时代文明实践活动为契机，加强德治建设，推动乡风文明建设，促进乡村治理体系现代化建设和治理能力提升。

李磊带领县委宣传部具体负责同志反复思考这两个问题：如何做到让文明实践活动发动群众，既解决实际问题，又解决思想问题？既服务群众，又引导教育群众？大家研究了新时代文明实践活动的相关文件，体会到新时代文明实践活动的关键在于"行动"——乡村治理靠群众，群众靠发动，发动靠活动，活动靠文化。要通过新时代文明实践活动，给基层党组织

刘土城村街长杨金义向外地参观团介绍垃圾分类经验

一个推动德治的行动抓手。通过活动，既可以锻炼提升村庄里的"关键少数"，提升基层党组织的政治引导力、思想动员力和群众组织力，又可以让人民群众有更强烈的主人翁意识，更有获得感、幸福感。文明实践活动落地，乡村治理就能够创新。县委宣传部确定了刘土城村、张武楼村、苏门楼村、齐楼村四个村庄为试点，以整治村庄环境为起点推进新时代文明实践工作，也由此开启了以村庄垃圾分类、孝善饺子宴、乡村夜话、新时代文明实践银行、敬老互助合作为内容的"五位一体"单县德治行动方案。

二、以德治为纲的"五位一体"善治模式

1.凝聚民心的村庄环境整治工程。环境整治工作虽然事小，如果不下决心、不落实责任也做不成。县委宣传部采取如下措施：一是号召全县干部到村里带领党员干部搞义务劳动，清理多年沉积下来的垃圾；二是动员村里的老人、中小学生发挥作用，举红旗、做宣传、造声势；三是采取切实可行的垃圾分类方法，推广张武楼村会计郑和强设计的"大、小桶分装垃圾分类法"和"生态银

志愿者向村民讲解垃圾分类方法

行钞票"方法,细化了垃圾分类工作;四是强化干部、骨干村民的监督检查责任。落实垃圾分类"有人做—有办法做—谁做谁有好处—事成后有人监督检查"四个主要环节。脏乱差的村庄环境有了大改观。在环境整治行动中,单县请来了在环境整治方面颇有经验的河南省郝堂村原书记胡静帮助大家搞环境整治。单县把胡静树立为榜样,又表彰了积极想办法的本地村干部郑和强,号召大家"远学胡静,近学郑和强"。

环境整治初战告捷,使全县干部群众看到了党和政府推进工作的决心和实干精神,看到了村"两委"的带头作用,自己亲身参与更让农民认识到了"团结就是力量"。通过环境整治,全县上下对乡村振兴有了希望和信心。

2. 活化传承乡村德治的"孝老敬亲饺子宴"活动。文化宣传活动的确应该配合政治宣传需要,但文化宣传更要有经常性、常态化的活动,与人民群众日常生活关联起来。只有把新时代文明实践变成人民群众的自觉行动,改变村民的精神面貌,才能真正动员群众。不少人以为文化活动是"虚事""软事",可有可无,所以不肯扎实去做。单县想出新办法,走出新路子,把"虚事"做实、把"软事"做硬,通过新时代文明实践活动,建立人民群众与文化建设的关联,把它变成涵养和引导乡风文明的利器。一是按照新时代文明实践活动的要求,试点村成立文明实践志愿者服务队,成员多由留守老人和妇女组成。二是根据本地孝老敬亲习俗,各试点村率先开展农历每月初九请老人吃一次饺子的活动,活动由村"两委"组织,经费由当地村民轮流自愿捐献,文明实践志愿者服务队自愿参加。来吃饺子的老人笑逐颜开、心满意足,都说:"共产党真好!"一顿饺子传达了党的关怀、传统文化的温情。在组织饺子宴的活动中,党员干部找回了"为人民服务"的责任担当，村民原有的传统道德以"志愿服务"的精神复苏，新的村风、乡风和家风正在形成。看到试点村的做法，非试点村的村民都非常羡慕，督促本村干部说："你看人家村都搞饺子宴了，咱村为啥不搞！"这一方式迅速被其他村效仿。

3. 疏通与人民群众联系最后一公里的"乡村夜话"。乡村夜话疏通基层组织与人民群众联系的最后一公里。近年来，基层干部大部分时间应付上级交办任务，很难顾及村庄发展和集体资产管理；解决村庄问题限于开会，而村民白天要参加生产劳动，不愿误工去开会。基层干部与人民群众联系的最后一公里出现了"肠梗阻"。宣传部门利用村民喜欢晚上聚在一起谈天的民俗，在试点村每月定期举办一次"乡村夜话"，基层干部、党员与村民在村头树下交流拉呱，把各种问题、矛盾化解在前端。群众十分欢迎这样非正式的"夜话"，大都踊跃参加。如果有人只是出于个人私利谈想法，大家就会一起批评教育。这一形式既体现了党的群众路线，又凝聚了村民共识，为建立新型基础民主制度奠定了基础。

4. 乡村善治制度化的"新时代文明银行"。通过一段时间的实践，单县县委领导班子看到了新时代文明实践活动的显著效果，进而把这些活动进行规范和推广，如设置固定程序、规定举办的办法、指定必须参加的干部。同时，县委宣传部还以"新时代文明银行"机制建设为纲，在全县统筹实行乡村治理的工作机制。在此前村民发明的"生态银行钞票"基础上，发行了"文明钞票"，不仅涵盖了环境整治积分，还纳入了"文明庭院""文明富豪""参与公共事务"等20项创建和积分活动。为切实落实文明钞票的发行，刘土城村还创造了"街长制"这一乡村治理网格化管理模式。全村共选出14名街长，负责所居住街道的公共卫生、调解街坊邻里之间的纠纷、对"文明富豪""文明庭院"活动进行监督记录汇总等工作。街长们大都是德高望重的老人,在新中国成立后接受了社会主义教育,当街长让他们重新找回了年轻时的心劲。他们一面奋力工作,一面也暗暗比赛,工作很有成效。

5. 走向共同富裕的集体经济合作社。党组织在领导新时代文明行动中得到了锻炼,提高了威望和能力,村民的共识提升,凝聚力增强。于是,由党组织领导的合作经济组织破土而出。乡村良治是发展集体经济的前提,党组织领导的集体经济是乡村良治的结果。实践证明,乡村治理的强大后盾是集体经济壮大。一是农民能够依靠集体获得经济收益,增强集体意识;二是集体经济形成积累后,又可以为乡村治理提供经济基础;三是集体经济组织理所应当地代表村集体吸纳国家和社会投资。集体经济既是乡村治理的抓手,也是走共同富裕道路的起点。

刘土城村民宿

三、单县德治结善果:乡村治理显成效、乡村振兴开新局

新时代文明实践活动是一场面向党员干部和全体人民的教育活动,也是一场全民实践活动。单县新时代文明实践活动证明,它重塑了当代

政风、乡风和民风，使村民面貌焕然一新，基层干部做事有抓手，在工作中不断创新进取。村民在新时代文明实践活动中增长了才干，朝有道德、有素质、讲文明的方向进步，村风、乡风、民风大为好转。乡村治理工作在新时代文明实践活动中发生了质的飞跃，形成了良性发展的软环境。在此基础上，单县引进外来辅导团队，推进全县综合性合作社发育发展，使全县的集体经济发展掀开了新篇章。

刘土城村新时代文明实践模范颁奖仪式

1. 垃圾治理、净化环境的活动，不仅整治了村庄的环境，还凝聚了人心，成为净化人心、推进乡村生态文明建设、促进乡村生态产业发展的重要工程。实施垃圾分类是提升乡村治理水平的抓手。抓好垃圾分类必须充分发挥农村基层党组织的核心作用，党员干部带头开展义务劳动，干给群众看，带领群众干，与群众共商、共建、共治、共享，形成全民行动。目前，单县新增新时代文明实践分中心22处和文明村52个；基于垃圾分类的沤肥返田在427个行政村、1837个自然村推广，年可减少垃圾外运量60%以上，建成70余亩蚯蚓养殖基地，每周可消耗厨余垃圾约30吨。

2. 孝老敬亲饺子宴，饺子包进去的是"敬老情"，吃出来的是"幸福感"。一碗水饺不仅温暖了老人的心，而且温暖了几代人的心。通过举办饺子宴，凝聚了全村人的心，实现了"聚民心、暖人心"，进一步提升了村党支部的凝聚力、组织力，有力地推动了村内其他工作的落实，同时也大幅度提升了群众的满意度。

3. 乡村夜话不是侃大山、拉闲呱。"乡村夜话"是了解民情民意的重要手段，也是"有事好商量，众人的事情由众人商量"的平台，是化解民生难点、促进乡村发展的重要载体。乡村夜话，进一步密切了党员干部与群众的联系，提高了村党组织的凝聚力、战斗力、组织力，提升了乡村治理水平，成为农村自治、法治、德治的良好平台和抓手，也是解决新时代文明实践在农村"最后一公里"的好办法。

4. 新时代文明实践银行不是真的银行，而是"行为银行"，是一个道德评议会。村民正能量的行为都可以得到"文明实践钞票"奖励。"文明实践钞票"与钱和物没有直接关系，而是与福利挂钩，奖励的是名次靠前的村民，这些村民在评选时可以得到荣誉和福利。村民行为文明，得到的"文明实践钞票"就多，越文明，得到的好处就越多。不让好人吃亏，以此解决了村民正能量行为的原动力问题。

5. 敬老资金互助社成为乡村共同的新组织、新经济。以农村内置金融为核心的互助敬老合作社，共吸纳社员入股资金300多万元，并选举成立了理事会、监事会、合作社借款业务审批小组等组织机构。2020年，县委宣传部原部长李磊担任副县长后，亲手培育了15个由党支部领导的集体合作组织。如齐楼村孝老敬亲综合性合作社共有社员85名，吸纳资金176.6万元，县里投入种子资金20万元。让村党支部书记齐泮彬没有料到的是，合作社成立的第二天就有人办理业务。一年时间，合作社资金规模扩大到195.6万元，收益15.6万元，村集体增收3.2万元，合作社首先给"长者社员（75岁以上的老人）"分红，长者社员入社时持股金3000元，一年后分红800元。在分红大会现场，许多领到分红的老人热泪盈眶，有位老人高喊"共产党万岁"。村民对党的领导充满感激，对乡村振兴充满希望。在分红现场观摩的其他村的村干部也深受触动，表示回去后也要加快合作经济组织建设的步伐。

故事人物金句

李 磊 山东省枣庄市人。2017年担任菏泽市单县县委宣传部部长，2019年担任菏泽市单县常务副县长。现任菏泽市成武县人大常委会党组书记、主任。

» 垃圾分类分出的是干部作风的好与坏，分出的是村级组织战斗力的强与弱，分出的是干部真干还是假干，分出的是是否真正践行了群众路线。

» 党员、群众通过参加义务劳动，用小扫帚扫出大格局。

» 乡村两级干部尤其是党支部书记必须亲自抓，以身示范带头干，带领群众干，这样才能真正实现垃圾分类。农村垃圾分类的办法简单易行有效，关键是实干、落地！依靠群众，为了群众；发动群众，组织群众，是共产党人的看家本领，也是我们永远的实践课题。

» 开启"乡村夜话"，多了一个党委、政府服务群众的平台，也多了一个干部群众相互交流的场所，群众与党和政府的关系、群众之间的关系更加和睦了。乡村夜话传播了文明新风，提振了农民的精气神，促进了农村社会和谐。

» 乡村有效治理就是搭建一个良好的生态系统平台。在这个平台上,不仅每个人得到良好的发展,五大振兴也可以有效迅速地推进。人心齐、泰山移,人的积极性激发出来,平凡的人也会做出不平凡的业绩,一切都会得到超出想象的发展。

专家点评·刘 忱

单县在新时代文明实践活动中集中精力抓五项行动,实现了与乡村治理体系建设的有效对接。作为一个基础薄弱县,单县没有贪大求全,没有引进外来资本,没有依赖资本或政府高投入,而是依托新时代文明实践活动,相信群众、依靠群众,走出了一条"德治落地、治理创新"的新路。这一新路能够给我们如下几点启示。

1.单县善治是基于系统治理、源头治理的治理之道。麻雀虽小,五脏俱全。乡村是一个政治与经济、社会与家庭、历史与文化的文明复合体。多年来,乡村治理做了许多尝试、开了许多药方,但见效的不多,其根本原因就是未能符合乡村实际、对症下药搞治理。单县"五位一体"治理模式之所以在短时间内取得显著效果,是因为单县的善治,符合乡村是一个多要素构成的文明体的要求,是有针对性的系统治理。单县在推进新时代文明实践中,创新了一套系统工作思路:一是抓主要矛盾和矛盾的主要方面。环境整治工作就是一个主要矛盾。不被人关注的环境整治,带动的是从家庭到社会、从人心到行动、从党员到干部全民行动的治理活动。二是逐步将五项工作看成一个相互协调、相互支持的有机体和循序渐进的"五位一体",最终实现一加一大于二的系统效应。三是创新工作方法。为人民群众搭建参与平台,让人民群众有机会、有空间表明意愿、表达善心、表现能力。四是在处理部门关系时,建立了单独部门牵头、其他部门支持协调、县委领导支持鼓励的工作机制。此外,单县的五位一体,从德治入手、从民心用力,找到了乡村治理的活水源头。

2.赋予自下而上的基层创新新动力、新载体。目前,许多地方治理之所以花费大、投入多却没有出现预期的效果,其根本原因在于制度与方案设计上缺乏对自下而上的关注和利用。现行行政工作对基层组织的管理是一个垂直系统,基层组织忙于应付上级交办的任务而无暇顾及其他,而横向联系人民群众的"最后一公里"出现了阻滞。因此,开展群众性的新时代文明实践活动,就是给基层干部与人民群众搭桥牵线,织密与人民群众的横向组织联系网络。垂直联系与横向联系不断加强,逐步形成纵横交错的治理网络。在开展新时代文明实践的活动中,单县"五位一体"治理方案的最大特色就是始终贯穿一个指导思想——如何最大限度地激活自下而上的组织活力,形成能够使广大村民参与的治理。单县的治理,使基层组织真正成为为群众办实事、办群众办不了的事、为民解忧的机构,有能力带领村民共同富裕、管理村集体资产、服务村民。

3.新时代文明实践活动引领乡村治理体制机制创新。乡村治理不仅仅是行政管理,还应立足多元治理。多元治理就是治理主体与治理事务多元、多功能治理。新时代文明实践活动就是一种德治治理方式。因为它着眼的不仅是服务国家政治任务,更着眼于服务群众的常态化、经常性工作,最终形成稳定、规范的工作体制机制,培育出稳定成熟的人才队伍，经由文化活动，把党的基层组织建设、乡村骨干力量培育、提升村民素质等结合起来，将理想的顶层设计理念落实为可操作的行动，最终促使乡村民主化和有序良治。

4.新时代文明实践活动本身体现了文化创新。单县传统文化、红色文化资源丰富，民风淳朴，民俗特点突出。宣传部门从本地文化资源中寻找道德力量和传统元素，给这些民俗、话语赋予了新内涵。如把孝老敬亲作为基层党组织的工作内容，形成德治导向，把邻里守望相助的民风转化为统一的志愿服务行动，把晚饭后的聊天拉呱作为干群联系的平台，等等。把本地传统风俗及行为规范在新时代文明实践活动中激活，使之焕发新的活力。乡风文明不再是一件"虚事""软事"，而是一种更持久更深远的力量。在新时代文明实践活动中，人的变化是有目共睹的。单县通过"虚事"实做、"软事"硬做，活跃了乡村文化生活，提升了村民的精神境界，文明美丽的新乡村正在变成现实。

■ 专家简介

刘忱，中共中央党校（国家行政学院）社会和生态文明教研部副教授，主要研究领域为农民工文化和乡村文化发展。

第二篇

产业兴旺路不同
创业致富道相通

陕西·袁家村

浙江·何斯路村

山西·振兴村

陕西袁家村

颠覆经典经济学的乡村财富[1]

解读专家：胡颖廉

2021年中央一号文件提出，要发展壮大新型农村集体经济。农村集体经济如何有效率、共富裕、可持续地发展，成为全面推进乡村振兴的重大课题。

陕西省礼泉县烟霞镇袁家村地处关中平原腹地，历史上是个点灯没油、耕地没牛、干活选不出头的穷村。20世纪70年代后，袁家村先后尝试过农业学大寨（1970—1978）、村办企业（1978—2006）等集体经济形式，一度成为富裕村。2000年以后，随着国家产业政策变化和集体企业效益下降，青壮年纷纷外出打工，袁家村又变成"空心村"。

2007年，新一届村党支部带领全村62户286位村民进行第二次创

---

[1] 此案例是根据中共中央党校（国家行政学院）"全面实施乡村振兴战略研究"课题组丁元竹、张林江、刘忱、胡颖廉等专程赴袁家村蹲点调研所提供的资料进行的编辑整理。

业，决定发展乡村旅游。然而与其他地区农村集体经济的情况类似，袁家村在发展中面临三个问题：一是如何突破资源匮乏，迈出发展的第一步？二是如何在激烈的市场竞争中防止两极分化？三是如何在保障公平的前提下持续维持效率？围绕这一系列问题的突破和解决，袁家村走出了一条颠覆经典经济学的乡村财富创新的道路——集体富裕、公共事业与家庭协调发展的可持续乡村市场经济之路。

今日袁家村新貌

一、"无中生有"：村集体与市场对接的市场经济

面对竞争激烈的乡村旅游市场，袁家村党支部书记郭占武和村"两委"班子一道进行了深入思考。村"两委"意识到，相比于资源聚集的城市，袁家村的自然禀赋、地理区位、资本积累、技术水平都不具备优势，无法单纯依靠市场机制参与竞争，必须发挥集体经济优越性，赋能生产经营者。

集体经济要发展，不仅要"有"市场，更要"优"市场。也就是村集体要带领农民找到最适合、最熟悉的市场接口。

一方面，在村域集体经济范围内营造市场。袁家村找准自身禀赋与市场需求的结合点，打造关中民俗体验地。村就是景区，家就是景点，村景一体且全民参与，农民只要把朴素的日常生活展现出来，稍作包装就能吸引远离乡村的城市游客。不论是酸奶、油泼辣子制作还是秦腔表演，或是民俗展示和民宿布置，农民在这些活动中都是"本色出演"，能够充分发挥自身优势。这就类似于初级市场，其无须资本介入，也没有高技术含量。朴素的生产和交易活动，有助于农民成长为市场主体。

另一方面，用规划、组织、动员等集体行动放大生产要素的竞争优势。袁家村超越传统集体经济的劳动合作，采取"村集体平台＋经营性主体"的联合方式，将弱小农户组织起来，提高其抵御市场风险的能力。比如，村里规定，景区内每种小吃只允许一家经营，通过比较留下最佳口味，避免同类产品无序竞争，维护合理的利润水平。又如，景区内所有食材都由旅游公司统一购入，商户只负责签收和使用，确保食材来源正规和食品安全。这些做法规范了乡村旅游市场秩序，有利于减少恶性竞争和社会矛盾，让商户安心从事经营。商户在良好商业生态中持续获得稳定收益，进一步增强了集体行动的凝聚力。

总之，"无中生有"的关键在于集体行动赋能市场竞争。袁家村的经验表明，集体力量营造的市场具有自我调节功能，适合资源禀赋薄弱的农村。

二、共富不暴富：生产和分配的非市场化

市场经济按照效率原则配置资源和分配收入，因此收入差距拉大成为发展中的自然现象。发展起来后财富怎样分配是个大问题。袁家村较

好地解决了生产联合、利益分配两大问题。

第一，生产要素联合以及资源配置的逆市场化操作。村党支部反复强调共同体意识，即袁家村景区是由全体村民和商户共同打造的，巨大的客流量建立在良好商业生态基础上，个体离不开集体。进一步而言，只有让别人也富起来，自己才能持续致富。在袁家村中，人们时常听到"300万赚一年和50万赚百年"的比喻，说的是与其个别人赚快钱暴富，还不如相互帮衬长期共富。袁家村在发展过程中并不是一味壮大资本和片面追求效率，而是用逆市场化方式联合生产要素以及配置资源，变"强强联合"为"强弱相连"。比如，对村集体资产进行股份制改造，实施全村无物不股、无人不股、无事不股。特别是村集体建设用地被盘活和变为资产，按比例直接分配到每户村民名下，让缺乏资金的村民也能入股。又如，在组建合作社过程中，遵循全民参与、入股自愿、照顾小户、限制大户的原则，避免持股过于悬殊。

第二，经营收益和风险的套嵌式分配。袁家村的集体经济包括两部分内容：一是传统集体经济，农村社区全体成员共有共享，村集体代为行使管理权，以此保障底线公平；二是对全体成员开放但仅有部分成员参与的股份制经济，明晰的产权成为效率源泉。一般来说，同一景区内的商户生意有

袁家村生产的特色产品有很多，包括手工粉条、醋、卢记豆腐、野生蝎酒、香辣子等

好有差。袁家村的酸奶店年销售额上千万元，馒头店则鲜有人问津。但村集体没有实行"赢者通吃"，而是允许本村村民和外来经营户自主选择旅游公司、合作社、商铺、农家乐等经营性主体入股，互相持有股份，一定程度上分摊了各家收益，同时也分担了彼此的风险。

可见，袁家村以产权共享为核心，所有入股农民与集体经济组织共进退、同发展，促进生产要素的自由流动，一定程度上实现了村集体与农户个体的均衡发展。

三、绝不养懒人：让农民成为经济事务和公共事务的主体

如何不让保障公平异化为养懒人，是另一个棘手的问题。农村集体经济不仅是经济利益的共同体，也是一定地域内村民的生活共同体，需要形成共享和共治的良性循环。不管外界的诱惑和压力有多大，袁家村都坚持农民主体地位不动摇，绝不拿村民的自主权和控制权做交易，确保全体村民的长远利益。

第一，农民自下而上地构建集体经济。农村集体经济作为一个抽象的整体存在，其内部治理结构并不清晰，这种集体产权虚置带来搭便车、道德风险等，在实践中产生诸多问题。实际上，集体是农民的集体，没有农民个体也就没有所谓的农村集体，集体所有权应该立足于农民个体权利，而不是凌驾于其上。进一步而言，制定农村政策需要尊重农民的要求和选择，而不是从理想和理论出发，也不可单纯依靠村干部等"能人"。正是基于这样的认识，2007年，袁家村党支部确立了"方向支部定，有事好商量"的协同共治格局。村集体一改过去高高在上的姿态和作风，

尊重农民的选择权和创造精神，动员其成为真正的生产经营主体，构建人人参与的发展环境。从开办农家乐、建造民俗体验地到兴办小吃街作坊、成立合作社，从招商引资到进城出省……都是党支部先拿主意，然后交由群众讨论并征求意见到户。这一转变的关键，在于把集体经济构建在农民的具体利益之上，让农民有一定的选择权，而不是自上而下地大包大揽。

第二，把商业模式建立在村民组织模式之上。过去农村集体经济经常涉足农民不擅长的行业，比如，

袁家村小吃街游人如织

乡镇企业办大工业，又如，专业合作社搞市场营销。能力不足带来风险的不确定性。普通农民不敢作主也不会作主，因此在市场竞争中处于被动地位，本就弱小和分散的农民最终都变成一个个打工者。只有当农民天然具备的优势与生产经营活动相结合，才能更好地发挥他们的主动性和创造力，从而构建起农民与集体利益的强联系。当生产经营活动离不开农民时，利益分配机制就能向农民倾斜，农民的主体性自然就体现了。

由此，袁家村形成了"参与治理—促进经营—产生收益—持续参与治理"和"参与治理—促进集体经济发展—村集体收益分配给村民—持续参与治理"两个正向反馈闭环。农民成为集体经济和集体生活的真正主人，其商业经营热情和参与治理愿望得到延续。

四、新市场、新经济带来共同富裕的新财富

近年来,袁家村景区年接待游客上百万人,是首批全国乡村旅游重点村之一,村集体经济收入高达数十亿。资料表明,2019 年和 2020 年,袁家村村民人均纯收入都超过 10 万元,村里每户最低年收入为 40 万元,部分可达 200 万元,大部分在 70 万元左右,总体上实现了"全民共富、没有暴富"的目标。

据统计,2018 年,袁家村人均纯收入中入股分红、房屋出租等占 40.1%。这种稳定的财产性收入有效实现了基础性、普惠性和兜底性保障,目的也是防止两极分化。这种分配机制还能强化大家的集体意识,而不是只关注自己的一亩三分地,这是集体经济的题中应有之义。

更令人高兴的是,农民真正能够发挥管理公共事务的主体性。比如,村委会牵头组建管理公司和协会,包括农家乐协会、小吃街协会、酒吧街协会,协会成员由商户们自己推选,为协会提供义务服务,构建起自我治理的发展模式。又如,"农民捍卫食品安全"理念,每名村干部都是食品安全监督员,每人分管一条街,每天巡查一次。袁家村所有农民经营户都郑重写下食品安全承诺,并制作成牌匾高悬在醒目的地方。总之,农民具有经济事务和社会事务的双重主体性。

市场经济是汪洋大海,对于缺乏市场敏感性、资本和技术极为有限、抗风险能力差的农民个体来说,贸然进入竞争激烈的市场,无异于以卵击石。从全国的情况看,除极少数村庄依靠大型工业企业成功发展集体经济外,大多数可持续的农村集体经济主要集中在乡村旅游、土地和工

业厂房出租、经济作物种植、劳动密集型中低端加工制造业等领域。那些以发展大工业、大商业为主的农村集体经济，在市场大潮中越来越难以为继。即便这类集体经济发展得较好，农民也只能作为一个普通打工者，其发挥作用和增加收入的空间都十分有限。村集体行动赋能农民，能够有效加强个体进入市场后的优势，具有"骑上马送一程"的重要意义。

当然，袁家村下一步发展也是充满挑战的，其中包括如何更好地平衡村集体经济发展与农民增收，如何处理好外来商户与本地村民的关系，如何更好地融合第一、二、三产业，等等。相信在正确方向和科学理念的引领下，新阶段袁家村的发展会越来越好。

故事人物金句

郭占武　陕西省咸阳市礼泉县烟霞镇袁家村党支部书记，陕西省人大代表。2007年，郭占武担任村党支部书记，带领村"两委"干部，打造了汇聚美食、住宿、酒吧、娱乐等业态于一体的"关中印象体验地"，带动3500人常住就业，周边上万人增收，周边200户、611名贫困户脱贫致富。

袁家村旅游形成品牌效应后，郭占武大胆创新，衍生出合作社、农副产品、进城店、出省项目等产业链，在西安、咸阳、宝鸡开设城市体验店16家，先后在青海、陕西、河南等地打造具有地方特色的民俗旅游体验地，带动更多地区实现乡村振兴。

» 村党支部是发展的核心。袁家村乡村旅游发展起步时，党支部的决定可以传达到每个干部、每个作坊、每个村民。现在发展比较成熟了，村党支部书记就主要负责村里的发展方向和村干部队伍的管理。对于村里的企业，我们已经开始推向市场。

» 我们通过搭建农民创业平台，使袁家村家家有生意，人人能就业；而通过优势项目股份化管理，大家入股分享收益，又很好地平衡了收入差距问题。如今，不管是外来商户还是本地商户，大家都把袁家村当成"家"。

» 在避免同质化的问题上，就是4个字：因地制宜。袁家村就是一个地地道道的关中小村，我们说的话、我们的衣着、我们的很多东西，都是关中民俗的一部分，就这个东西我们能做，别的我们做不了。袁家村的产业一直在完善提升，正在走乡村度假的道路、走农副产品产业化的道路，这些都是因地制宜的结果。

» 在城乡统筹发展的今天，乡村发展一方面看物质文明，另一方面还得看精神文明。如果只注重物质文明而忽略了精神文明，美丽乡村的魅力就难以持久。

» 乡村需要有民间的、自发的道德约束。多年来，捍卫食品安全是袁家村发展的有力保障，是旅游发展的生命线。村民们都把食品安全当成坚守的底线，自律蔚然成风。大家把游客当自家人，在留住关中味道的同时，也守住了秦川乡情，对外打造了一张淳朴而精美的旅游名片。

专家点评·胡颖廉

新阶段农村集体经济如何发展壮大，这是兼具理论价值和实践价值的命题，更是对乡村财富密码的深入解读。袁家村的发展给了我们诸多启示。

1. 走出私人产业局限，以集体产权构建市场经济新机制。我们在现实中观察到，一些曾经依靠兴办大型工业企业而兴旺的"明星村"陷入财务困境。另一些农村则出现生产要素联合以及资源配置的非市场化特征，初步实现了共同富裕。经典经济学理论认为，企业是降低交易成本和配置资源的有效形式。但在农村集体经济发展中，企业制度和市场机制却遭遇到某些困境，这与既有理论观点相悖，需要加以解释。

2. 党建引领下的村民共商，是集体经济的原动力。从表面上看，袁家村在资源配置、收益分配等方面的逆市场化操作违背了经济规律，实际上其符合"更大的道理"。农村集体经济本质上受到市场竞争和社会治理双重逻辑的塑造，其需要解决的首要问题在于，究竟是从集体的视角看经济发展，还是从农民的视角看集体组织。过去人们关注"经济"多，关注"集体"少，即便农民增收较快，但集体经济壮大缓慢最终制约了农民持续增收。研究表明，村集体领导村民协同共治，有助于找到最适合的市场接口。党建引领下的村民共商，是集体经济的原动力。农民在共治中形成对集体行动的认同，成为具有主体性的生产经营者。认同催生了生产要素联合和利益分配的结构性调整，突破了单纯对利润的追求，塑造出公平与效率兼具的结果。当更多的经济发展成果由村民共享时，反过来又支撑共治，从而形成共治与共享的良性循环。

3. 新型集体财富是经济与社会优势的新整合。村集体带领村民共建共治，是农村集体经济的启动机制和提升机制。新型农村集体经济既是经济也是社会，即社会共治、社会团结作为一种集体行动对微观生产经营的赋能。新型农村集体经济，这里的"新"就新在跳出经济看经济，这在一定意义上修正了经典经济学对乡村财富的定义，跨越到经济社会学的新范式。

4."集体社会"创造的社会共知赋能集体经济新活力。新型农村集体经济既要发挥集体经济的优越性，也要尊重产权明晰等市场规律。因此从本质上说，新时代农村集体经济是一套持续激发村民共同奋斗的制度设计，共同富裕只是其结果。

■ **专家简介**

胡颖廉，中共中央党校（国家行政学院）社会和生态文明教研部教授，研究领域为社会治理。

浙江何斯路村

现代版的共同富裕"桃花源"

解读专家：鲁可荣

何斯路村是浙江省义乌市城西街道的一个村庄，现有人口1166人，党员62人，村民小组10个。从2008年起，村党支部书记何允辉改变村庄的发展思路，建造薰衣草庄园，发动群众改善村庄环境，采用"功德银行"的方式改善乡村风气，利用薰衣草产业带动村庄休闲旅游业的发展，带领村庄发展致富。2020年，何斯路村人均纯收入达53270元。2014年，何斯路村成功入选"中国美丽田园"名单，2015年入选"中国乡村旅游模范村"，曾获得全国"生态文化村"、"浙江十大最美乡村"、"浙江省生态文化基地"、"浙江省休闲旅游示范村"、国家级"美丽乡村试点村"等荣誉称号，并于2015年成功申请成为"国家AAA级旅游景区"，入选"中国乡村振兴十大示范村镇"。

何斯路村的以点带面发展，主要体现在两个方面：一是村庄本身的发展状况，用观光旅游打响知名度，用文化和教育产业做支点撬动全村资源；二是用单个村庄的发展带动周围村庄发展，用单个区域的力量推动整个区域的改变。何斯路的共同富裕之路，从来都是从小处做起，从不起眼处发动，但带来的改变又是惊人的。恰如它所在的城市——义乌，从来依靠的都是草根的力量，是自下而上的变革。

一、回乡创业，何允辉的"桃花源"梦从薰衣草故事开始

何斯路村这个很像外来音译的名字，源自一段真实的历史：一位何姓古人为逃避战乱，在求师过程中来到此地，从此扎下根，这个村子也得名"师路何"村，后改为何斯路村。村子有最美乡村的美誉，很像一个世外桃源。走进何斯路村，心和脚步都会不由自主地慢下来。这里望得见山、看得见水，确实有山村独有的清幽与雅致。墙上有不少水墨画，充满了浓浓的中国味。这是何斯路村的十景之一：文化长廊。许多在义乌经商的外国人纷纷把家从城区搬到了这里，这些来自马来西亚、韩国等不同国家的外籍商人，都爱上了这个小山村。

这样一个现代版的桃花源，是从2008年在外经商

| 何斯路村的民居

的何允辉回村竞选村主任开始建设的。何允辉刚打算回村的时候，跟家人承诺，在村里做五年，把村子做好就回公司，继续之前的事业。然而第一个五年过去之后，他发现跟原来想的很不一样。乡村建设比原来想的要复杂，比搞企业更有吸引力，这个吸引力就是何允辉心中的"桃花源"梦。

何允辉心目中的"桃花源"梦，是从一个非常偶然的机会开始的。2008年，何允辉接触了中国台湾的一位教授，了解到台湾有一对姊妹花将薰衣草做成了很大的产业。该教授提出如果在义乌的高速公路两旁种薰衣草，将会是什么样子？何允辉听后便去查阅了相关资料，发现薰衣草有很好的观赏价值；全球有很多薰衣草迷，每到花开的时候，他们就会到法国的普罗旺斯、日本的北海道以及我国的新疆伊犁观看；而且薰衣草的产业链条也非常长，它可以用于制作化妆品、香精、精油一类的产品。所以，他当时就觉得这个产业应该是比较有前景的。正在这个时候，何允辉又遇到了一位浙江省农业科学院的老师，他提出可以提供一定的技术支持。于是何斯路村开始了薰衣草的种植之路。

万事开头难。由于水土的问题，何斯路村种植的薰衣草总是出现问题。经过英国的种子、神九的种子以及伊犁的种子试种，一波三折后何斯路村才将薰衣草种植成功。薰衣草种植成功后，何斯路村的旅游发展之路才正式开始。最初，只是单纯的门票收入，还引起了比较大的社会争议。后来为了更好地发展，何斯路村以合作社的形式筹集资金，自建了村庄的接待中心——斯路何庄酒店，为游客提供吃、住、游、娱、购等一条龙旅游服务。

薰衣草除了观赏功能外，其他功能也被开发出来。目前，何斯路村已经开发了薰衣草一代和二代产品,主要包括薰衣草香包、薰衣草香皂、薰衣草爽肤水等产品。由于产能有限,何斯路村并没有按照一般产品加工的思路进行发展,而是采用贴牌的方式,与西域集团签订协议,由他们代加工相关的产品,贴上何斯路的标签。为此,何斯路注册了6个大类199个小项的薰衣草产品商标。

除了最早发展的薰衣草项目,何斯路村还有其他产业。何斯路村自古就有酿造黄酒的传统,每年12月18日,村里都要举办"何氏家酿曲酒节"。在举办第一届曲酒节的时候,为了吸引人气,村里给每位参赛者提供一定的费用,想尽办法才吸引了很多选手。为了让更多的人参与到这个活动中来,村里开始对外宣传并不是所谓的黄酒节,而是请大家吃牛肉、喝牛肉汤。当天村里就涌入了上万人,成功地起到了宣传作用,将何氏家酿的品牌推广出去。以后,黄酒节就变成了每年的固定项目,为村民带来了比较可观的收益。此外,何斯路村还有文创产业、影视产业、教育产业,并且形成了一定的产业集群,让村民成为股东、老板、房东,给村民带来劳动收入、财产收入以及经营收入,共同带动何斯路村的经济发展。

龙溪香谷薰衣花园

二、建设学习型村庄，成为"桃花源"经济发展的原动力

何斯路村属于全国较早一批发展学习型经济的村庄。最开始的时候，学习团仅仅到何斯路来考察，把何斯路作为整个考察的一部分。在这种发展模式下何斯路只能单打独斗，虽然可以获得参观考察收入、产品收入和讲课收入，但经济效益和社会效益都难以转化到相邻区域中去。

从 2018 年开始，为了更好地促进周边区域的发展，也是从推动义乌乡村振兴工作的大局出发，何斯路村开始自己组织学习型团队进行参观调研活动。何允辉利用自己的人脉资源以及优秀的推销能力，与有意向的单位进行合作，按照学习的需要将各考察点分门别类，设计个性化方案。何斯路村负责所有参观点的安排接洽，也负责所有人员的交通食宿。首批活动就将周边的分水塘村、七一村纳入了考察名单，之后又将义乌发展比较突出的缸窑村、佛堂古镇以及浦江的登高村、新光村等村庄纳入，为这些村庄带去了较大的人流，极大地宣传了义乌的乡村振兴事业，也为乡村振兴的调查学习提供了一个十分重要的平台。到 2019 年，何斯路村开始分流一部分学习团队去周边村庄驻点，希望实实在在地帮助相关村庄把名气转变为生产力。

学习型经济不光是要带领相关的团队进行实地考察参观，更重要的是将义乌的经验与其他地方的经验进行交流，让远道而来的学员能够有充足的收获。为此在考察过程中还安排了其他明星村庄的村党支部书记或村主任进行授课，七一村的何德兴书记就是其中的杰出代表。何德兴用生动形象的语言介绍七一村的党建经验，得到了众多学员的好评。通

过何斯路学习型经济平台，更多乡村实践者能够在义乌面对面地与走在前列的明星村庄的实践者进行交谈。受邀而来的乡村振兴的先行者也可以获得一定的经济收益和良好的社会效益，实现了双赢。

除了学习型经济以外，何斯路村还着力打造产品经济。2018年，何斯路村正式与中信国安集团达成合作，何斯路村成为中信国安农业公司农产品的认证机构。正是有了中信国安农业公司这样的大集团的支持，有中信的高端客户作为目标群体，何斯路村才能保障所有的产品都能够获得相应的价值，让更多农产品走入高端市场。义乌周边的很多农产品也在考察之列，经过严格的检测和把关后就可以上架。

何斯路村促进区域发展主要表现在积极对外推广区域中的其他村庄。2019年，何允辉以个人名义成立了"何允辉乡村振兴工作室"，其宗旨为"讲好中国故事，输出义乌经验"，着力推动义乌乡村振兴经验走向全国。何允辉在全国各地进行授课，不遗余力地推广义乌乡村振兴经验。以佛堂镇的小六石村为例，何允辉在授课过程中多次提到小六石案例，并与小六石村主任楼献春共赴桐庐，还有意将其推荐到外地授课访问。

何允辉还在众多国际重要会议中推介以何斯路村为代表的义乌经验，

何斯路村生产的红酒

比如，江南大学举办的"2018东亚民间社会论坛"以及"第八届东盟'10+3'村官论坛"等。何斯路村还通过《欧洲时报》、新加坡《联合早报》等国际知名媒体对何斯路的故事进行宣传，尽力讲好中国故事。

何允辉以及何斯路村虽然能力有限，但是依然不遗余力地向世界推广义乌经验。这是全国其他明星乡村没有尝试过的新领域，未来还需要更加深入的探索。但是不可否认这一经验对整个义乌乡村振兴工作的巨大意义，是促进乡村振兴工作区域化发展的重要手段。

三、国内首创"功德银行"，让精神富裕成为共同富裕的魂

何斯路村对村民的教化工作，几乎是伴随着经济发展同步展开的。何允辉一直思考的一个问题，就是如果没有精神上的共同富裕，单纯的物质生活富裕，再多也不会满足。正是基于这样的思路，育人工作成为何斯路村高度重视的一件大事。育人比发展产业更考验当家人的智慧。何斯路的教化工作是逐层展开的，面对不同的人群有不同的方式。

在敦化民风、道德教化上，何斯路村最有创造性的做法是设立"功德银行"。"功德银行"有力促进了邻里和睦、乡风文明，目前已影响并复制到陕西渭南、河北丰宁、福建顺昌等全国5000多个村。何斯路"功德银行"引起《人民日报》、《中国经济周刊》等媒体和中国人民大学相关专家学者的持续关注，并得到新加坡《联合早报》等国外媒体的关注和肯定。在新时代依法治国和以德治国相结合的框架下，何斯路村的"功德银行"，为乡村基层治理提供了一个新样本、一种新思路、一条新路径。

"功德银行"的想法来源于瑞士的时间银行，其做法是为每家每户

设立一个功德账号,将好人好事全部记录在册,以赋分的形式进行评价,并定期公布,对积分领先的个人或家庭予以奖励。"功德银行"的建立并不顺利,村民开始对此事都持怀疑态度。但是随着时间的流逝,尤其是在村干部带头以及村民从"功德银行"中获得了一定的实际好处之后,才慢慢在整个村庄做起来。之前的"功德银行"都是靠手工记录,村民既可以自己向记录的老师汇报情况,也可以由他人推荐。为了跟上时代的潮流,也为了让信息能够更通畅,从 2018 年起"功德银行"进行内测,争取将所有运营都转移到线上,以便利村民。在十余年的发展过程中,"功德银行"取得了切实的成就:创办 11 年间,已经记录好人好事 4.5 万余件;通过"功德银行"表彰,有两位村民获得宅基地优先选择权,已经有十余个省份的村庄市学习、效仿"功德银行"。

浙江的所有乡村都有文化礼堂,何斯路村的文化礼堂是在之前何氏宗祠的基础上改建而成的。文化礼堂对于村民来说,是村内的公共空间,是讨论公共事务的地点。何斯路的文化礼堂依然保有宗祠原本的议事功能,是族内商议重要事宜的场所。每逢清明、冬至等重要节气,何氏宗祠都会举行隆重的祭祀仪式,祭拜先祖。

何斯路村的晨读活动从 2019 年开始,所有人都可以参与,旨在增进村民对村庄的认同感,也是为了搭建一个全村共同议事的平台。在每月的固定时间,即农历每月初二、初五、初八、十二、十五、十八、二十二、二十五、二十八,主要做五件事情:讲政策,学礼仪,说好话,练身体,唱村歌。在晨读过程中,村民锻炼了身体,了解了相关的政策,有助于推动村庄相关政策的落实。

针对村庄里的青少年,何斯路村开展了百万育才计划。该项目是由何允辉发起的，旨在用10年时间，通过定期举办夏令营的方式让村内青少年接受相关的教育，成为有用之才。该项目已经进行到第12年，参加项目的学生逾600人次。何允辉利用自己经商时积累的财

文化礼堂举办成人礼活动

富，聘请相关老师，在村内志愿者和村"两委"干部的共同努力下，让村内的青少年在暑期进行与众不同的夏令营活动。除了基本的书本知识的学习，还学习国学文化、礼仪知识、乡土知识等，积极培养学生的动手能力和思考能力，通过带领学生外出游学，扩展学生的视野。到目前为止，何斯路村已经带领学生到北京、台湾、陕西西安、福建厦门等地游学，培养出了一批又一批优秀的青少年。

除了青少年群体，老年人在村庄中的占比较大，所以何斯路村特意开办了老年大学作为老年人教化的平台。2006年，何斯路村创办了老年大学。从

在何斯路村艺考小镇中学习的学生

2008年起,全村所有的老人农历每月逢二、五、八都要开课学习。老人都学过《道德经》《论语》《朱子家训》《弟子规》等,这大大丰富了老年人的精神文化生活。与其他地方的老年大学不同,何斯路村的老年大学真的是老年人"老有所乐、老有所为"的地方。老年大学由村内退休教师和村老年协会共同建立,课程安排、现场教学等所有事项均由村内若干老人义务所做。每个月上三次课,为村内老人讲授保健知识、国家政策、垃圾分类知识等,积极组织老年人进行体育活动,丰富老年人的生活,让他们拥有一个圆满的晚年。这是一种区别于其他方式的组织形式,从目前的结果看也是比较有效的。

四、何斯路村是物质与精神的共同富裕

通过十多年的建设,何斯路村取得了比较明显的成效。

首先,经济方面,产业集聚效应已经非常突出。之前何斯路村并没有成规模的产业。通过发展薰衣草观光产业,何斯路村已经建成了生态观光园1个、高规格接待中心1个、民宿19家,年接待游客33万人次,实现集体资产估值超过1亿元。

其次,在经营机制上,何斯路村形成了保证共同富裕的人人有股的乡村股份制经营模式。何允辉讲,绿水青山是"资本",吸引游客不能只靠美丽的自然风光,必须走全民式产业发展的路子。为拓宽农村发展空间和经营领域,村里成立了乡村生态旅游开发中心,邀请有关专家对村内生态资源进行专项评估测价,将村民手中的生态资源资本化,通过全民入股实现乡村股份制经营新模式。村民直接参与村里的企业经营,既

是员工，又是股东，这让村民在爱护生态资源的同时，又鼓了自己的钱袋子，实现共同致富。

最后，在村民教化方面，何斯路的"功德银行"已经累计记录好人好事4.5万余件，累计分值超过18万分。不仅如此，"功德银行"的做法也被十余个省份的上百个村庄借鉴学习，并且开始上线App，村里力争早日全部实现线上管理。

故事人物金句

何允辉 浙江义乌何斯路村人，2008年起担任村委会主任，后担任村党总支书记。曾被授予"首届中国乡村文明实践明星村书记""十大乡村温暖人物"称号，荣获浙江省"美丽乡村建设突出贡献奖"。受全国人大邀请参加交流乡村振兴促进法意见座谈会，受中国国际扶贫中心邀请参加东盟"10+3"村官交流活动。长期为各大高校、党校（行政学院）、培训机构的学员授课，通过教育培训的方式，将义乌乡村推向全国。在何允辉带领下，何斯路村荣获"中国最美乡村"、全国"生态文化村"、"中国乡村振兴十大示范村镇"等称号，成为义乌首个乡村"国家AAA级旅游景区"。2019年，何允辉成立了乡村振兴工作室，开发特色课程，为乡村振兴尽一己之力。

» 文化才是一个村庄发展的灵魂，一定要做好文化建设，何斯路村用物质的形式把很多精神层面的东西显化出来，让文化成为看得见、摸得着的东西，就可以发挥作用了。

» 何斯路村首创了"功德银行",每户人家都有一本"功德银行"账本,包括孝顺父母这些事,也会全部记录在案。"功德银行"让老百姓在精神上有了赶学比超的榜样。

» 绿水青山是"资本",吸引游客不能只靠美丽的自然风光,必须走全民式产业发展的路子。我们创造了将村民手中的生态资源资本化,通过全民入股实现乡村股份制经营的新模式。

» 美丽乡村绝不以牺牲生态环境为代价来发展旅游业。我们不会让大量的游客一拥而入,何斯路村的接团模式都是先向公司申报,核准了再接待。

专家点评·鲁可荣

从昔时穷乡僻壤中的小山村完美蜕变为青山秀水间的世外桃源,何斯路村的成功转型让世人惊叹不已,但更值得我们探究的是这个后发型村落成功转型背后的原因。往日的何斯路村以传统的农业生产为主,集体经济薄弱,发展起步迟缓,但村庄内部蕴藏着强烈的发展欲望,并且还有得天独厚的自然环境以及底蕴深厚的人文积淀。纵观何斯路村的转型发展历程,我们不难发现,何斯路村的成功离不开这样几个方面。

1.一个好的党支部、以身作则的带头人,是乡村发展的第一推动力。何斯路村的发展故事,确实是从何允辉回村创业开始的,但何允辉的个人作用是通过党组织力量发挥出来的。村庄的发展离不开基层党组织的工作。基层党组织在乡村振兴工作中发挥着至关重要的作用,是中观层面的决策者和大部分微观事项的执行者。在何允辉带领下，村基层党组织具有超前的发展意识和独特的发展理念，配合乡贤的强大执行能力，才让何斯路在乡村振兴工作中突显出来。在何斯路村发展的过程中，作为领头羊的何允辉以身作则，带头奉献，率领全村村民披荆斩棘、过关斩将，最终造就了何斯路村今日的辉煌。

2.通过建设学习型村庄，找到了乡村发展的原动力。乡村社会是一个小规模熟人社会，既蕴含着巨大的凝聚力，也有相对封闭的一面。通过学习和教育，何斯路村不仅把外部世界的知识输入村庄，而且也把村庄蕴含的凝聚力释放出来了。而且何斯路村所调动的村民的积极性，包括所有人：从党员到群众、从老人到妇女、儿童。众人拾柴火焰高。在何斯路村转型发展过程中，村"两委"分工合作，团结奉献，创新务实，老年协会和老年大学成员以及其他老年人也都积极参与，言传身教。同时，村里推行的新型集体股份制也充分发挥了村民在村庄建设中的主体作用，激发了村民们的参与热情，既尊重了村民的意愿，也调动了村民的积极性，使何斯路村内部形成有机团结。

3.通过共同富裕的股份制创造了可持续发展的内部造血的动力机制。基于村落资源的内部发展是何斯路村发展的重要基础之一。正如何允辉所说的，"蚊虽吸他人之血，但自身若无一定造血功能自然也无法存活"。为了避免何斯路走上依靠外部输血的单一发展道路，何允辉全面整合何斯路的自然资源和人文资源，推行农村股份制新模式，充分盘活村集体以及村民手中的资源，形成村庄发展的内生力量，让何斯路的发展具备了可持续发展的内部造血的动力机制。

4.通过"功德银行"实施道德教育，不仅找到了乡村发展的精神原动力，也激活了推动乡村产业发展的乡土文化资源。村落文化是村落发展的精神动力，是村落发展的精髓。良好的村落文化有助于村民形成对家乡的归属感和文化认同，并形成强大的凝聚力和精神支持，促使村民内部互助合作，同时还可以激发村落精英投身村落建设的责任感和使命感，更能激发村民投入村落发展的激情和积极性。何斯路村独特的乡土文化、悠久的农耕文化等都在无形中幻化成激发何斯路村村民精诚合作和勤恳奋发的精神动力，共同促进何斯路村的可持续发展。

■ **专家简介**

鲁可荣，浙江农林大学文法学院院长、教授，主要从事乡村文化与传统村落保护发展等领域的理论与应用研究。

山西振兴村

一村带动一片的振兴之道

解读专家：张孝德

振兴村位于山西省长治市上党区振兴新区，总面积12.6平方公里，农业人口2309人，职工2000人，下设1个集团企业、7个子公司，资产总额30亿元，年上缴国家税收超亿元，村集体年收入约6900万元，村民人均收入3.69万元。振兴村曾荣获"全国文明村镇"、"国家AAAA级景区"、"国家五星级企业园区"、"中国美丽休闲乡村"、"全国乡村旅游重点村"、"全国美丽乡村示范村"、全国"一村一品"示范村镇、"中国全面小康十大示范村镇"、"全国乡村治理示范村"、"全国农村创新创业孵化实训基地"、"全省先进基层党组织"等荣誉称号。

近年来，振兴村大力实施乡村振兴战略。在产业振兴上，打好乡村旅游这张牌；在人才振兴上，下好职业培训这步棋；在文化振兴上，走好基础教育这条路；在生态振兴上，唱好绿水青山这首歌；在组织振兴上，办好为民服务这件事，党建引领，率先发展，蹚出了一条乡村振兴新路子。

一、扎根乡土 40 载，始终心系共富路

振兴村党支部书记牛扎根，人如其名，在家乡的土地上扎根 47 年。振兴村也如同它的名字，在牛扎根这头老黄牛的耕作下，不断振翅奋飞，日渐兴盛。21 岁走上农村基层领导干部岗位，26 岁加入中国共产党，牛扎根始终践行一个共产党员的承诺，坚守共产党员的信念，始终奉献在基层，始终一心为百姓。

牛扎根经常讲的一句话就是："我的名字决定了我的使命，只有扎根土地、心系百姓，走共同富裕道路，才能不辜负党，不辜负村民，不辜负父母给我的名字。"几十年来，牛扎根是这样想的，也是这样做的。在外人看来，振兴村发展是因为有煤矿。不可否认，这是振兴村发展的物质基础。但决定振兴村发展背后的深层原因，是如何经营这些财富、运用这些财富的心，这就是老共产党员牛扎根的心，立党为公、心系村民的心。

振兴村原名关家村，村民生活在落差 100 米的山坡与山沟里，由于山高石头多，祖祖辈辈过着行路难、吃水难、上学难的苦日子，挖煤、卖煤是唯一的主产业。为了改变村庄的面貌，20 世纪 80 年代初，牛扎根带领村民开办了小煤矿。2001 年到 2004 年，在两次煤矿改革中，许多村的煤矿卖给了个人，但振兴村始终坚持走集体化道路，通过改制建立的振兴集团，成为一家现代化的村集体股份制企业。村集体占振兴集团企业 60% 的股份，村民占 20% 的股份。公司下面有七个子公司，村集体收入每年大约有 6900 万元。

有了集体化企业这个基础，为了让村民过上好日子，振兴村党支部和群众多次论证探讨，形成了"三带并举抓产业"的共识，即以企带村建设新农村、以工带农壮大集体经济、以商带户发展乡村旅游。正是基于这样的发展思路，振兴村的经济实现了一年一个台阶的快速发展。

"一花独放不是春，万紫千红春满园。"2009年，为了让首先富起来的振兴村带动周边村庄也走向富裕之路，上党区将毗邻振兴村的原关家村、郜则掌村、向阳村三个党支部从西火镇党委中剥离出来，并入振兴试验区，归振兴新区党委和管委会直接领导。2010年7月23日，经批准，长治县城乡统筹振兴试验区（简称振兴新区）正式成立。振兴新区成立的目的，就是尝试探索一条经济上依靠企业优势带领村庄社会经济整体向前发展的道路。

在牛扎根的带领下，大伙儿"撸起了袖子"，开启了"敢教日月换新天""让乡亲们过上好日子"的创业历程。他带领村民投工投劳、夜以继日，新修4条街9条路（共35.53万米），改河16.5万米，迁坟397个，挖山填沟156万立方米，新建别墅式住宅和单元楼569套。2007年，辖区内的三个村子家家户户都住上了新居，总体改善了群众生活环境，提升了群众幸福指数。

如今的振兴村，不仅是一个远近闻名的经济发达村，更是一个共富发展的社会主义的农村。

二、以企带村、以工带农、以商带户，"三带"并举产业兴

1. 要金山银山，更要绿水青山。为解决资源消耗强度大、能源利用

率低、环境污染和生态破坏严重等突出问题，振兴村主动转变发展方式，延伸煤炭产业链条，上马煤矸石砖制造和洗煤项目，实现能源的循环开发和清洁利用。振兴村依托当地生态优势，发展观光农业和商贸物流，使村集体经济不断发展壮大。2007年，振兴村拉开新农村建设的序幕，定下了"三不"原则：对原有生态植被不破坏、对原有山水景观不改变、对原有古建遗迹不拆迁。经过3年时间，村里新建别墅式住宅和单元楼569套，全村2000多名村民从破旧的土房搬进了窗明几净的新房。

振兴村新旧住房对比

2. 农旅相融，提升农业品质。为使农业更好地服务于旅游发展，发挥农业观光、农事体验、蔬果采摘、农艺博览等功能，振兴村采用"公司＋农户"形式，统一规划、分片承包、自主经营。目前，已建设特色化农庄6处，规模化种植基地3处，农艺博览园3处，丰富了种植内容，提升了农业品质，推动了旅游发展，充分调动了农民的积极性，拓宽了农民的增收渠道。为了推进农业多元化发展，振兴村开发了马刨泉矿泉水、上党振兴村酒、振兴村老陈醋、小杂粮、葵花油、核桃等三大门类十余个品种，年产值达到2000余万元。

3. 文旅结合，挖掘文化价值。从 2010 年起，振兴村先后建起抗战主题广场、孝廉公园、花间堂、槐荫寺、农民艺术馆、工人文化宫、民俗山庄等 20 余个人文景点，特别是 2019 年，初心园开园，内含党群生活馆、家风家训馆、百家姓馆、展览馆、村史馆、村志馆等，成为文化教育新阵地。村里还规划建设了雄山观景台、蝶恋花海景区、秋千园、赛马场等休闲娱乐设施，修通了 11.6 公里的景区环山路。与此同时，从丰富旅游产品和旅游营销策划出发，振兴村从"春节嘉年华"到正月十五元宵灯会，从二月十五根祖文化艺术节到五月端午民歌大赛，从国庆节文艺晚会到九九重阳金秋文化旅游节，形成"季季有看头、长年不断线"的文化风景线。如今的振兴村，已然成为一处自然风光与人文景观相融合、文化内涵与经济产业共生的特色乡村旅游景区。

4. 商旅互促，带动餐饮物流。近年来，振兴村推出了吃农家菜、住

振兴村上党战役展览馆

振兴村上党印象步行街

农家屋、购农产品、体验农事活动等旅游项目，鼓励农民建设农家乐170余个、民俗酒店6处、民俗养生9处、可容纳2000人就餐的生态酒店1处。所有餐饮住宿全部以纯绿色原生态为主，吸引了周边游客，成为振兴村另一主产业。目前，入驻了160余家商户的上党印象商贸一条街已经全部营业。同时，振兴村开通了通往市区的公交班车和旅游直通车，建立物流中心和快递服务站，成立村镇银行，建立游客接待中心，年接待游客100余万人次，旅游综合收入达到5000余万元，形成了全村互动抓旅游、家家户户都赚钱的大好局面。

三、义务教育、素质教育、职业教育，"三育"融合强基础

1. 推进义务教育和素质教育融合。村里建有振兴学校，该校是一所九年一贯制寄宿学校，由振兴集团投资5100余万元建成，设有中小学部共22个教学班，幼儿园4个教学班，共有学生1600人；有教职工120名，其中教师90人。校园内绿树成荫，鸟语花香，绿化覆盖率达36%，具有良好的"春有花、夏有荫、秋有果、冬有青"的人文教育学习环境。优良的环境和一流的设施设备为培养学生的兴趣特长、提高学生的综合

素质，提供了优越的条件。

2. 大力发展职业教育，助力人才振兴。在实施义务教育的基础上，振兴村先后成立了太行振兴数智学校、长治职业技术学院振兴分院、长治市中小学研学基地。村里紧抓乡村振兴的时代机遇，围绕办一流乡村教育的目标，抢占产教融合的高地，力争在较短时间内，把振兴小镇办成富有振兴特色、彰显人才优势的全市一流、全省领先、全国知名的教育名镇。

3. 积极开拓乡村振兴实用人才培训市场。村内建有太行乡村振兴人才学院，常年开设农业技术人才、新型职业农民、乡村工匠等不同类型的乡村人才培训班，集课堂理论讲授、实践现场教学和专题调研于一体，服务于乡村人才振兴。中共中央党校（国家行政学院）、农业农村部、清华大学、中国农业大学等机构、院校的著名专家及地方农村带头人100

太行乡村振兴人才学院

人应邀组成了国内一流的学院教师团队。学院充分依靠党组织，培训农村干部和乡村振兴实用人才，坚持走市场化道路，致力于培训农村商务、电商、家教、康养、酒店、服务等新型职业人才。

四、转民风、治家风、养村风，"三风"共育促文明

1. 积极建设传统文化教育阵地。振兴村先后建设了红色文化主题广场和红色收藏馆，打造爱国主义教育基地；建设孝廉公园，鹿乳奉亲、啮指痛心……24个石雕讲述24个孝道故事，充分展示传统孝道文化；全国首家村志收藏馆开馆，收藏各地150多个明星古村的村志1800余册，

振兴村孝廉公园

纳千家之风，集众家之长；打造梅兰竹菊四大民俗文化长廊，对村内的四条街、九条路以"崇"字打头命名，分别冠以仁、义、礼、智、信、贤、德、文、明等传统文化精髓。

2. 定期开展各类传承民俗文化和传统文化的特色活动。振兴村每年定期邀请各类专家学者举办国学讲座，开展好媳妇、好公婆评选活动等，特别是在每年的九九重阳节，为附近村庄近千名老人提供免费体检，发放慰问品，合照全家福，举办长街宴，让中华民族爱老敬老的美德扎根在每位村民心中。

3. 开展"三色"文化教育。振兴村推出了以体验农耕文明、民俗特色为主的"金"色文化，以传承革命精神、先烈遗志为主的"红"色文化，以牢记传统美德、历史根脉为主的"古"色文化，通过这些文化渗透与传播，让村民始终牢记先辈勤劳俭朴、敬业持家的光荣传统，使之成为村民永远向前的精神基因。

五、融入生产，便利生活，注重生态，"三生"同步建新村

1. 护绿与植绿并重，突出山水相依的生态美。一是实施山坡植绿工程。规划建设了"五个千亩"种植基地——千亩干果经济林种植、千亩道地药材种植、千亩小杂粮生产、千亩花卉培育和千亩有机蔬果种植，实现山坡绿化和催生绿色经济。二是实施身边增绿工程。对村内主干道路、大街小巷全面绿化，建起牡丹园、芍药园、月季园三座花卉园，绿化总面积达到2000余亩。三是实施庭院披绿工程。大力倡导庭院绿化，为村民提供葡萄及藤蔓植物幼苗，免费指导种植。目前，全村绿化覆盖

振兴村绿化一隅（本文图片由振兴村新媒体中心提供）

率达到62%，人均绿化面积35平方米，绿化总投资达到6500万元。

2. 规划与功能同步，突出中西合璧的建筑美。农户实现了教育医疗保障化、日常做饭燃气化、冬季取暖供热化、用电照明光伏化、垃圾处理无害化的"五化"目标和道路硬化、院内绿化、村中亮化、统一供热、统一供气、统一供水、统一供电、通网络宽带、通数字电视、通程控电话的"五化四供三通"目标。此外，振兴村高标准建设康养中心，提供"医、康、养、护、乐"五位一体的康养服务，实施"互联网+智慧医疗"信息技术，构建以振兴康养中心为主体的医联体大数据中心，让其成为集养身、养心、养性、养德、养老于一体的旅游度假首选目的地。

3. 保护与恢复并举，突出古今对话的和谐美。为确保农耕文明的记忆和传统文化的传承，在建设中，振兴村坚持保护与恢复并举，并对一些重要历史遗迹进行了恢复重建。目前，振兴村共保护和恢复古建院落9处，在旧址上重建融儒佛道于一体的槐荫寺1座，新建具有北方民居特色的茅草屋3处，新建古典风格的振兴坛和振兴阁2处。振兴村将古建院落和新建民居开发为民俗酒店，实现了在保护中开发、在开发中传承、在传承中超越其价值的目的。

六、党委抓大事，党支部办实事，党员做好事，三级齐抓固党建

1.党委抓大事，在决策上出实招。振兴村认真贯彻中央及省、市、区委党建工作任务部署，着力提升组织力，增强政治功能和服务功能，在党的建设、安全稳定、疫情防控、脱贫攻坚、森林防火、环境整治等重点领域，创新推行"党委委员包村包街道包企业、支部委员包班组、党小组组长包党员、党员包农户、农户包家人"的五级联包新举措，形成了党委抓大事、支部办实事、党员做好事的新模式。

2.支部办实事，在民生上下功夫。一是就业均等机制，社区内青壮年劳动力全部就业，因病、因残不能就业的全部纳入社保范围。二是医疗保障机制，卫生院药品实行零利润销售，千元以下医疗费全免。健全大病医疗补助制度，成立村民医疗互助会，全村群众和在职员工全部参加"福村宝"，累计报销人数565人次，报销总额336万元，解决了群众看病贵的难题。三是教育免费机制，凡在振兴学校就读的学生免校服费、免住宿费、补伙食费，考上大学的凭入学通知书报销学费。四是养老保障机制，60岁以上老人每人每年发放1200元养老金，并进行两次免费体检，医药费全报销。每年举办重阳节敬老活动，无儿无女的孤寡老人全部住进乡村敬老院。五是社会福利机制，实行供暖、供水免费，用气、用电补助，每人每年发放福利1500元，开通振兴村至上党区、长治市区的免费公交班车。

3.党员做好事，在"本色"上不动摇。党的十九大召开之后，振兴村在第一时间编写了习近平总书记365条金句，并人手一册，让党员干

部学习。确立了每年10月18日为乡村振兴日,每月18日为振兴学习日。积极开展"三亮三做"活动,即党委领导亮身份做示范、"两委"干部亮承诺转作风、党员代表亮行动树形象。

十多年来,振兴村的发展迈上了新台阶,振兴集团先后解决了辖区内及周边村3000余人的就业,村民人均收入由2007年的6500元提高到现在的3.69万元;振兴村由原来的一个小山村合并了三个自然村,流转四个村的土地;人口由原来的865人增长到现在的8900人;职工由原来的200人增长到2000人;职工人均收入达到5.69万元。

4.规划"十四五"时期发展目标是通过五年时间,将振兴村建设成为集智慧农业、加工制造、康养服务、文化旅游、教育培训五大产业于一体的农文旅康综合体,全方位推进振兴村高质量发展。2021年,振兴农业科技体验园和振兴不夜村招商引资项目全部竣工。2022年建成长治医学院附属和平医院振兴分院。振兴职业高中开始招生。2023年,振兴煤业3#煤配采项目将正式投产。2024年,数字农业将投入使用。2025年,智慧农业、智慧文旅、智慧教育、智慧康养、智慧医疗将全覆盖。

振兴村的昨天,创业创建创新;振兴村的今天,提升提质提效;振兴村的明天,共建共富共享。振兴村恰如其名,要在希望的田野上,创造美好生活的榜样。今后,振兴村将坚持党建+农业+教育+康养+旅游高质量发展模式,守初心,担使命,学名村,赶强村,为早日建成现代化乡村而努力奋斗。

故事人物金句

牛扎根 山西省长治县人,中共党员,大专文化,高级经济师,现任长治县振兴新区党委书记、山西上党集团董事长。曾荣获"长治市劳动模范"、"长治市特级劳动模范"、长治市"优秀党务工作者"、"优秀共产党员"、"山西省劳动模范"、"山西省特级劳模"、"第十届全国农村基层干部十大新闻人物"、"全国五一劳动奖章"、"全国优秀党务工作者"等称号。

» 大发展小困难,小发展大困难,不发展更困难。

» 我的使命,已经从我的名字开始升华为更大的责任和义务。我要继续扎根振兴,坚定地走下去,走共同富裕道路,不能辜负党的重托和群众对我的期望,更不能辜负生我养我的这片土地!

» 农村干部是一份沉甸甸的责任,我要把在农村的根扎得更深、更实,为农民服务的工作做得更细、更精,把党的好政策落实到每个农民的心坎上、每位百姓的生活中。

» 我一直坚持先做人、后做事,做好人、做好事,才能做大事、做成事,为了父老乡亲的日子越过越好,付出一切都在所不惜。

» 今后,要把振兴村建成一个既有都市品质,又不失乡村特色的现代化乡村,我们要在八个方面下真功夫、下硬功夫、下深功夫,发展更讲质量,管理更求规范,生态更要宜居,文化更加繁荣,人才更快集聚,社会更多包容,幸福更有温度,干群更扬正气。

» 振兴村的一草一木,一山一水,是如此亲切,处处干干净净、生机盎然、朝气蓬勃。

专家点评·张孝德

山西振兴村是我比较熟悉的一个村。特别是2017年第十届全国大学生村官论坛在振兴村举办，我应邀参加这次会议，有机会深度了解振兴村。会议的组织者安排我住在牛扎根的家里，这使我近距离地对振兴村和振兴村的带头人有了深入了解。40多年的振兴村创业发展之路，有许多值得解读的东西，其中最重要的有以下几点。

1.一个立党为公、德才兼备的领头人是乡村发展的魂。改革之初，乡村最需要的领导人才是能人型的人才，而乡村振兴所需要的是能与贤都具备的人才，就是有德有能的人才。因为乡村振兴不是单纯的经济振兴，而是乡村产业、生态、文化、教育、治理等全面的振兴。新时代乡村的全面振兴需要德才兼备的贤能型领导人才。振兴村几十年持续的发展，走出一条带动一个片区共同富裕的发展之路，就是因为有这样一个立党为公、德才兼备的领头人牛扎根。牛扎根的为公之心，在振兴村群众的眼中，是一种能够深切感受到的东西。牛扎根从24岁开始搞的小煤矿企业，到目前成为总资产达30亿元、有2000多名职工的多元化企业集团。按照常规思维，牛扎根作为振兴集团的创立者，也应该有丰厚的财富回报，过着家有万贯的富人生活。但事实上，牛扎根住着与村民一样标准的房子，过着几十年不变的平凡生活。几十年来，他一直是村里起得最早的人，每天5点起床，到村里各处走走，边走边谋划村里的当天和未来发展的事情。立党为公，振兴村的村民安居乐业，享受完善的医疗保障、免费的优质教育、周到的养老保障。

2. 心里装着对家乡的爱是振兴村不断创新发展的原动力。改革开放以来，振兴村创新的脚步从来没有停顿过。20 世纪 80 年代，牛扎根带领村民绿化荒山，改造农田，兴办企业，使关家村成为当时全省农业建设的一面旗帜。20 世纪 90 年代，牛扎根担任西火镇振兴煤矿矿长后，大刀阔斧地进行企业改制，最终将企业发展成集原煤、洗煤、建材、运输、商贸、养殖于一体，总资产达 10.98 亿元的大型现代化、多元化企业集团。21 世纪以来，牛扎根实施"以企带村、兴业富民"的战略，由促进一个村的发展变成带动一个振兴区的发展。党的十八大以来，牛扎根瞄准打造旅游度假胜地的目标，规划建设了三大旅游板块，分别是振兴雄山欢乐谷、振兴民俗文化村、振兴农业博览园。

振兴村不断创新的动力是什么？按照经济学理论，创新动力是高风险带来高收益的利益驱动，这是从资本逻辑的角度看创新。而对于"振兴村的创新动力是什么"这一问题，牛扎根的回答是，心里对家乡不能割舍的爱。他说："40 多年的风雨历程，摸爬滚打，我始终没有离开过农村。不知不觉中，我的根已深深地扎入生我养我的这片土地，我的喜怒哀乐和人生的全部意义，已经全部赋予了这片土地。有幸今生能参与创新、发展、变化的每一天，此生无憾！"

3. 因地制宜、对接市场、多业并举是振兴村持续发展之道。山西是煤炭产业大省，受单一产业发展困扰，鼓励发展地面产业，一直是山西产业转型发展的方向。振兴村可以说就是山西产业转型升级的一个典型、一面旗帜。从最初的煤炭产业到股份制改造形成的多元产业企业集团，从农旅结合、实现现代化农业与旅游业同步发展，到乡土文化与旅游结合，再到乡村服务业与旅游的结合，振兴村围绕旅游这个新兴市场，充分利用本地的农业优势、文化优势、商业优势，一步一个脚印，建成了集民俗体验、农艺博览、旅游开发、农业观光、生态采摘、产品营销、会务策划、食品加工、餐饮客栈、精品民宿、健康养生、旅游地产于一体的多业兴旺的太行乡村旅游度假胜地。振兴村不断升级产业，但始终扎根在乡村的土地，这些产业才能根深叶茂地持续发展。

■ 专家简介

张孝德，中共中央党校（国家行政学院）社会和生态文明教研部教授，原国家行政学院经济学部副主任。兼任国家气候变化专家委员会委员、中国乡村文明研究中心主任，担任多地政府的经济顾问。主要从事生态文明、生态经济、乡村文明发展研究。

第三篇

合作路这样走
共富经如此念

山东·田家村

安徽·南塘村

山东·农家村

山东衣家村

共富的劳动入股、工票制度合作社

解读专家：江　宇

山东省烟台市栖霞市亭口镇衣家村共 55 户 125 人，其中，党员 14 名，"两委"成员 6 人，果园面积 350 亩，入选中国美丽乡村百佳范例村、山东省乡村振兴示范村。山东栖霞多丘陵，大小山峰连绵蜿蜒，衣家村就在这大山褶皱、深沟腹地之中。衣家村自然条件恶劣，坡高谷深。衣家人以种果树为生，但上山没有路，运肥收粮全靠肩挑背扛，吃水、浇地也是难题。

2016 年，烟台市委组织部在全市开展"党支部领办合作社"模式的新探索。衣家村是烟台几千个党领办合作社中的一个。仅仅四年的时间，衣家村就从一个贫穷落后的小村走上了致富之路。特别是衣家村发明的"创业股＋原始股"的合作之路，用事实证明了农村党支部领办合作社是乡村共同富裕的正确发展之路。

一、穷则思变，党支部领办合作社走向脱贫致富路

衣家村党支部书记衣元良是退伍军人。2009年，他回村担任党支部书记。那时的衣家村可以说是一无所有。土地都分光了，集体一分地没留；集体资产卖光了，包括农具、水塘，什么资产都没留；村集体账上没有一分钱，还欠着15万元的外债。因村委欠老百姓的钱，村委办公室也被锁上了。刚开始，衣元良自己花400元买了个旧扩音器，就在大街上开会。

面对这个贫穷的村庄，衣元良彻夜难眠，考虑了很多。他觉得如果他再不站出来干，这个村就完了。2017年初，烟台市委组织部号召发展村级合作社后，衣元良心中一亮，特别是学习了相关"三农"文件之后，改变衣家村的信心开始升起。

经过深思熟虑，通过学习外地办合作社的先进经验，一个衣家村的合作社样子，在衣元良的心中形成。衣元良认为，衣家村的出路只有一条，那就是必须走合作社道路，而衣家村的合作社要办好，也只有一条出路，就是合作社必须是党支部带头领办的合作社。党支部领办合作社被衣元良概括为这样几点：一是增加农民收入，二是壮大集体经济，三是调动老百姓的积极性，四是建设社会主义新农村，五是党支部说话有人听、有威信。只要能达到以上目的，采取什么模式并不重要，做到这五条，就算成功了。

2017年5月15日，衣家村党支部召开全村动员大会。7月8日，党支部领办的合作社成立了。在合作社成立大会上，衣元良讲，如果我们

今日衣家村全貌

按此思路开展工作，全村人一起干，四年之后，衣家村会发生巨大变化，会变得更加美好。四年时间过去了，如今的衣家村真正实现了这个目标。

村党支部铆足劲带领群众致富，依靠全村人人拉肩扛修建了通往山顶的 5.5 公里的环山路，在海拔 300 多米的山顶修建了蓄水池，给 350 亩果园装上了滴灌设备；在环山路沿线栽种 2000 棵"晚红脆"桃树；投资 100 余万元发展藏香猪养殖项目，建造猪舍 80 余个，购买种猪 100 余头，经过繁殖目前达到 400 余头；引进烟台财金集团与亭口镇政府资金 1000 万元发展玉木耳种植产业，目前已建设种植棚 27 个、晾晒棚 4 个，累计销售鲜木耳 3.5 万斤，收益 27.7 万元，产出干木耳 6 万斤，产值约 210 万元。合作社收益的 30% 作为集体收入，70% 向社员"二次分红"，预计集体年可增收 20 多万元，社员年人均增收 8000 元。衣家村用事实证明了党领办的合作社是致富之路。

二、工票创业股+原始股：解决多劳多得与共同富裕难题

衣家村合作社成立第一天，就开始打井。因为水是全村最卡脖子的大事，300多年都没解决水的问题。最初村里用上级拨付的5万元钱打了一口自来水井，但是很浅，每年都有3个月缺水，不够吃。合作社下定决心打一口深水井，彻底解决村里的吃水问题。

当时按市场价打一口深井需15万元，合作社没有一分钱。怎么办？衣元良自己垫付15万元，开始打井。水井打到200米还没出水，村民开始怀疑，咱村的地多少年了都打不出水，这回也不行吧！在巨大的压力下，坚持打到240米时出水了。村民拿起鞭炮就放，说我们这下可有水吃了、有水浇地了。这口深井水源充足，靠这个水源，村里修了以前集体废弃的3口水塘、建了

衣家村山顶凿出的"惠民泉"

3个泵房，还申请了节水灌溉项目，全村350亩土地全部拉上了微喷，衣家村终于结束了靠天吃饭的历史。

一口水井使村民看到党支部是真心领着大家干。以此为拐点，村民原来对党支部领导的合作社所持的观望、怀疑的态度发生了根本转变。全村出现了前所未有的人心凝聚。

有水吃了，村里开始修路。由于山坡陡峭，要修路，得先把山体炸开。山体炸开以后，因为没有钱雇施工队，全靠村民一锤一锤地碎石、一锹一镐地平整路面、一块一块石头地垒砌挡土墙。全村的成年劳动力，加起来也就30多人，上到80多岁的老太太，下到十几岁的小孩，纷纷来工地劳动。

全民齐上阵，自力更生开山路、垒墙包

大家积极性调动起来后，村里遇到了另一个问题，就是如何解决合作社的利益分配问题。当时合作社没有钱，但只要大家一起干，未来肯定会有钱。根据这个思路，合作社发明了工票制度。就是社员来上一天工，给个纸质的凭据，男工一天120元，女工一天80元。白天干活，晚上发工票。满2000元可折合一股"创业股"，将来可以享受分红。同时，村民还可以用工票在合作社购买相同价值的服务产品，苗木、管道、水、化肥等都行。所有给老百姓的服务都能量化，与贡献的劳动等值。比如，喝的大桶饮用水，一元钱一桶，那么一张工票顶120元钱，可购买120桶饮用水。所以，工票不仅解决了村集体缺钱的问题，还为通过劳动交换所有的物品和服务搭上了桥。

这一张张工票，不仅公平地解决了多劳多得的问题，而且还很好地解决了当前利益和未来利益的分配问题。可以说，工票制度是衣家村合作社的一大发明。

但是，工票制度实行之后，村里又遇到了新问题：能干的人有工票，有创业股，老幼病残怎么办？为了解决这个问题，衣家村随即发明了一个"原始股"。所谓原始股，就是凡是在衣家村有户口、土地的，只要加入合作社，就可以分到1股。这样就可以解决五保户、低保户、老弱病残和没有劳动能力的人的长期赡养问题，他们有了这个原始股，就有生活的基本保障。

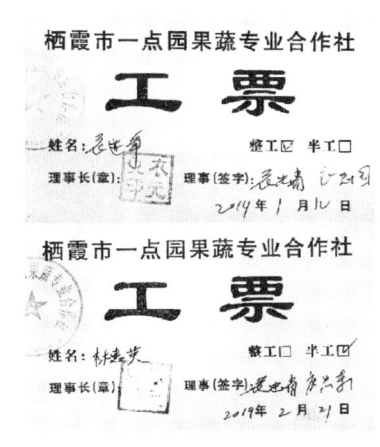

衣家村的工票

此外，那些户口在村里但在外上班、当兵、上学的，他们的权益如何保障？围绕这个问题，衣家村合作社提出劳动力入股的创业股可以继承。由此形成了衣家村既有按劳分配也有保证共同富裕的分配制度，这个制度就是创业股的工票+共同富裕的原始股。工票解决了按劳分配问题，原始股解决了公平问题。

三、党支部+合作社：新时代合作社创新之路

衣家村所走的党支部领办合作社的发展道路，是2016年以来烟台市委组织部在全国率先施行"党支部领办合作社"模式的背景下进行的。衣家村正是借这个东风走上了合作社之路。

烟台施行的"党支部领办合作社"，是全国第一个在全域范围内发展壮大农村集体经济并形成制度体系的模式。

因为各地各村的地理位置、自然资源、产业基础各不相同，所以党

支部领办合作社因村制宜，宜农则农，宜工则工，宜商则商，宜游则游，因村而异。主要类型有党支部领办土地股份合作社、党支部领办服务型（劳务）合作社、党支部领办生产经营型合作社、党支部领办三产融合型合作社。衣家村采取的是劳动入股的办法。

尽管党支部领办合作社的类型不同、经营模式不一，但本质相同，那就是牵头主导者必须是党支部，参与主体必须是组织起来的农民，生产经营必须保证农村集体土地所有制。在理事长人选上，要求由村党支部书记担任合作社理事长，村党支部书记如果在村"两委"换届选举中落选，就要主动辞去合作社理事长的职务，由新当选的党支部书记担任合作社理事长。

在经营分配上，要充分体现党支部的决策权，也就是党支部对合作社的绝对领导。尽管村集体在合作社中占股可能低于群众占股，尤其是短时间内，一般企业注资会高于村集体和群众占股，但是集体占股类似于金股，以确保集体股权持有人在特定事项中能够行使否决权和决策权。党支部代表群众的利益，是以不可再生的土地资源与资本合作，因此在发展方向、合作经营、利润分配上，必须充分保障其话语权。在获取上级惠农政策、利润分红等方面，要以党支部为主体承接分配，惠及村民，让群众知道惠在何处、惠从何来。为了保障群众利益，在股权设置上明确规定，村集体持股比例不低于10%，单个成员持股比例不超过20%。同时，通过土地置换、集体赠股、设置公益岗等方式，把老弱病残、贫困户吸收到合作社，改变贫困户"等人送小康"的脱贫心态，变"输血式"扶贫为"造血式"致富，实现"长久脱贫"。

四、党领导的合作社带来乡村全面发展新格局

通过党支部领办合作社,党支部的政治功能、合作社的平台功能、群众的能动性等要素有机融合在一起,可以说一招破题、全盘皆活。

一是强化了党对农村工作的全面领导。实践表明,党对农村工作的领导说到底是对农民的领导。这一要求得到贯彻落实,必须有平台有载体,党支部领办合作社的成功探索让村党支部从经济发展的"后台"走向"前台",由推着群众干到领着群众干,开展工作有了抓手,服务群众有了实力,群众对党支部有了信赖,实现了从"百呼不应"到"一呼百应"的转变,强化了党对农业农村工作的全面领导。

二是锤炼了一批"狮子型"村干部。领办合作社的党支部书记个个劲头十足,自信满满。党支部领办合作社解决了多年来发展集体经济无路径、组织群众无手段的问题,让村干部干事有了舞台、说话有了底气,真正找到了"当家人"的感觉。这些事实告诉我们,不是有了一个好的党支部书记才能办起一个合作社,而是在办合作社的过程中,可以锤炼出一批好的党支部书记!

三是蹚出了一条强村富民的共赢

衣家村党员在党旗上签名

之路。党支部领办合作社让村庄过去闲散的资源活起来、分散的资金聚起来,重新优化组合,统一经营支配,既唤醒了沉睡的资源,提高了资源的利用率,也改变了过去拼资源拼消耗的传统发展方式,利用物联应用、大数据等先进技术,实现了农业的新旧动能转化。对群众而言,加入合作社既有土地流转的保底收入,也有入社之后规模经营带来的支出相应减少;既有入股分红增加收入,也有入社务工增加收入;等等,有效解决了农民以地养老的问题。

四是带出了一支感党恩跟党走的群众队伍。在合作社,一家一户的收益和集体收益绑在一起,党支部掌握着分红主动权,群众对集体也更加拥护。

五是乡村治理更加有序。党支部领办合作社培养了一批懂政策、善经营、会管理的农村干部,吸引了大批外出务工人才返乡创业,促进了人才振兴。村集体有了收入,建广场、办晚会、改善基础设施、推进美丽乡村建设,村容村貌和群众精神面貌焕然一新。

故事人物金句

衣元良 山东省栖霞市人,1982—1996年服役,1985年入党,1996年转业回乡创业,2009年7月至今担任栖霞市亭口镇衣家村党支部书记。

衣元良担任党支部书记以来,一心扑在工作上,努力带领群众脱贫致富。2017年,在村党支部和衣元良的带领下,衣家村村民成立了栖霞市首个党支部领办的以劳动力为主要入股模式的合作社，一年之内打深水井3个、修高位蓄水池2个、修筑进山道路5.5公里、铺设滴灌管路20多公里，创造了"衣家奇迹"。2020年第17期《求是》杂志刊登了《古稀老人修路记》，报道了衣家村的事迹。

衣元良被称为"乡村振兴路上的新时代愚公"，先后被山东省委省政府授予"担当作为好书记"、"岗位学雷锋标兵"、"攻坚克难奖"先进个人等荣誉称号。

» 党领导的合作社之路，就是在党领导下重新把农村组织起来。农村未来就是这条路。

» 我们衣家村就是一家人，我们办合作社的目的就是让这些老人、没有能力的人生活好起来，不能让一个人掉队。谁都有老的那一天，我们就把他们当作自己的父母来对待。

» 一个村，就得解决老百姓跟谁干的问题。干啥都得有个头，何况咱们是党领导的。组织起来之后，乡村非振兴不行。如果没有党支部的威信，两年没开工资，老百姓还会跟你干吗？党支部有上级组织管着，所以老百姓有信心。

专家点评·江　宇

2016年以来，烟台市委组织部在全市推动"党支部领办合作社"模式。烟台市是全国第一个在全域范围内发展壮大农村集体经济并形成制度体系的地级市。衣家村采取劳动入股的办法，是党支部领办合作社的一种类型。

1. 衣家村发明的"创业股＋原始股"的合作社，科学地解决了劳动致富与共同致富的问题。衣家村面对合作社发展缺乏初始资金的问题，创造性地发明工票形式的创业股，科学地解决了按劳分配问题，也解决了短期收益与未来收益的问题。所谓创业股，也就是劳动力入股，只有通过实际的劳动，才能获得股份。村民人人有份原始股，解决了共同富裕的问题。这相比于资金入股、土地入股，是更加体现社会主义原则、更有利于共同富裕的一种入股方式。

2. 党支部领办的合作社体现了政治优势和组织优势的能动性相结合。所谓党支部领办合作社，不是简单的"党支部＋合作社"，而是将党支部的政治优势、组织优势同合作社的经济优势以及群众的能动性相结合，由村级集体经济组织或者由村党支部成员（原则上由党支部书记）代表村集体注册成立农民专业合作社，村集体和群众以集体土地、资金、劳动力等入股，重新把分散的农民组织起来，重新构建村集体与农民群众新的经济联结纽带，重新把碎片化的资源要素整合起来，抱团发展、规模经营，走共同富裕之路。

3. 党支部领办合作社是新时代群众路线的创新。烟台党支部领办合作社能够在全国率先开辟新局面，离不开深入细致的群众工作：充分地宣传群众、动员群众、发动群众，站在群众中做工作，而不是站在群众上面、群众对面做工作。烟台市委组织部提出："把党员组织起来是基础，把群众组织起来才是关键。"

烟台推动党支部领办合作社，采用群众路线的方法，没有包办代替，更没有违背群众意愿；不是高高在上、发号施令，而是从群众中来，到群众中去。烟台的干部们走到农村田间地头，住到农民家里。党的干部通过推心置腹的动员、率先垂范的带动，说服了群众，感动了群众，实现了"上下同欲"，党群一心。他们推动工作的过程说明了一个道理：基层干部群众中蕴含着组织起来的巨大潜力，只有让农民切身体验到合作的好处，合作社才能有稳固的基础和长远的发展。

4.党委、政府各方面政策向合作社聚焦是烟台市的重要经验。烟台市、县、乡（镇）三级机构，想了很多办法，创造了有利于农村集体经济发展壮大的政策环境。

——思想动员。坚持逢会必讲、调研必看、谈话必问，在相互学习中传导压力、统一思想、坚定信心，每个县（市、区）都召开了动员会，有的县（市）召开了数千人参加的电视电话会议，进行充分的思想动员。

——督查督导。烟台市委、市政府每年都要组织党支部领办合作社的现场观摩，连续召开党建观摩会议、乡村振兴及现场会议，对党支部领办合作社工作进行打分评比。

——服务保障。合作社发展早期，会出现盲目性。针对相关问题，市委组织部组建产业发展组，帮助合作社进行合理规划布局、选择适宜的产业项目，坚持宜游则游、宜种则种、宜养则养、宜工则工，搞好配套服务，助力合作社长远健康发展。

——农民培训。采取网络直播、师资下乡等方式，定期或不定期举办专题班次、交流研讨、技术培训等，让党员干部不出家门就可以学到新知识、新技术、新经验。

——技术支持。烟台市委组织部会同市农业农村局，从市农科院、农技推广中心、农广校筛选确定了100名专家组成顾问团。根据合作社需求和成员专业，顾问团分为品牌建设服务、果树技术服务、粮油技术推广、蔬菜研究推广4个类型共10支服务队，为村党支部领办合作社提供科技人才支撑。

烟台经验仍然有很大成长潜力，值得继续挖掘。烟台已经在村一级领办了3000多个合作社，这是一个很好的开头。但是改革还没有结束。如果延续过去的势头，持续推动这项工作，按照习近平同志在浙江工作时提出的设想，发展乡镇联社，构建生产、供销、信用"三位一体"的综合性农村合作组织，推动城乡之间的大循环、大融合，其发挥的政策效益还将更为显著，完全能够在推进乡村振兴、实现共同富裕方面取得更大效益。

▌ 专家简介

江宇，北京大学经济学专业毕业，经济学博士。现任国务院发展研究中心中国国际发展知识中心研究员。主要从事政治经济学、宏观经济学、中国发展道路方面的研究。

安徽南塘村

一个大学生回乡创业的合作社之路

解读专家：潘家恩

安徽省阜阳市颍州区南塘村是一个很普通的村庄，它没有名山名水，也没有著名的历史文化遗迹，但这里有一个远近闻名的南塘兴农合作社，使南塘人过上了让人羡慕的文化南塘、生态南塘、幸福南塘的新生活。在南塘，春天有南塘诗会、"大地民谣音乐节"，夏天有"南塘好声音"，秋天有"南塘丰年庆"，冬天有"南塘舞林大会"，每年过年还有"南塘村晚"。文化南塘有许多节日，如"敬老文化节"、亲子节等。而这一切都是从20多年前，大学生杨云标回乡兴办南塘兴农合作社开始的。

2007年正式注册的南塘兴农合作社，现有700多户入股社员，覆盖周边9个社区，下设老年协会、青年文艺队、儿童图书馆、年货统购、资金互助、南塘艺术家部落等。自注册成立以来，合作社开展社区文化服务、农资统购统销、农村综合开发项目、高粱酒坊、社内资金互助、生态农产品种养、乡村休闲等活动，形成了以"南塘民府"为中心的村民活动场所和以"南塘艺术部落"为中心的市民休闲空间,受到各类知名媒体关注,被广泛报道,合作社也成长为一个有较大影响的乡村综合服务合作社。

一、从"哭着维权"到"笑着合作",南塘合作社诞生

1998年从西北政法学院(今西北政法大学)毕业的杨云标,揣着大学文凭,回乡备考律师职业资格。20世纪90年代末,正是"三农"问题困扰乡村发展的时期。当时南塘村账目混乱,引发村民抗拒缴纳提留款。杨云标所在的南塘村,人均承包地不到一亩半,人均年收入约1000元,人均负担却达约300元。1997年,部分村民前往三合镇政府,要求上级介入以惩治贪腐的村干部,减少不合理提留。1998年,部分村民进一步要求清查村级账目。就是在这样的背景下,学法律专业的杨云标开始介入本村维权活动。

在杨云标和村民的共同努力下,2000年10月,经安徽省领导过问,当地纪委查实时任南塘村"两委"干部挪用与贪污公款7万余元,村党支部书记、村主任及文书被免职。

随着时间的推移,杨云标发现,虽然村里的贪腐问题解决了,但大家的心并没有乐起来。特别是因反腐在乡亲的心中留下的心结,乡亲关系、干群关系变得越来越紧张。此外,从2000年安徽阜阳成为国家税费改革试点地区,到2005年安徽省全面取消农业税期间,农民负担持续减轻,农村收费乱象有了一定程度的改变。

正是在这样的背景下,已经铁了心回乡帮助村民解决权益纠纷的杨

云标陷入了沉思。经过一段思索之后,他发现,现有的党的各项政策赋予了农村和农民足以发展得很好的权益。农村和农民缺少的是对这些政策和权益的运用,缺少的是把农民组织起来。特别是2002年12月,杨云标应邀参加在北京举办的中国乡村建设论坛,见到了不少国内关注乡村建设工作的专家学者。之后,他开始走向从"哭着维权"到"笑着合作"的探索之路。

在大学生支农队的支持下,南塘村于2003年7月23日成立了第一支文艺队,开始以各种形式的文艺活动来丰富村庄文化生活、宣传国家政策,提高村集体的凝聚力。在此基础上村里建立了以"老有所养、老有所为"为宗旨的老年协会,该协会先后主办了村"十佳媳妇""十佳婆婆"等评选活动,社会反响良好。老年协会和妇女文艺队相互配合,用唱歌跳舞的方式,开启了具有南塘特色的合作发展之路。

在当时背景下,杨云标发现,发展经济、增加收入成为村民心中的头等大事,当时南塘外出打工人数约占全村劳动力的2/3。留在村庄的村民更加渴望带头人能发挥作用,共同建设美好家园。因此,在经过一段时间的摸索之后,2004年3月,40多户村民成立了阜阳兴农合作社,并在合作社内组建了有机农业部、资金互助组、文艺队、农资部、

| 南塘农民欢迎大学生支农队员

财务部、后勤部。2006年10月,《中华人民共和国农民专业合作社法》颁布后,合作社抓住转型机遇,成功地于2006年12月30日通过核准,并于2007年7月30日正式注册成为安徽省第一家依法登记的农民合作社(成立时有134户村民加入)。

二、南塘合作社铭记的初心:为村民服务的"公义心"

走进南塘村,会看到代表南塘合作社发展历程的一些标志性建筑。2006年,合作社用"生态建筑"的方式修建了办公楼;2016年建成南塘乡村的"人间"大戏台;2017年,修建完成"合作的丰碑"纪念碑。在这个"合作的丰碑"上,镌刻着十余年来影响合作社的重要事件、项目和人名。南塘合作社修建纪念碑,并不是要树碑立传,而是提醒人们要永远"铭记"合作社的初心。在合作社的各种会议中,杨云标不断提醒社员们"不要忘了为何出发",要保有为村民"公义"努力的初心。

"萝卜白菜规则"保证了合作社的良善与公平。快速发展中的合作社,需要拓宽人才及资金入口,需要促进"能人返乡"共同参与治理,也需要更好地凝聚社员并高效地开展工作。如何因地制宜地创建符合乡土实际的合作社便提上了日程。杨云标认为,

兴农合作社社员自发建立的"合作的丰碑"

要使一个组织保持初心不变的生命力，首先这个组织一定是一个让所有人的积极性都能发挥的组织。解决这个问题就要有一种规则和制度，能够保证组织内部的公平和良善。这个规则就是南塘合作社创立的公平和良善的议事行为规则。2008年，在外部团队的帮助下，合作社结合本地实际情况，将国际知名的"罗伯特议事规则"改造为简便易行的十三条"萝卜白菜规则"，即"南塘议事十三条"。记录制定过程的《可操作的民主》一书随之热销。

合作社成为当地乡村多元治理的重要一员，积极发挥参与村务、沟通协调与化解矛盾的作用。

人心归善、文化生活的南塘新风气形成。外出务工人员增多后，合作社敏锐察觉到社区成员家庭结构在发生变化。在总结与改进"十佳媳妇""十佳婆婆"评选活动的基础上，合作社于2009年启动了"平民追悼会"，在给予逝者平等关怀与尊重的同时，引导形成新的村风葬俗。2012年启动"敬老文化节"，为99位60岁以上的老年人集体过生日，并长期为老年社员提供"孝老餐"。在外部公益组织的支持下，合作社创办了"刘老师乡村图书馆"（留守儿童图书室），在南塘小学开展"班级有个阅读角"等活动。现在，合作社在办公楼中设置了便民服务中心和桶装纯净水灌装处，院落中安装有篮球架，修建了村中首个乡村大舞台——"人间"。这里日常是孩子们玩耍和村民跳广场舞的好去处，重要日子则会举办人声鼎沸的"南塘村晚"、"南塘好声音"和"南塘丰年庆"等活动。处处于细节中体现服务意识的举措，让合作社声名远播，让非社员村民同样受益，颓废、空虚的村庄风气逐步改变。

敬畏自然，以生态化理念推动南塘乡村产业发展。敬畏自然，也是南塘合作社铭记的初心，这个初心就是要像保护母亲一样，保护家乡的环境和土地。合作社成立之初，在设计师的指导下，社员们集资建起了生态型办公楼。产业发展初期合作社曾试验种植绿色蔬菜，遭遇挫折后及时调整了行销策略。从2017年开始，合作社在中国农业大学胡跃高教授团队的指导下种植生态小黄姜，并与返乡创业青年团队联合开展发酵床养猪项目，以带动周边农户和农民合作社参与种养，扩大规模。从2019年开始，合作社与黄山某酒企联合开发以生态小黄姜为原料的黄酒产品"姜进酒"。从2020年开始，合作社引进茅台集团收购本村的有机小麦。逐步发展壮大的合作社在带动农民致富增收的同时，还与周边合作社共同成立柏柳农民联合社等组织，以农户组织化带动农业生态化向好发展。

三、拓展空间：重建城乡互助合作新链接

党的十九大后，基层党建和城乡互动进一步强化，精准扶贫和乡村振兴战略相继实施。对于如何在新形势下实现新的发展，南塘兴农合作社给出的回答是"走城乡合作之路"。

除原有的"南塘民府"外，合作社向村集体承租了闲置的小学校舍，并将其改建为乡村民宿，这让市民下乡休闲有了新去处。合作社原有活动大多围绕本地社员、村民开展，自2017年起，合作社新举办了不少城乡皆宜的活动。例如，"农夫市集"通过线上线下同步进行的方式，吸引了大批"粉丝"前来体验优质生态农产品和传统小吃；"南塘艺术部落"通过举办易经、中医和书法聚会，以及"星空下的演讲""大地民谣音乐

节"等特色活动，努力满足城乡融合时代市民的新需求，还举办各种"自然教育"与"传统民俗"活动，让更多来自城市的孩子在乡村中度过趣味盎然的假期。

与此同时，南塘兴农合作社积极拓展空间，以多种形式连接城乡。在社会关系方面，合作社与中国少年儿童文化艺术基金会、阜阳市青年创业者协会、阜阳市小吃协会、樊登读书会阜阳分会、中国建设银行等机构达成长期合作，联合举办各种活动，为城乡间的人才、项目和信息交流搭建平台。在2021年全国"建行裕农通"三创大赛中，南塘兴农合作社代表阜阳建行业主参赛，取得了安徽省第一名、沈阳赛区全国第六名的好成绩。在党群联动方面，合作社社员中的党员、居民代表和镇人大代表积极参与新冠肺炎疫情防控，融入精准扶贫与文化建设活动中。合作社还与村"两委"联合举办2020年丰收节活动，获多家媒体点赞。此外，合作社还通过微信群、微信公众号等，积极联络本地网红、新闻媒体、公益组织和文化达人，开展乡村振兴、读书会、自然教育和传统文化讲座等活动，积极发挥网络空间效用，助力乡村振兴与城乡融合。

| 来自不同城市的市民在南塘艺术部落休闲聚餐

四、南塘兴农合作社，一个让乡村全面振兴的合作社

从成立之初仅 134 户的规模，发展到目前的下设 4 个中心（社区中心、文化中心、生活中心和教育中心），社员达 700 余户的规模，南塘兴农合作社取得了显著的成绩。它在积极探索农民合作组织综合业务的基础上，形成了老中青结合的核心团队，资产累计逾 500 万元，社员直接增收逾 150 万元，所在行政村也荣获第二批"全国乡村治理示范村镇"、市级集体经济先进村、全省脱贫致富典型村等荣誉。

在乡土文化领域，南塘兴农合作社搭建的公共空间包括乡村图书馆、人间戏台、村民广场、南塘艺术部落、茶馆等；情感关怀有平民追悼会、敬老文化节等；社区服务有老年协会、妇女协会、儿童中心、便民中心等；在多元参与方面，有"新乡贤计划"和爱故乡生活馆等；在历史传承方面，有南塘"英雄榜""合作的丰碑"等；生态家园有社区食堂、生态农场等。合作社既围绕社员和村民的生产、生活、成长与发展逐步建立了完整的服务体系，又通过新近的城乡融合使之成为当地市民心目中的文化艺术类"网红打卡地"。

南塘老年协会组织老人在端午节一起包粽子

在生态农业领域，经过多年努力，南塘兴农合作社种下的生态

理念已逐步生根发芽。以"南塘新三宝"为代表的生态产品，延长了初级农产品的加工链条，让本村的小黄姜、黄豆、黑豆、黑芝麻等获得市场认可，价格高出同类产品数倍；所试验的发酵床养猪技术已推广到阜阳市的临泉、太和、颍东、颍州四区（县），养殖规模达500头；所参与的生态小麦收购活动，收购价较普通小麦高出一倍；牵头筹备的阜阳生态农业联合会，已经与社会支持农业（Community Supported Agriculture，简称CSA）社会生态农业联盟、"好农场"品牌、安徽生态农业合作社等十多家机构开展合作，共同举办2022年安徽社会生态农业年会，希望通过携手聚力，共同耕耘中国人的食品文化。

五、南塘的启示与未来

南塘兴农合作社，是农民组织转型及综合型合作社的代表之一，是近年来我国应对"三农"问题、健全合作社法律体系、完善基层治理、推进城乡融合和乡村振兴的见证者。其在乡村围绕村民增收、村风文明等方面的有益探索，一部分已经被吸收为当地通行做法，成为乡村社区不可或缺的公共产品；另一部分则仍在实践中。下一步，合作社将围绕"生态""友善""文化"三大目标发力，通过推动本村文化地标品牌做大做强，促进集体增收，持续提升医疗和教育补助能力，使村庄在城乡融合中的发展红利能够更广泛地惠及全体村民，共建共同富裕、充满温暖善意的乡村生活。

经过长期探索生态农业发展策略，南塘兴农合作社在城乡融合和乡村振兴战略中逐步确定了"以销定产＋以城带乡"的发展路径，以克服小农户常常遭遇的"自然风险"与"市场风险"的双重挤压。目前，合作社还计划参与本村生态循环农业链的构建，强化城乡生态产品的对接能力，进一步提升经济效益和生态效益。之所以如此，是因为合作社在发展中积累了较为丰厚的社会资本，借助外部力量，改善了生态农业技术，建立了城乡融合的生产与销售网络。南塘兴农合作社希望通过"三产融合＋生态农业"获得新的更大的发展空间。

当前，乡土中国正向城乡中国转型，乡村振兴正全面推进，由此带来一系列深刻的变革，新型农民集体经济组织和党组织领办合作社也将迎来机遇和挑战。自发成立的农民合作社如何通过与党支部领办合作社及村级集体经济组织的良性互动，以实现"政府主导、农民主体、社会参与"的目标，还需进一步探索。我们期待历经艰辛发展至今的南塘兴农合作社能在实践中继续产生新的有益经验，新一批知识青年能与杨云标等早期返乡者一起，为城乡融合开创新的事业。

（案例编写：吴丹，重庆大学人文社会科学高等研究院博士生）

故事人物金句

杨云标 安徽省阜阳市颍州区三合镇三星村人，南唐兴农农资专业合作社理事长，南塘村原文书，致力于从生计、生活、生命的角度建设故乡。1998年返乡后，一直扎根故土，坚持依靠农民组织力量，以维护群众公义、营造乡村公共生活为初心，在艰难探索中走出了一条20多年未曾中断的综合合作社发展之路，多次带领社员实现重要转折。《中国新闻周刊》《半月谈》《中国合作经济》《中国发展简报》等媒体对合作社及杨云标进行了百余次报道。被评为《南风窗》2005年度公益人物、"众德杯"2008年中国合作经济年度人物，也是2012新浪中国好书榜"年度十大好书"之一《可操作的民主》中的主要人物。

» 一个好的社区就像一束光，它可以照亮社区里的每一个生命。

» 与其哭着维权，不如笑着乡建。

» 最好的养老是老有所为。老了还能用手艺、经验为村庄作贡献，创造价值，让老人更自信。老人是乡村的宝贝，不是负担。老人生活幸福，年轻人才更能安心创业，贡献社会。

» 乡村的凋敝，首先是乡村精神生活的凋敝。年轻人逃离乡村，首先是逃离乡村的枯燥无趣。

» 从"大地民谣音乐节"到"星空下的演讲"再到"南塘丰年庆"，我们举办一系列文化活动，重塑乡村的精气神，使青年人重新感受到乡村的魅力、温度，重回乡村安家创业。

» 我们种生态姜，酿"姜进酒"，养生态猪，促成生态农友社群，是为了让食物回到儿时的味道，让友善互助回到村庄社群。

» 从社区维权到社区建设，从社区敬老到文化建设和生态农业，希望社区公共服务能得到更多人的支持，得到更多公共财富的支持！

专家点评·潘家恩

南塘兴农合作社的酝酿、成立、发展和转型，前后历经20多年，与整体时代变迁紧密联系在一起，是从"三农"问题到乡村振兴和城乡融合的缩影。该合作社的成立是从农民维权组织转化而来的，其直接联系着"三农"问题。近年来合作社的进一步转型标志着"乡土中国"向"城乡中国"转型，城乡融合成为从各级政府到民众的普遍需求。我们既需要准确把握外部环境变化，也需要顺势而为地推动。我们可以从中得到如下启示。

1.合作是农民从个体凝聚为集体的最优选择。回顾乡村建设百年历程，无论是晏阳初、梁漱溟、卢作孚等推动乡村的经济合作、金融合作和消费合作，还是当代乡村建设以多种形式开展的农民合作和城乡合作，以各种形式的互助实现自助都是各时期乡村建设的重要内容。合作组织有利于帮助农民从个体凝聚为集体，不仅可以弱化风险、提高自身能力、解决各种个体农民"办不了、办不好、办起来不合算"的事情，更让一盘散沙的乡村社会重新整合且为各种要素回流提供了载体。

2.外发促内生与内联促外引是合作社健康发展的路径。外发促内生与内联促外引是中国农业大学何慧丽教授在河南兰考乡村建设实践中总结出来的经验。实际上，它也体现在南塘的乡村建设实践中。我们既看到早期大学生支农资源和各种外部乡村建设力量对合作社发起和转型的促进作用，同时也看到只有内部力量组织起来，才能让外部力量发挥作用。也就是说，只有通过本土力量与外部资源的良性互动，才能实现"在地化"与"开放性"的有机融合。

3.合作社是一个多元综合的社会组织,这是合作社的生命力所在。有人把农民合作社归纳为"农民自己办的公司",许多合作社研究者和推动者也有着如此共识:农民合作社是一个经济组织。实际上,除了经济层面,还需要将合作社与文化、社会、政治等层面相结合。单一形态或业务的合作组织常显后劲不足并遇到发展瓶颈,农民合作组织应分别朝业务上的多元综合与空间上的城乡融合/产销对接方向拓展,综合合作才能让长期受"去组织化"影响的农民获得更大的实践空间,真正释放活力,在降低成本的同时获得更大综合收益,进一步形成有利于三要素(土地、资金、劳动力)回流的社会基础。

4.乡土文化是合作社发展不能缺失的营养和资源。对于乡土社会来说,文化是乡村建设重要的工作载体与手段,因为其在调动人员参与方面有独特优势,通过各种易于农民参与的大众文化活动即可起到组织农民、提高社区凝聚力的作用,它本身也有利于调动农民的积极性,让其创造性地参与自身发展和社区建设。与此同时,文化也是目的。乡村建设归根到底是人的建设和生活的建设。创造一种健康的、让参与者重新获得力量、与生活环境可以再次融合在一起的文化,本身就是我们所追求的乡村建设的目标之一。

进一步说,生产、生活、生态、金融、文化等是不可相互割裂而彼此独立存在的。合作社除经济效果外,也可能为参与者带来包括尊严、认同、信任、安全等在内的社会和文化产出;经济发展,离不开各种文化、社会、政治、社群等要素或手段的支撑。

5."就农业论农业"已经不能解决当前"三农"的深层困境。面对城乡中国时代的到来，农民合作组织除组织农民生产者，还应该进一步组织市民与消费者，以公平贸易为手段，从农民的专业合作到包括购销、金融、消费、城乡在内的综合合作，让来自城市和消费者的利润直接返回生产端——既让农民和农业从业人员获得有尊严的回报及必要的生态补偿，又有利于实现农民与市民、人与土地的良性互动，以建立生产者与消费者共担风险、共享健康的生活方式，实现城乡融合与可持续发展。

专家简介

潘家恩，西南大学中国乡村建设学院执行副院长、教授，兼任屏南乡村振兴研究院执行院长、中信改革发展研究院研究员、重庆市梁漱溟研究会副会长等职。自2001年起参与当代中国乡村建设实践，是晏阳初乡村建设学院执行创办人之一。

山东田家村

党支部领办合作共富之路

解读专家：张孝德

山东省烟台市莱州市文峰路街道田家村，位于莱州市东南，三面环山，土地贫瘠，以梯田为主。村内现有村民206户750人，其中党员39名，村内山峦土地共有4200余亩。20世纪五六十年代以种植苹果、玉米、小麦为主，近年来村内水利条件跟不上，村民逐渐以种植耐旱的小米为主。

田家村是由两个自然村合并而成的，是全市出名的混乱村。2017年换届选举出新的领导班子后，在党支部书记杨春华的带领下，田家村抓党建、纠民风、聚人心、搞合作，在短短几年的时间内，使一个全市有名的问题村、落后村，一举成为全市乡村振兴明星村、样板村。田家村发展的秘诀，就是走了一条在党支部领导下调动全村人参加的共同富裕的合作社发展之路。

一、回乡青年杨春华：立党为公，发愿改变田家村

出生于 1977 年的杨春华，高中毕业后因家境贫困应聘到莱州市广电局做临时工，每月工资 275 元。由于养不起家，杨春华就跟亲戚借了 5000 元在当地商贸城做百货生意，一个月后 5000 元只剩下 2000 元。

为了寻找商机，杨春华利用空闲时间在商贸城长期蹲点。时值秋冬季节，他发现批发化妆品生意火爆，于是通过游说亲戚朋友加上之前剩下的 2000 元，总共凑了 3900 元，开始经营化妆品。此后杨春华专心经营，创造了化妆品批发行业三个第一：第一个尝试花 80 元雇了一辆农用车送货上门，那个年代做批发的一般都是等客户来进货；第一个邀请超市老板进城开订货会，一次性让客户定满一年的计划；第一个在莱州当地发展连锁经营。截至 2018 年，连锁店在当地已达 40 余家。

赚了钱的杨春华对村里非常关心。2017 年，几个村民找到杨春华说，你快回来吧，带领村民一块致富。2017 年腊月当选村委会主任后，杨春华向村民表态："咱们田家村需要一批大公无私、有能力的人来做事。如果不能以这种公心当干部，我就不干了。"

当选村委会主任后，杨春华发现，村里的事乱象丛生，无处下手，村集体欠外债 120 余万元。2017 年腊月三十，有个村民因债务关系，在村办公室将"两委"同志都打了。"两委"要求杨春华报警，杨春华劝大家说："今天大年三十，他家儿子刚结婚不到 10 天，咱们报警的话他家这个年是没法过了，这个仇就结下了，以后再解决就困难了。"

当村干部一个月，杨春华的妈妈掉了好多次眼泪：咱们不干了吧，

生意做得好好的，非回来惹这个气。杨春华说，他回来就是有个夙愿：他爷爷干了 15 年的大队长，他觉得田家村不该是这样的。这也应了后来莱州市委组织部对杨春华的评价，"杨春华对工作是有情怀的"，"各位书记、副书记，大家不要忘了 2017 年田家村可是个穷村乱村啊。田家村模式不是高不可攀的，是可以复制可以推广的"。

二、办合作社从整顿党风开始，田家村迎来了春天

2018 年春，田家村迎来了强村富村的春天。从 2017 年开始，烟台市委组织部在全市推行党支部领办合作社。2018 年春，田家村加入了烟台党支部领办合作社示范村行列。

市委组织部和镇街领导在田家村实地调研了解情况后，提出把党支部领办合作社作为田家村发展的突破口。围绕这个目标，党支部确定开展治乱以凝聚民心，以合作社为契机开展治穷行动以让村民口服心服的"穷乱之间先理乱，分给社员才是钱"的治村路子。

2018 年刚出正月，田家村便在全村地毯式推进了一场轰轰烈烈的整风行动。整风行动从"两委"开始，逐步延伸到党员、村民代表、全体村民，对田家村及周边村庄产生了深远影响。

田家村的整风行动先从解决"两委"班子的团结问题开始。对班子提出对自己要严、对前任要团结的整顿思路。农村工作难以推行，宗族主义、帮派主义普遍存在是重要原因，稳定好前任及其家族的思想，对后期工作顺利开展尤为重要。

应该说前任村委会主任老杨为田家村付出了很多。由于农村工作的

特殊性，换届选举中新旧班子产生点矛盾是必然的。换届后，杨春华主动与老杨联系，对于前任的私人遗留问题优先解决。在不违背原则的前提下，为了给前任解决一些问题，有时候可能要多跑几趟腿、多请几顿饭。到现在杨春华还保留着每年过年过节去看望老杨的习惯。在妥善解决遗留问题后，一个接地气又符合村庄发展的愿景得到前任班子成员的理解支持。

为了让"两委"同志始终绷紧干事创业的弦，提高工作效率，田家村制定了"事不过三"的原则。第一次做错了可以原谅，第二次也可以原谅，但是犯了三次同样的错误，那对不起了，该批评就不给面子了。

在整顿党风期间，"两委"的风气一天比一天正。杨春华抓住机会，借鉴做生意那一套方法，围绕建设一个团结、信任、廉洁、高效的"两委"班子，制订了一系列管理制度。

三、改变村风、凝聚人心的"三驾马车"带动走向善治路

2017年整个腊月，杨春华白天应接不暇地处理事情，晚上抽丝剥茧地寻找出路。经过多次总结，他发现，田家村亟须解决的问题其实藏在村民的心里。截至2019年上半年，田家村先后启动了建设文明乡村的"三驾马车"，从此，田家村迈向民心凝聚、人心向上的善治之路。

第一支队伍是慈善义工协会。通过观察，杨春华发现来村委会反映问题的村民大多是妇女，男人对村里有些不好意思说的话，就打发老婆来村委会讲。这些妇女大都大胆泼辣。杨春华把村里的妇女同志称为"街头巷尾的新闻工作者"，她们掌握着田家村的舆论动向。

针对这个情况，杨春华顺势而为，2018年5月通过发动思想工作，由先锋党员带头的6位比较具有"影响力"的妇女成立了慈善义工协会。开始是很艰难的，很多加入的妇女又退出去，街上议论纷纷。针对这一状况，党支部就从先锋党员和"两委"家属开始，慈善义工协会逐渐稳定下来，目前义工达到了52人。慈善义工协会主要负责村里卫生义务清理，各大节日期间在村内进行义务服务。

慈善义工协会成立后的一年时间内，田家村村情民风得到了意想不到的好转。义务劳动基本每月两次，义工们干活比村里的雇佣工还要累，但比以前的出钱劳动还要勤快和负责。

慈善义工在义务服务责任卫生区劳动

2020年春，新冠肺炎疫情防控期间，基于村民收入不高，村"两委"没有让村民捐款，打算募捐60斤小米，搞一个为交警送爱心粥的活动，没料到小米捐够了，村民就三三两两到村委会捐款，一个下午捐款1.8万余元。党员、村民合力义务参与疫情防控，感人事迹不胜枚举。为了激发困难户自发创业，慈善义工主动为困难户种植了"爱心米"，将困难户之前的伸手要变成现在的自己干。

慈善义工协会运作不久，田家村就可以正常召开党员会议和村民代表会议了，出现了村"两委"与义工互动的好风气、好势头。

第二支队伍是老干部委员会。出现什么问题就想什么办法解决。通过对村情的观察分析，田家村党支部发现每个家族都有一个主持红白喜事说了算的长者。村里的老支部书记和村委主任对村庄发展比较有发言权。党支部把这部分长者称为乡村稳定的"定盘星"。2018年8月，田家村成立了老干部委员会，成员12名，主要为田家村大事件指指路把把脉，也很好地解决了现任"两委"年轻化对村庄发展经验缺失的问题。

第三支队伍是青年志愿者创业团队。通过前两支队伍的工作，田家村日趋稳定，但是还有一部分人不太好领导，这就是年轻人。田家村距离市区较近，大部分年轻人在市区做生意。年轻人做生意赚钱了，想法也就随之增多，个别年轻人来村委会办事说话也就不太在乎，总是发牢骚、表示不满。为更好地发挥年轻人的作用，田家村成立了青年志愿者创业团队。

为了调动青年人的积极性，杨春华想了许多办法。比如，杨春华喜欢看战争电影，每当他看了一部比较有意义的电影后，他总是喜欢约青年志愿者创业团队的成员到村委会一起观看，当电影情节演到集体主义精神让人心动的时候，杨春华就先暂停，提一些最近在合作社产品运作方面的困难，让大家讨论。利用这个契机进行交流讨论，这些年轻人都能入心入耳。经过一段时间，年轻人的心回到了田家村，他们成了后期合作社产品推广销售的主力军。合作社的农副产品在销售方面运用了线上线下结合的新思路，全靠青年志愿者创业团队。这支青年志愿者创业团队为村庄经济发展注入了新思想、新活力、新血液。

后来，镇街领导将田家村乡村善治模式称为"三驾马车"。三驾马车带动干部和群众都成为田家村发展的真正主人。

四、党支部领办合作社是人人有股的合作共富路

田家村的合作社,是党支部有引领、集体有收益、群众得实惠的党支部领办合作社。田家村的精神文明建设是从村"两委"开始的,逐步下沉到党员、村民代表和带头的村民。但是田家村730人,光靠带头效应难以取得大多数村民的支持。"三驾马车"成功运作后,田家村村民的思想得到了初步的统一。

2018年春天,为进一步统一思想,田家村先后组织一些志同道合的养殖户、种植户成立了养殖合作社和种植合作社,目的是统一购进饲料、化肥,为村民省点钱。在经营过程中,这些户积极性很高。于是2018年6月,在市委组织部和街道党工委办事处的指导下,正式成立了党支部领办的金丰农业合作社。

合作社由村"两委"的五位成员发起,村集体出资20.5万元,村民入股10.15万元,每股100元。合作社盈利的20%用于合作社的公积金和公益金,剩余部分的四成按照村集体和社员入股比例进行分红,剩余部分的六成作为交易额分给股民。将占比大的六成作为交易额的目的在于鼓励社员多跟合作社交流互动。以股民甲为例,该股民使用肥料、机械、种子,包括核对亩产量田间管理、销售等环节,每年要跟合作社交流十几次。以2019年底分红为例,社员最少入股500元,得到分红105.32元。2018年,合作股民实际分红3万元;2019年实际分红12.64万元;2020年实际分红26.9万元。

田家村以山地丘陵为主,机械化作业难以实现。为规避大量人力物

力浪费，股民选择纯资金入股，合作社对股民农产品生产流程实行"五个统一"，合作社负责产品销售、农副产品研发、旅游统一规划管理。围绕合作社的统一服务，成立了三个专业化的服务部。

农副产品研发部：该部目前已经完成了合作社注册"天福山"商标。储备商标有"自然香翠""姣芙蓉""自然香姬""喜佳芙""田野香姬"等，以及"田家小米"版权保护等。围绕"天福山"牌开发系列小米产品："小米免淘礼盒""有机小米礼盒""小米挂面""小米养生白酒""小米养生黄酒""原生蜂蜜""原生王浆"等产品，另有"小米速食粥""粥油精华""吃货联盟16个单品""小米纤化妆品"等。该部深挖田家小米历史，突出小米文化，做到"山里美味到餐桌，田家小米有传说"。如今，"天福山"牌田家小米已成为莱州小米第一品牌。

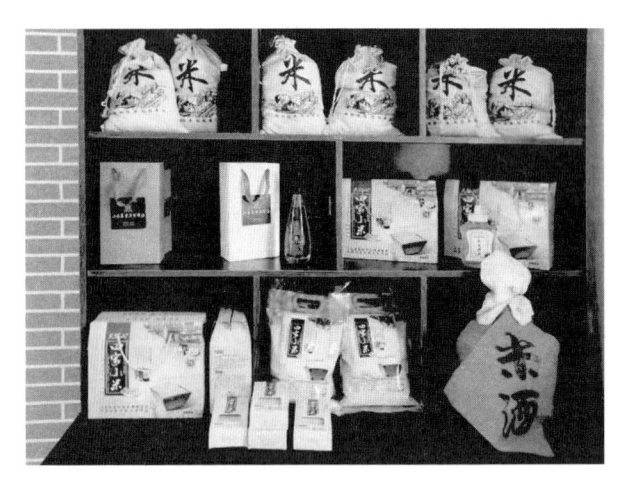

金丰农业合作社生产的部分农副产品

农机农资服务部：该部拥有收割机、拖拉机、播种机、喷药飞机等，能够为合作社提供农机服务，还启动了合作社自有的"天福山"牌测土配方肥。

生态旅游开发部：2018年，在文峰路街道党工委办事处支持下，建设200亩世外桃源一座，桃树由市区各中小学进行认购，世外桃源作为学校的课外培训基地。构建田家"532旅游工程项目规划"，将田家村五大景点、三个基地、两个项目进行细致规划。

合作社每年举办"三月三民俗文化节""槐花美食节""桑葚采摘节""田家村感恩节""小米丰收美食节"等大型活动。例如,"三月三民俗文化节"3天接待游客4万余人。

"三月三民俗文化节"

五、党支部领办合作社,使田家村走向振兴

仅用4年时间,田家村党支部领办合作社使一个烟台市倒数的问题村摇身一变,成为远近闻名的明星村。田家村依托党支部领办合作社倡导"团队兴村"。在党支部带领下,全村喊出了"大家一条心,共建田家村"的口号,由先锋党员带领的"三驾马车"激发了村民对村庄发展的自豪感和荣誉感。2021年5月,在烟台市乡村振兴大会上,田家村被授予全市发展一档村荣誉称号。

田家村历时四年,依托党支部领办合作社倡导"产业兴村",一举摘掉了2017年之前的"穷帽子",在党支部带领下因地制宜稳妥发展,成功打造小米乡土品牌,"山里美味到餐桌,田家小米有传说"的广告语响彻胶东大地。小米价格由7元/斤提高到15元/斤,在还掉124万元外债的前提下,合作社带动村民实际增收逾300万元,并实现了合作社连续 3 年收入翻番的业绩。

田家村在党支部带领下倡导"节日兴村",每年举办节日活动十几次,建设村级文工团、研学基地,评选村民先进工作者、村庄贡献奖等,将小山村搞得红红火火,被授予省级休闲农业示范村、省级美丽乡村示范村、省级景区化村庄、山东省旅游特色村、好客山东最美乡村、烟台市基层党建示范单位、烟台党支部领办合作社示范村及教学示范基地等荣誉称号。

田家村金丰农业合作社在村党支部的带领下,积极探索"田家小米"的品牌之路,从一家一户起早贪黑去集市上卖米,到注册"天福山"商标实行统一产、管、销;从单一销售小米到开发多样化产品;从发展传统农业种植到乡村旅游、农闲体验、民俗活动等全方位拓展,走出了一条以品牌促规模、以品牌拓市场的成功路子。

实践证明,品牌化发展可以提高农产品知名度和市场认可度,对于促进农民增收、壮大村集体经济、推动农业"新六产"具有强力的带动作用。

故事人物金句

杨春华 山东省莱州市田家村人,大专学历,田家村党支部书记、村委会主任,莱州市峰山米香联合社理事长,田家村金丰农业合作社理事长。2017 年杨春华返乡后,依托党支部领办合作社,采取"先治乱,后治穷,再搞三产融合"的田家乡村振兴治理方法,创建了村庄"治乱四驾马车""市场化运营二产"的工作方法。历时 4 年,田家村由落后村一跃成为先进村。

杨春华曾应邀赴北京、内蒙古、山西、四川、吉林等地汇报党支部领办合作社工作，被评为莱州市乡村之星和莱州市党代表。

» 党支部领办合作社在田家村乡村振兴工作中发挥了一举两得的作用。党支部领办托起了田家村乡村善治民心凝聚，推动了田家村合作经济发展，让村民走上致富道路，由此形成人心合作与经济合作良性互动。

» 班子团结是村庄稳定的前提。田家村班子治理的经验是"重情理的化解治理"。乡村是一个亲情互助的熟人社会，不能以简单的高度理性的法治思维来进行"硬治理"，也不能实行只讲大道理的空治理，而是要用情沟通、用理说话。

» 党支部领办合作社在突出党的引领前提下，巧妙地把村民的切身利益与村庄发展愿景融合到一起，从根本上激发村民对村庄发展的责任感、自豪感、荣誉感。

» 对于乡村善治，田家村首先分析村集体和村民利益需求的共同点，然后从村民普遍关心的共同利益出发，真正掌握一把打开村民心智密码的钥匙。

» 对于田家村的精神文明建设工作，如果说村"两委"成员是尊重中提高了效率，那么"三驾马车"的运作就是沟通中达到了团结，这是田家村具有创新性的制胜法宝。

专家点评·张孝德

在 2021 年 9 月第二届世界乡村复兴大会上，一位年轻的村党支部书记的发言，使我眼睛一亮。多年来，我听到了许多发展合作社的故事，也对不同类型发展比较好的合作社进行过调研和跟踪研究，但山东烟台田家村的合作社，就像一个人一样，年轻有为、性格鲜明、充满活力。一个回乡青年当村党支部书记，创办党支部领导合作社，在短短四年内，给田家村带来的不仅仅是产业兴旺，而且赋能了田家村的精气神，使一个全市有名的落后村、问题村，摇身一变，成为当地乡村振兴的明星乡村。其给我们的启示如下。

1.合作社本质上是人心合作，没有人心的合作是假合作，也是不可长久的合作。为什么城市经济发展组织叫企业，而乡村经济发展的组织是合作社？这是因为乡村是小规模的以人情为纽带的熟人社会，城市是以利益为连接的生人社会。所以城市经济组织是企业，企业本质上就是一个经济利益载体，谁出的钱最多，谁就是这个组织的法人。在一个以人情关系为纽带的熟人社会中，所成立的这个组织不能成为单纯的经济利益体，首先是一个由特定地域文化决定的伦理合作体，然后才是利益关系。由此决定了谁在这个组织中有威信、有德行、有能力，谁就成为管理者。因此，合作社的逻辑，必须是先有人心的合作、人情的联系，才有经济合作。目前，中国有200多万个合作社，其中办得很好的很少，其根本原因，就是违背了乡村合作社的规律。许多合作社之所以是假合作社，是因为这些合作社搞文化合作、人心合作，用城市企业思维办合作社，肯定不能长久。

田家村的合作社，之所以在很短的时间内，就创造了如此明显的成果，是因为田家村办的是一个真合作社，一个从心的连接、凝聚人心开始的合作社。这是田家村合作社成功的秘诀。田家村的发展是从整顿党风、整顿民风开始。整顿党风和民风，解决了人心凝聚、人心归善的问题。这才是合作社的灵魂和生命力所在。田家村在发展合作社经济过程中，也没有忘记人心问题。杨春华讲，通过社会组织和活动，实现的思想统一并不稳固，缺乏经济参与感的村民难以激发对村集体发展持续的荣誉感和责任感。而合作经济则可以持续地激发村民的凝聚力和责任感。田家村的合作社证明了合作社的灵魂是人心，合作社的基础是经济。只有这两个方面都发展了，才能形成良性互动。

2. 党的领导是人心合作的导航标、善治共富的阳光道。田家村合作社发展的一个亮点就是，这是由党领导的合作社。这是一个党支部有引领、集体有收益、群众得实惠的合作社。多年来，在市场化冲击下，人们的集体意识淡薄、对党的领导信心不足。其实，全心全意为人民服务是最契合合作社所需要的人心合作宗旨的。田家村的合作社发展，用事实证明了合作社人心凝聚是从党心凝聚开始的。田家村合作社，是从当了村党支部书记的杨春华要做一个立党为公的好党员、好书记开始的。田家村从人心散、矛盾多走向人心聚、团结兴，共向善是从党员整风、有一个好的党支部开始的。正是有了一个真正一心为公的领导班子，才有了群众的觉悟，才有了人人都是股东、人人都是合作社的主人的田家村合作社。

3. "三驾马车"驱动的合作社，是田家村的制胜法宝。田家村的合作社，有许多亮点和创新，其中"三驾马车"是田家村合作社发展的最大亮点和创新。为了充分调动全村人的积极性，田家村党支部组织了三支队伍。第一支队伍是慈善义工协会。这支队伍赋予原来说闲话、扯家常的家庭妇女正能量，使其成为村里带动民风转变的义务推动者。第二支队伍是老干部委员会。这支队伍赋予受尊敬的村里有名望、有智慧的老干部新使命、新责任，使其为田家村发光发热，成为田家村老智囊。第三支队伍是青年志愿者创业团队。这支队伍赋予思想活跃但自由散漫的青年人正能量，让他们成为合作社创新发展的新血液、新动力。由此形成的田家村发展的"三驾马车"非常具有创新性。它把现代的组织理念、制度管理思维与乡村实际情况相结合，是一条乡村组织创新、治理创新的新路子，成为田家村发展的制胜法宝。

■ 专家简介

张孝德，中共中央党校（国家行政学院）社会和生态文明教研部教授，原国家行政学院经济学部副主任。兼任国家气候变化专家委员会委员、中国乡村文明研究中心主任，担任多地政府的经济顾问。主要从事生态文明、生态经济、乡村文明发展研究。

第四篇

新农业之路
新农人之梦

北京·"分享收获"

山东·弘毅农场

吉林·郭家村

北京"分享收获"

一对博士夫妇的有机农业梦想

解读专家：周 立

石嫣，这个地道的河北城里姑娘，却有着多个炫目的农家标签——中国人民大学农业与农村发展学院博士、清华大学农村社会学博士后、分享收获（北京）农业发展公司董事长、国际社会生态农业联盟副主席、2016年达沃斯青年领袖、国际CSA联盟（URGENCI）联合主席。石嫣将自己定义为"新农人"，喜欢自称和被称为"掌柜的"。程存旺，同样是中国人民大学农业与农村发展学院博士，有着两年在江苏挂职副镇长的经历，经常被称为"镇长"。这对博士夫妻与农业有着不解之缘。

如今，从业十余年的"新农人"石嫣和程存旺一道经营着"分享收获"农场，忙碌在蔬菜大棚和鸡舍、猪圈之间，与北京郊区的村民打成一片。一对博士夫妇用他们的"分享收获"农场，向社会展示了什么是新时代的新农业和新农民。

一、从"洋插队"到回国创办"小毛驴农园"

民以食为天,食以安为先。2008年以来频发的食品安全事件,使人们不断反思主流食物体系的问题。以工业化、化学化为表征的农业耕作形态一方面创造了更多的食物,另一方面也催生了更多的污染和不可持续性。食品中间商控制话语权和定价权,严重威胁着农户和消费者的利益。

发现问题,就要解决问题。中国人民大学农业与农村发展学院就是发现和解决"三农"问题的地方。2008年4月18日,经周立和温铁军两位教授联合推荐联络,在美国农业贸易与政策研究所的帮助下,石嫣来到了美国明尼苏达州的一个农场,开始了她的美国"洋插队"生活。在这里,石嫣真正成为一个农民,从种植到收获,从浇水除草到采摘,再从农场寻找社区成员到分配这些农产品份额到社区,样样都要学习。与此同时,作为一名中国人民大学的博士研究生,她还要观察、访谈,以另一个角度来做研究。在美期间,石嫣每天早上8点到下午5点,除中午一个小时的吃饭时间,她与农场的人一起人工除草、育苗、配菜……在一天天"让自己双手沾满泥土"的重

石嫣和程存旺

复而繁重的劳动中，石嫣深切感受到当地人对土地和信誉的爱护及敬畏之心，也领悟到流行西方的 CSA 模式的精髓：农场与消费者之间建立共担风险、共享收益的关系，以互信来解决食品安全问题。2009 年，程存旺在石嫣的协助和导师温铁军教授的支持下，借助参加美国全球农民圆桌论坛的契机，对纽约、明尼苏达、芝加哥等地有机农业的发展进行了 40 多天的深入调研。美国农场生活和对有机农业的调研，深刻影响了石嫣和程存旺夫妇，更新了他们的食物观念。

第一，我们吃的所有蔬菜基本上都是我们农场自己种植的，并且是应季的。

第二，我们吃的面粉、大米、豆类、麦片等全部都是有机的而且是本地化的。

第三，我们吃的面包，所有的成分来自我们农场在本地购买的有机小麦、面粉、蜂蜜、亚麻等。

第四，我们吃的鸡蛋，来自我们农场散养的母鸡（每天它们都悠闲地在农场散步，有时候还会跑到地里吃西红柿）。

第五，我们喝的牛奶来自我曾经访问过的奶牛场，是天然未加工的鲜奶。

第六，我们吃的猪肉、牛肉来自以草食为主快乐饲养的农场，这几个农场我都曾经参观过，那里的猪、牛、鸡快乐地生活在一片草场上，而对人类的靠近又是那么没有警惕性。我们吃的鸡肉，是我们农场自己养的鸡然后找屠宰场屠宰的。

第七，我们喝的咖啡是公平贸易的咖啡。

所有这些，全部体现了这样一种理念：自然界的多样性与和谐相处是人类生存和发展的基础，动物更是我们人类不可或缺的伙伴。市民的本地化购买支持农民的本地化生产，这既减少了能源消耗，又建立了亲如一家的本地化食物体系。

通过在美国农场"洋插队"，石嫣学到了"农消对接"社区支持农业的新模式。这一模式通过生态农业发展，重建农户与消费者的直接联系，重建食物体系的"信任共同体"。"插队"回国之后，石嫣和程存旺带着年轻人的锐气和梦想，在北京海淀北郊的农场，与一帮志同道合的支农大学生一起创办了中国第一家"小毛驴市民农园"。

"小毛驴市民农园"始于2003年河北定州翟城村晏阳初乡村建设学院的生态农业试验室。2003年至2007年，学院曾因推动全国农村合作经济组织、生态农业、生态建筑与社区综合可持续发展试验而闻名海内外，被称为"中国群众性生态运动之肇始"。2008年10月，石嫣结束"洋插队"，回国继续学业。根据要求，她需要提交一份实习报告。她没有选择用常规的调查报告或论文方式来"交差"，而是选择了最费劲的方式——在海淀区的生态农业试验基地，将社区支持模式搬到中国。这一想法

来自不同地区的人们在农场体验生活

难度很大，因为在消费者和农民之间缺乏信任的前提下，如何寻找消费者？在哪里建农场？种种问题千头万绪。但是，年轻的石嫣有一种直觉："当你真心想做一件充满正能量的利他的事的时候，整个宇宙仿佛都在帮你。"当时中国人民大学农业与农村发展学院刚刚与海淀区农工委合作，创立了以"市民参与式、合作型生态农业"为核心的产学研基地。时任院长的温铁军教授提出借鉴"农业三产化、社会化"的国际经验，在凤凰岭脚下的苏家坨镇后沙涧村，创建生态农业试验项目（占地130亩）。农园专门辟出20亩土地，来支持石嫣的CSA实践。2009年初，石嫣及创业团队伙伴，给这个项目起了一个好名字"小毛驴市民农园"。石嫣和程存旺主要负责发展会员以及与会员的对接。他们夫妇回忆起那段忙碌的日子时说："我们当时就是坚持一定要和会员面对面对接，第一年'小毛驴'有57个会员，每个会员我们都上门收账，因为会员很分散，而且我们必须等到人家下班了才能去，所以我们都是下午4点多从'小毛驴'出发，坐地铁和公交，6点多和会员碰面，之后又要坐公交赶回'小毛驴'，回到农场已近深夜。每天几乎只能访谈一户，所以我们仅仅收账就收了一个多月。还有一次因为倒车耽搁了时间，我们没能按约定时间到达会员那里，那位会员很生气，拒绝见面，那一天就白跑了……但是我们也发现，面对面交流就是很不一样。"

二、从"小毛驴农园"到"分享收获"的再次创业

2012年5月，石嫣和她的伙伴们选择再次创业，他们决定建立一个真正能够连接生态农户和消费者的平台，并取名"分享收获"，尝试以村

庄为基础扩展消费者的规模。"分享收获"是以商业化的公司形式进行有机农产品的生产配送，帮助和支持小农户把他们的产品以好的价格卖给消费者，同时也让消费者吃到健康的食物，目的是实现农业生产和消费的良性循环和可持续发展。

"分享收获"成立之后，他们尝试帮助农户和消费者实现连接，即通过寻找合作农户，为其提供技术培训，要求其承诺按照"不使用化学合成农药和化肥"的有机生产标准在自家地里进行生产，而"分享收获"一方面负责寻找合适的消费者，一方面参照欧盟标准，对农产品进行191项农药残留检测，其主要目的是在公平贸易的基础上，将农户生产的绿色健康的农产品送到消费者的餐桌上。

随着农场规模的扩大、会员数量的攀升、农场向会员开放点菜功能，尽管农场的全职客服人员由1名增加到5名，但配菜工作仍然面临很大的挑战。为了避免人工处理中效率低下、错误率高、消费者体验不佳以及投诉增加等问题，2014年11月，程存旺创办了诚食（北京）农业科技有限公司，并在风投的支持下开发和运营了中国首个专业为CSA农场服务的"好农场"App。会员们可以在App上点菜下单，随时了解农场的情况；农场也可以对订单数据进行实时管理，并用于生产指导、采摘控制和配送协调等工作。不仅如此，由于"好农场"App实质上

"分享收获"农场

是一个互联网管理平台,因此它具有整合全国的 CSA 生态农场资源为消费者提供多元化产品的潜能。未来,程存旺希望通过"好农场"App 为全国的 CSA 农场提供平台化服务,让它成为全国 CSA 农场信息管理以及招募会员的平台,使消费者可以通过"好农场"App 定位居住地周边的有机生态农场,成为农场会员,在线选购农场的有机、健康农产品,以满足多元化的需求。

程存旺基于"分享收获"农场的发展经验,为适度规划经营的有机生态农场,提供客户关系管理、提高销售额、降低经营成本、提供"好农场"微店管理等服务,以高度专业的知识和深厚的行业资源,助力田园综合体和农业特色小镇发展。

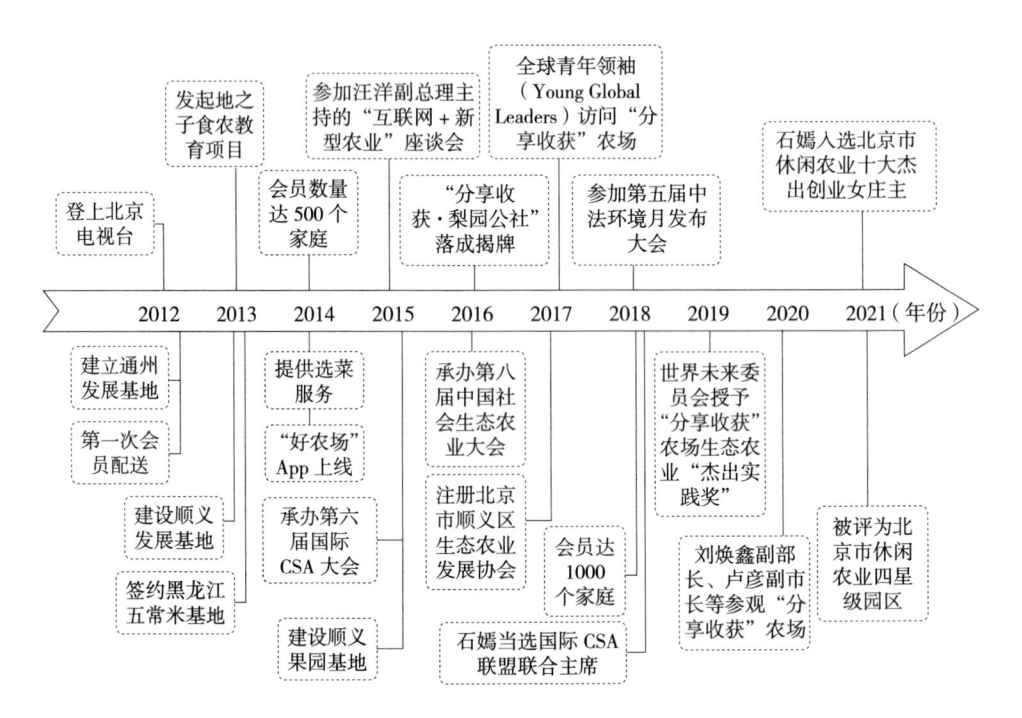

"分享收获"农场发展大事记(2012—2021年)
资料来源:"分享收获"农场调研资料

三、让"分享收获"成为社会共享的"好农业"

独乐乐，不如众乐乐。有机农业如此之好，CSA 如此有效，就要如同"分享收获"这个名字一样，与他人分享。于是，石嫣、程存旺参与发起了全国 CSA 联盟，并以"分享收获"为主体扩大 CSA 联盟，以"好农场"为主体孵化未来的有机农场主，推动有机之花结出有机之果。

如今，全国已有上千家生态农业经营单位。2015 年 9 月，石嫣作为全国 10 名代表之一和唯一的新型职业农民代表，在中南海参加由汪洋副总理主持召开的"互联网+现代农业"座谈会，向汪洋和时任农业部部长韩长赋作了工作汇报。石嫣也连任国际 CSA 联盟联合主席。

据统计，从 2009 年至今，受石嫣和程存旺夫妇直接或间接影响而诞生的 CSA 农场，在全国已超过 1000 家，净化土地 10 万多亩，影响了几十万中国家庭的餐桌。另外，还有不计其数的青年受到 CSA 启发，返乡投入生态农业建设。

学员在"分享收获"农场接受培训

在全国性农业会议上，石嫣提出了"新农人"概念。她指出，农民不仅要掌握新的农业技术、掌握当下的管理技术，还要了解市场。石嫣

2018年国际社会生态农业高峰论坛暨第十届中国社会生态农业CSA大会开幕式

认为，改变生产者以及对生产者进行适当的培训是这个行业未来能够快速爆发式发展的一项基础性工作。

"分享收获"通过入职实习的方式为很多年轻人提供了重新认识农业、重新思考未来的机会。这些年轻人很大一部分希望未来能够回乡做有机农场。"分享收获"对参观者、学习者和离职创业的"竞争者"均秉持开放态度，打开了合作的大门，扮演着农业创业孵化器的角色，希望能够推动更多的人参与到这项事业中来。从数据上看，2009年石嫣和程存旺创办"小毛驴市民农园"的时候，全国CSA农场不超过5家。但是通过他们的实践和媒体的宣传以及CSA联盟大会和专家学者等的推动，采用CSA模式的农场目前已成雨后春笋之势。2015年6月至2021年10月，"分享收获"累计开展了30次"新农人CSA实战培训"，向学员介绍CSA模式、传授种植技术和农场管理经验等。"分享收获"已累计培养了超过500名新农人学员，涵盖了全国各地（只有青海还没有相关学员），140余人已分别在全国各地成功创办并经营自己的CSA农场。目前，全国大概有1000家CSA有机农场，其中50%—60%的农场负责人都曾到"分享收获"或"小毛驴"实习或考察过。

四、追求和理想：发展让乡村可以复兴的农业

当被问到为什么要搞生态农业时，石嫣的回答是：生态农业是我们的信仰，我们只生产有机标准的产品，不是为了我们自己可以长命百岁，而是为了更多地去改良我们的环境，保护我们的土地等自然资源，让更多农民有尊严地从事农业，也让乡村可以因此而复兴。

有信仰的农业，就是让土地成为生命共同体的土地。所以，尊重生命的有信仰的农业，就要从做有机农业开始。由于不重视施用有机肥料、大量使用化肥，农业耕地土壤基础地力不断下降，土壤养分供应失衡，作物病虫害严重。2010年《第一次全国污染源普查公报》表明，农业污染源已经超过工业污染源和生活污染源，成为最大面源污染源。生态发展理念，在生产中完全或基本不用人工合成的肥料、农药、生长调节剂和畜禽饲料添加剂，有助于土壤有机质的恢复。

让农民成为有尊严的农民，就是要重建农民与消费者的相互信任关系。消费者对农产品和食品安全的担忧、对生产者的不信任，以及激烈的竞争和消费者对低价产品的偏好，导致农业生产者无利可图，只能"劣币驱逐良币"，"劣质食品驱逐优质食品"。石嫣与程存旺通过CSA这种农消对接模式，为生产者和消费者提供了直接沟通和交流的机会，促进了相互信任。在提高产品质量的基础上，生产者可以加强与现有消费者的接触和联系，听取其对于产品、物流等方面的意见，并对其疑问进行耐心解答，消除二者之间可能的误会。消费者也可以适时学习一些农业生产的基本知识，进而对农业生产的过程和方式、农产品的真正价值等

有更多的认识，从而可以更加积极地投身公平贸易的运动。以公平贸易为纽带，生产者和消费者增进互动和交流，推动二者之间长期、稳定的人情关系建立和人格信任巩固。

让乡村振兴的农业，就是要重建城乡新关系，形成城市对乡村反哺和互助共享。重建城乡之间的新型"公平贸易"框架、消费者的"环境友好型"购买决策，有助于形成"生产者—消费者—环境"之间的正向馈环，为农民提供生产优质农产品的动力，保障农民收益的提高，为乡村振兴提供更多发展思路。

"分享收获"与"好农场"，石嫣与程存旺这对博士夫妇的有机农业梦想，正在中国大地上生根发芽、茁壮成长。愿越来越多的新农人参与CSA的本土化尝试，使有机人的有机梦融入国家高质量发展和百姓高质量生活之中，推动实现乡村全面振兴。

故事人物金句

石　嫣　女，中国人民大学农业与农村发展学院博士，清华大学人文与社会科学学院博士后。国家发展改革委公众营养与发展中心全国健康家庭联盟健康传播大使，分享收获（北京）农业发展公司董事长、国际社会农业联盟副主席、2016年达沃斯青年领袖、国际CSA联盟联合主席。

石嫣是国内第一位公费去美国务农（"洋插队"）的学生，她在美国一家生态农场实习期间，开始反思工业化农业与传统农业的关系。

2008年底回国后着手参与"小毛驴市民农园"的筹备工作，2009年发起社区支持农业模式，引发社会各界广泛关注。2012年创办分享收获（北京）农业发展有限公司。

» 每5户消费者加入，就可以让一亩土地脱毒；每10户消费者加入，就可以让一个农民健康耕作；每100户消费者加入，就可以让5个年轻人留在乡村工作；每1000户消费者加入，就可以有一个更可持续发展的乡村。

» 作为新一代农人，我希望能够重建人与土地之间的关系。我们主动选择做农业，也希望通过自身的践行，能改变社会对农民、农业的看法。我们不仅仅是通过做农民来养活自己，更希望能够在土壤改良、种子培育、肥料施用或者销售方式上，对其他从业者有所帮助。

» 乡村振兴其实最重要的是人，年轻人愿意回来，这代表很多东西。

» 社区支持农业，就是农民与消费者之间彼此承诺、相互支持的一种团结友好的关系。消费者在种植之初预付生产者一年的生产费用，形成一种与生产者共担风险、共享收益的友好互助模式。因为保证了农民的收入，农民可以专心生产，而这种关系不是一种买卖关系。

程存旺 石嫣的丈夫，中国人民大学农业与农村发展学院博士，曾在江苏常州挂职副镇长，并创办常州大水牛市民农园。自2008年开始，程存旺和石嫣在温铁军教授倡导下，参与创建国内第一个社区支持农业农场——"小毛驴市民农园"，开始中国社区支持农业的模式探索。石嫣和程存旺的研究与实践方向是可持续农业与公平贸易，是中国CSA和可持续农业的重要推动者。二人共同翻译了《四千年农夫：中国、朝鲜、日本的永续农业》《分享收获：社区支持农业指导手册》《慢是美好的：货币与自然共处的奥秘》等作品。

> 大资本深度参与乡村振兴不一定可以成功，主要是由于大资本偏爱的产业形态乡村无法有效承载，而且和乡村资源禀赋的相关度不高。社会生态农业比较适合乡村的农业资源和投资规模。

专家点评·周　立

1.石嫣和程存旺夫妇的创新性试验，昭示了中国未来新农业的发展方向。一对博士夫妇能够下乡经营农业，这在中国是新鲜事儿，但在很多国家并不新鲜。我2007年在美国做农场调查时，访问过美国的几对博士与教授夫妇，他们放弃城里生活和教授职位，下乡经营梦想中的农业，甚至在乡村开办农业实践大学。近年我7次访问韩国，对金博士夫妇一家人下乡20多年做替代式农业教育，印象十分深刻。还有李长老夫妇，放弃在釜山市的出版社编辑工作，卖掉釜山城里的房子，在乡村创办茅草屋共同体。我将这些写在《美国的粮食政治与粮食武器》《有限资源的无尽利用——韩国农村参访纪行》的调查报告中。

为何农业会有如此吸引力，使市民开始下乡、博士开始下乡？实际上，在欧洲、日本等地区，农地已经大多由城里人经营了。农村的确是一片广阔天地，这与农业的多功能性有关。而石嫣和程存旺夫妇作为新农民发展的新农业，正是顺应这样一种大势而生。下一步将是教授下乡、企业家下乡等。

2.石嫣和程存旺夫妇经营的"分享收获"农场，探索出一条具有中国特色的CSA的新做法。

现阶段，许多国家已经有不同类型的CSA发展模式，如表1所示。

表1 国际上不同的CSA发展模式

国家	发展模式和现状
瑞士	由协会统一安排和管理，消费者既是生产者也是消费者，市民通过租赁土地的方式获得菜园和农产品基地。
美国	美国社区支持农业模式主要是农场。农场管理农地与会员，生产农产品。市民作为消费者成为会员，获得一定数量的农产品，还可以参与生产、参观、体验等活动。
日本	"提携"（Teikei）模式，单个农户或者家庭农场与消费者签订合约，共享收益，共担风险。

如同案例中分析所言，中国的CSA从农地制度到社会制度，都与国外不同。"分享收获"和"好农场"针对生产端、消费端和销售端，逐一解决水土不服问题，勇于面对CSA本土化的巨大挑战，努力推动CSA本土化和创新升级，使中国自2007年国家层面开始提倡的发挥农业多功能性，落实在农业实践中了。石嫣和程存旺的探索为全国新农人、新农业提供了极其宝贵的经验和教训。

3. 石嫣和程存旺所追求的未来理想的现代化农业是让生命更健康和幸福的"四生农业"。他们之所以能取得成功，还在于他们发挥了农业4.0"四生农业"的多种功能。

关于农业1.0到农业4.0，我曾经依据产业特征，将农业1.0至农业4.0区分为传统型农业、工业化农业、服务型农业和综合型农业（又称"四生农业"，见表2）。

表2 农业1.0到农业4.0的典型特征

版本	农业1.0	农业2.0	农业3.0	农业4.0
性质	传统型农业	工业化农业	服务型农业	综合型农业
产业类型	一产化	二产化	三产化	六产化
关键因素	自然	技术	服务	知识、资本
农民角色	生产者	技术员	服务员	生产者+技术员+服务员+销售员
最终产出	初级农产品	农副产品	农产品、配套服务	生活方式

农业1.0，这是自古以来就有的农业类型，是一种借用天时地利"靠天吃饭"的农业。

农业2.0，生产过程引入工业技术和运作方式，这种工业化农业主要依赖在有限土地上进行无限投入，可以说是"靠地吃饭"。

农业3.0则进一步升级，是实现了三产化的服务型农业，这种服务型农业，如农业观光旅游等，主要依赖人流往来，可以说是"靠人吃饭"。

农业4.0则超越了单一产业范畴，综合了三次产业，形成综合型农业（"四生农业"），即通过第六产业化实现集生产性、生态性、生活性和生命性为一体的农业（见图1）。

"四生农业"本质上是为生命健康、生活幸福服务的农业，也可称为"靠生命吃饭"。围绕为生命服务的农业，决定了未来的现代化农业，是一种生产生活化、生活生产化，生产与消费、生产者与消费者互动、互利、合作共享的农业，也是一种生产生态化、生态资源化的生态友好、生命友好的新型农业。

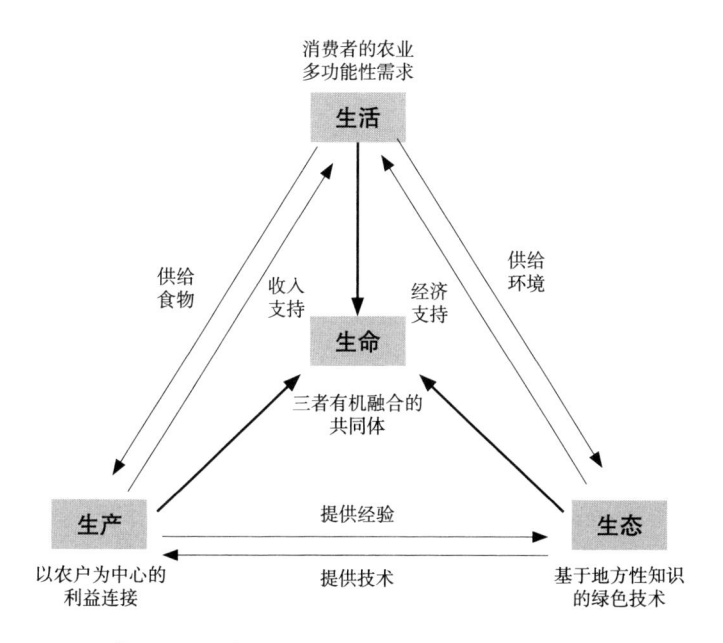

图1 "四生农业"与发挥农业多功能性

石嫣和程存旺夫妇所努力追求的新时代的现代化农业，正是这样一种"四生农业"。

▎ **专家简介**

周立，中国人民大学农业与农村发展学院教授，博士生导师，国家社会科学基金重大专项"乡村振兴核心机制研究"首席专家。2021年起担任国家社会科学基金重大项目"食品安全社会共治与跨界合作机制研究"首席专家。主要研究领域是中国国情分析、中国农村现代化、中国金融发展与农村金融、食品安全治理与跨界合作、乡村振兴与城乡融合。

山东弘毅农场

"六不用"的生态农业、智慧农业

解读专家：张孝德

现代农业过分依赖化肥、农药、除草剂、添加剂、农膜等人工合成的化学物质，带来了严重的环境污染以及一系列社会和生命健康问题。中国单位耕地面积化肥施用量是国际公认安全上限的 1.93 倍，但利用率仅为 40% 左右；农药平均施用量 13.4 千克/公顷，是世界平均值的 3 倍多；每年约 50 万吨农膜残留在土壤中，残留率高达 40%，这些农膜在 15—20 厘米的土壤层形成不易透水、透气很差的耕作层，且很难被分解。我国受污染的耕地面积约 1.5 亿亩，几乎占全国耕地总面积的 1/10。

为了破解上述难题，带动农民致富，实现乡村振兴，中国科学院植物研究所研究员蒋高明带领的团队，于 2006 年 7 月 18 日，在山东省平邑县蒋家庄带领农民成立了弘毅生态农场，充分利用生态学原理，而非单一技术提升农业生态系统生产力，创建"低投入、高产出、零农残"的生态农业模式。这个生态农业模式也被称为"六不用"的生态农业。弘毅生态农场从秸秆、害虫、杂草综合开发利用入手，发展"种、养、加、销、游"产业，实现三产融合发展；增加生物多样性；实现元素循环、能量流动；确保纯正有机食品的生产；带动农民就业，增加农民收入。

一、"六不用"农业：让实验室回到乡村的16年科学探索

人类发明的各种农业科学技术，在推广时仅强调其优点，尽量少提、不提甚至掩盖其负面作用。长期以来，各种技术尤其是大量化学物质的负面作用，累积起来超过其正面作用，造成严重的环境污染、温室气体排放加剧、食物链污染、耕地酸化退化，生物多样性下降或消失、传统栽培或驯化物种消失、病虫草害频发、耕地生产力下降等。人类围绕食物链发明的各类化学物质，中国合法使用的达50626种。蒋高明团队大胆假设：如果将上述化学物质都停下来，食物中没有农药残留，产量不会下降反而会增加，乡村生态环境与生物多样性得到保护，单位土地面积的收入会增加，农业将恢复元气，农民尤其是年轻人可在家门口就业。

为了验证上面的假设，他们将目前农民常用的化学物质全部停用，采取严格的"六不用"做法，即不用农药、化肥、除草剂、人工合成激素、地膜、转基因种子，遏制其叠加的负面效应，转而采用秸秆过腹还田；物理+生物控制虫害；人工+机械控制草害；预防病害与生态办法控制；保留机械耕作与水利灌溉，深翻碎土；播种小麦与玉米，同时发展大豆、绿豆、谷子、高粱、蔬菜、苹果等经济作物，并进行深加工；养殖牛、羊、猪、鸡、鹅、鸭等动物；在淘宝、有赞、微店等开辟电子销售平台，

销售符合有机标准的农副产品。该实验于 2006 年 6 月开始实施，连续进行了 16 年观察，在低产田基础上开始实验。

在实验室里是搞不出任何学问来的，必须一竿子插到底，科研人员要下沉到村。设想有了，决心也有了，就要付诸行动。2006 年，蒋高明返回阔别多年的生养之地——山东省平邑县蒋家庄。他先是从农民手里租下了 8 亩速生林地。从这 8 亩速生林地起步，蒋高明带领科研团队埋头搞起了生态循环型农业试验。2007 年，他再次从农民手里租下了 25 亩山岭薄地，后来村里又提供给他们进行科学试验的土地 10 亩，再加上陆续东一块、西一块租用农民不愿种的薄地、涝洼地，几块地加起来达到了 60 亩。弘毅生态农场就这样正式诞生了，起初这是一个规模不大的研究型生态农场。

庄稼一枝花，全靠肥当家。既然是生态农场，就必须有大量的有机肥，这是发展生态农业的物质基础。生产有机食品必须从最基础的有机肥来源抓起，这个问题要自行解决。解决肥料问题就要依靠养殖，走种养结合的路子。种植区周围搞养殖区，种养结合相得益彰，既解决了秸秆的出路问题，又能解决肥料问题，还可以增加经济效益，真可谓一石三鸟。事实上，弘毅

弘毅生态农场的大门

生态农场的第一桶金是通过养牛淘得的，但这个过程起初并不顺利。

蒋高明团队向蒋家庄村"两委"提出秸秆养牛的设想时，乡亲们都不吭声。当地的传统是，当人们不赞同一件事的时候，既不表态，也不明确反对，更不表示赞成。而如果赞同，则态度非常鲜明，他们会说"管"（当地方言，是"可以"的意思）。

村"两委"针对蒋高明团队的方案进行了认真的讨论，还召开了全村30多名党员参加的会议。乡亲们搞不明白他们到底要干什么。当他们强调秸秆养牛的好处时，农民根本不以为然。在农民眼里，养牛不是什么像样的项目，不会带来什么可观的效益。所以，在最后召开决定是否将土地承包给农场养牛的村民代表会议时，村"两委"专门将那些有反对倾向的村民叫来参会。

费尽口舌，经过近5个小时的"舌战"，蒋高明终于得到一个本家兄弟的支持。这个本家兄弟在村里有一定的威望，是村里的种植大户，承包了130多亩地。2006年6月，农场总算有了自己的第一块土地，实现秸秆养牛设想面临的三大现实问题之一的土地问题总算解决了。2007年7月，养牛场开始动工。接下来，技术和资金这两大问题同样让研究植物学的蒋高明费尽了脑筋。

后来，来自长沙、广州的两位企业家伸出了援助之手，湖北一位从事物理杀虫灯业务的老总千里迢迢亲自送来杀虫灯，山东枣庄的一位老总提供了秸秆加工"面包草"技术，再加上山东省人民政府"泰山学者"给蒋高明补贴的费用，全部用来进行生态农业试验。试验中好消息不断，人们担心的产量问题、病虫害问题、杂草问题、销路问题，一个个都解决了。

二、循环再生：物尽其用，五谷丰登与五畜兴旺的农业

传统农业仅强调粮食生产，即仅利用植物地上光合产物的40%—50%；而生态农业则利用植物全部地面部分，利用率为100%。在该模式下，人吃粮食，牛、羊等动物吃秸秆，动物粪便取代化肥作为有机肥还田。在秸秆养牛构想之下，产生了最初的两条技术路线："秸秆（玉米、小麦）—青储饲料—牛—牛粪—沼渣、沼液—农田""秸秆—牛—牛粪—蚯蚓、黄粉虫—柴鸡"。此后，在不断实践探索中，又催生了另外两条技术路线："果园、庄稼—害虫—诱虫灯—母鸡—柴鸡蛋""农田—杂草—鹅—淡水鱼"。

1. 秸秆（玉米、小麦）—青储饲料—牛—牛粪—沼渣、沼液—农田。玉米秸秆直接用收割机在现场收获并粉碎进入大型青贮池，保存秸秆养分；小麦秸秆则粉碎成糠保存起来。农场自主研发了大型遮雨式分室青贮池，每年加工"微储鲜秸草"1500吨。牛粪进入沼气池，在提供能源(沼气)的同时，沼渣、沼

科研人员与农民一起加工青储饲料

液进入农田养地。

2. 秸秆—牛—牛粪—蚯蚓、黄粉虫—柴鸡。充分利用牛粪中的养分，养殖蚯蚓、黄粉虫等，可每年节约鸡饲料10万—20万元。养殖过蚯蚓的牛粪，里面有蚯蚓粪和活蚯蚓，施入农田有改良土壤结构的作用。

3. 果园、庄稼—害虫—诱虫灯—母鸡—柴鸡蛋。农场摒弃农药，选择诱虫灯作为灭杀害虫的主要方法。在虫害集中的夏季，每盏灯一个晚上最多可灭杀4.5公斤害虫。害虫经晒干、粉碎后加入蛋鸡饲料，生产柴鸡蛋。为节约空间，在果园里养殖鸡、鸭、鹅等禽类，既辅助控制害虫，又兼除杂草。

4. 农田—杂草—鹅—淡水鱼。农田杂草控制是难题。弘毅生态农场放弃除草剂，采取机械+人工除草。为了保证效益，除掉的杂草用于喂养鹅、草鱼、蝗虫等食草动物。建立了5亩人工湿地，水深1—3米，放养草鱼、鲫鱼、鲤鱼等，投喂农田或果园未施农药、未经除草剂污染的杂草，同时给鹅提供自由戏水的空间。这样既增加了景观效果，又提高了经济效益，同时湿地还兼有灌溉的功能。

三、创造奇迹：搞生态农业不会饿死人，不用农药照样夺高产

社会上对生态农业一直持有怀疑态度，许多农业专家甚至认为，中国搞生态农业，产量会大幅下降，会饿死人。蒋高明所带领的团队，用17年科学实验的事实证明，搞生态农业不仅不会饿死人，还可以提供让生命更健康的粮食，不用化肥和农药不仅没有使产量下降，而且照样夺高产。

农田面源污染大幅度下降。生态农业试验五年之后,生态学的强大威力就显现出来。弘毅农场自有土地和带动农户种植的"六不用"农田、果园、菜园、葡萄园、湿地等达 500 亩以上。这些土地彻底告别了农药、除草剂、化肥污染,农药减少率达 100%,全村农田减少农药 58.3%。

用牛粪彻底替代了化肥,农场养牛规模稳定在 300 头牛左右,年生产优质有机肥 2000 吨以上。既有母牛有规律地繁殖小牛,又有育肥成年牛供应市场,真正实现了自繁自育,良性循环。肥水不流外人田,由于生态农场不使用化肥,种植区需要大量有机肥,养殖场建有很深的肥水池,用清水冲淡后为庄稼、蔬菜和果树施肥。农场还建有沼气池,沼气用于做饭,沼液用于防治蚜虫、红蜘蛛和部分病害,沼渣是优质的肥料。

弘毅农场最大的特点是没有地膜覆盖,没有反季节大棚,不用矮壮素(因覆盖地膜植物突长后有人发明让植物矮小的技术),植物自由生长,严重的白色污染问题在源头被叫停。

害虫不再猖獗。告别农药在弘毅生态农场最先取得成功。采用物理+生物方法控制害虫,物理方法以太阳能杀虫灯为主。由于没有农药,农场的生物多样性大大提高:燕子、蜻蜓、青蛙、蚯蚓等小动物都回来了;蔬菜、水果再不用担心受到昆虫危害;黄瓜、西红柿、芹菜、茄子、大葱等接近甚至高于常规产量;严重影响花生产量的金龟甲被脉

蒋家庄村民安装杀虫灯

冲诱虫灯制伏了。害虫最多的时候，每只灯每晚可捕获各种害虫达4.5公斤，每盏灯年捕获量从2009年的33公斤下降到2014年的2.1公斤，下降93.8%。试验三年后农场的各种物种已经基本实现了生态平衡，过去人们眼中的害虫不再肆虐。

产量提高了。大量有机肥还田(75吨/亩)，土壤地力大幅度提升，土壤有机质从实验初期的0.7%提高到目前的5%；秸秆利用率从1.1%提高到62.5%；有机果园蚯蚓数量317条/平方米（普通果园只有16条/平方米）。在这样的地力条件下，产量逐渐恢复并超过了周边农户的产量。自2011年后，弘毅农场的试验田就成为"吨粮田"（亩产1000公斤有机主粮，玉米、小麦周年产量）。农场花生、玉米、小麦、小米、苹果等均超过普通农田产量。粮食产量从最初的11.43吨/公顷，提高到目前的17.43吨/公顷，其中冬小麦、秋玉米、大豆和花生产量分别超出山东省平均水平42.6%、60.9%、32.2%和38.1%。

规模扩大了。弘毅生态农场集科学实验、交流学习、技术指导、自产自销等多功能于一体，规模不断扩大，从最初的8亩到40亩、150亩，再扩展到现在的500亩，约占蒋家庄耕地面积的一半。这些土地已先后完全告别化肥、农药、农膜、除草剂、添加剂，坚持不使用转基因种子，形成了局部生态小环境，并对周边环境发挥着一定的生态影响。目前，农场年养牛300头、养鸡1000只、养鸭500只、养猪100头。通过科学试验，弘毅农场以令人信服的数据证明了搞生态农业，不仅不会减少农业产量，还能够提高农业质量，增加农民收入，很好地保护生态环境。

环境变美了。没有环境污染的农田是美丽的，是园林化的。弘毅生态农场的农田防护林设计为乔灌草结合，树林理想的状态是10米宽，总产量和经济效益均比不用树林的农田高。农场对杨树纯林进行了改造，恢复生物多样性，恢复天敌庇护地，将其设计成食物森林。在弘毅生态农场里，有30多种经济乔木和100多种天然草本植物，形成了多样化的本地森林群落。农场设计建设了5亩人工湿地，是由旱地改造而来，增加了湿地植物。这样，鸟类就有了饮水去处，同时春季农民也有了灌溉水源。湿地恢复对北方农田生态系统健康意义重大。在蒋家庄，因发展生态农业，传统的"三大堆"（粪堆、土堆、柴火堆）不见了，代之以优美的村容村貌，道路硬化了，街道绿化了，排污管网化了。而今，蒋家庄村被列为临沂市级美丽乡村。

弘毅生态农场的农田绿化隔离带

效益提高了。由于零农残、口感好，弘毅生态农场的产品获得了京、津、沪、深等大城市消费者的青睐。目前，农场比较稳定的会员已增加到9573人，且以每月150—200人的速度不断增加。普通农户种植小麦、玉米两季的纯收入不到1000元，种植"六不用"作物后，净效益对于农民来讲是5000元以上，对企业来讲是1万元以上，实现了一亩地的效益等于农户的10亩，种植蔬菜、中草药和果树的效益更高。农民经营同样多的土地获得了更高的效益，所在村庄67户农民加入了弘毅生态农业模式。值得一提的是，仅10亩地的弘毅生态小院，由蒋盛林夫妇经营，涉及经济物种73个，加上

生态农业试验前后的蒋家庄村貌

工资性收入，夫妻二人每年净收入 15 万—20 万元，远远超过两人进城打工的收入。农场常年供应的生态农产品 300 多种，货架期从 1 个月到 12 个月，实现了常年优质农产品供应。

四、弘毅生态农业模式输出：星星之火，可以燎原

弘毅生态农场不使用任何农药却成功控制了害虫，大大减少了喷洒农药的次数。秸秆养牛的成功，带动了周围不少农民开始饲养肉牛。秸秆加工与储存技术，不仅使肉牛养殖成本大大下降，还使当地秸秆焚烧现象得到了初步有效控制。

弘毅生态农场能不能复制？为了回答这个问题，16 年来，蒋高明团队在全国建立和指导生态农场 65 家，累计面积 60 多万亩。面积最大的 10 万亩，小的也有 100—200 亩，核心技术都是"六不用"。从寒带、寒温带、温带、亚热带直到热带，从干旱区到半干旱区，从半湿润区到湿润地区，都有弘毅生态农业模式的成功案例。

目前，弘毅生态农场与周围的农户签订有机种植合同，带动了更多的农民种植有机粮食和有机果蔬。蒋家庄一半的土地已经彻底告别了农药，仅这一项，就可为农民节约 10 多万元种地成本。在弘毅生态农场科研团队与地方政府共同努力下，平邑县农业开发办在包括蒋家庄在内的 6 个村庄，投入中央专项资金 800 万元，实施了中低产田改造工程（路、水、渠、桥建设）。目前该工程已顺利完成并发挥作用，受到了当地农民的普遍欢迎。弘毅生态农场近期目标是将蒋家庄整村的 1000 亩农用地连同 300 亩村庄建设用地发展成一个真正的生态农庄。当然，该模式能否在全国推广，还需要政府的大力支持、消费者的觉醒以及诚信系统的建立。

来自全国各地的参观学习者

故事人物金句

蒋高明 中国科学院植物研究所研究员、中国科学院大学教授、山东省人民政府泰山学者特聘教授，联合国大学干旱区问题国际咨询专家，《植物生态学报》副主编，《生态学报》《生命世界》《首都食品与医药》

编委，曾任联合国教科文组织人与生物圈中国国家委员会副秘书长、中国生物多样性保护与绿色发展基金会副秘书长、中国生态学会副秘书长等。长期从事植物生态学与生态农业理论与实践研究。在退化生态系统修复中首次提出自然恢复观点，并在实践中大面积应用；以生态学原理为指导的第二次绿色革命发起人之一。带领科研团队经过 16 年研发，成功开创了"六不用"弘毅高效生态农业模式，在全国推广 65 家基地 60 万亩。主编国内第一部《植物生理生态学》教科书，出版专著 10 部，发表学术论文 200 多篇。

» 城市的繁荣再也不能以农村的衰败为代价，不搞城乡互信的生态农业不行了，生态农业是中国未来农业发展的方向。

» 中国要发起人类历史上第二次真正的绿色革命，这次绿色革命以生态学原理为指导。

» 现代的农业模式，虫子不喜欢，土地不喜欢，庄稼也不喜欢。

» 没有产业振兴，乡村振兴就是一句空话，生态农业产业是乡村振兴的重要抓手。

» 我的高效生态农业梦，是农民住别墅，吃有机产品，开轿车进城，在家门口就业。

» 解决农业后继无人问题，必须让农民尤其是年轻一代的农民感觉农业有奔头，用生态农业技术提升农产品质量，进而提高农产品附加值是根本之路。

» "六不用"，零农残，好口感，能稳产，高收益，是高效生态农业的突出特点。

» 没有生态农业，就没有生态文明。

专家点评·张孝德

蒋高明研究员带领团队回到家乡搞生态农业实验，是我持续多年关注的一个案例。可以说，刚开始的时候，弘毅生态农业的实验，被认为是另类，甚至被认为是逆农业现代化潮流的实验，受到质疑。随着时间的推移，事实表明，弘毅生态农业模式虽然目前不代表主流，但代表了未来中国特色农业的发展方向和趋势。

1.弘毅生态农业是借天地之力的大智慧农业。"中国智慧"是目前使用频度较高的一个概念。从源头上讲，中国智慧源自中国古代农业，就是中国先民，不是用工具和物质的力量，而是仰观天文、俯察地理、中看人和，通过参悟天地的悟性思维，利用无形天地之力的智慧。从这个意义上看，中国古代农业是借用天地之力的天人合一的智慧农业。弘毅农业模式就是基于中国智慧，在"察地利、顺天时"中，用循环再生式思维，实现了事半功倍的效果。

弘毅智慧农业，不是简单回到过去，而是基于中国传统智慧与现代科技相结合，重建了人与土地、人与社会、植物与动物、生物之间的新链接、新循环，最终实现对自然的光合作用、多样化生物能、土地能量的最优利用，由此形成"六不用"模式而被现代社会追捧。现代化科技农业，恰恰是忽视了天地之力，希望通过人造物质和工具创新，变成被人控制的追求最大商业价值的农业。当前的无土栽培、反季节种植、设施农业等，都不符合自然规律。如设施农业把平均气温从零下20℃提升到20℃，原本休眠的害虫的生物节律就被打乱了，病虫害就会产生。大棚种植，大棚不可能有风，而打农药又会杀死所有的昆虫，既不能实现风媒授粉也不能实现虫媒授粉，因此需要人帮植物授粉，后来干脆发明了激素直接实现单性结实，造成了严重的食物安全问题。

2. 弘毅生态农业是实现乡村全面振兴、乡村生态文明建设的基础产业。现代化科技农业是追求农业产品价值最大化的农业，而弘毅生态农业带来的是碳中和的生态环境改善、农民收入增加、合作社发展、乡土文化复兴的综合发展、可持续发展的农业。生态有机农业可将二氧化碳等温室气体埋葬在耕地里。耕地除了基本满足人的吃饭问题外，还有一个功能就是可将全球温室气体埋葬在地下。生态农业有助于实现环境优美与生态文明。生态农业是生态文明建设非常重要的内容，没有生态农业，就没有生态文明。生态农业也能让农民收入大幅度提高，使农业后继有人。目前农民之所以进城打工，就是因为农业不挣钱。"六不用"农业是零农药残留、营养均衡丰富、让生命更健康的农业。所以弘毅生态农业的土地效益，是普通农田的5—6倍，对于企业来讲，是10倍以上。生态农业效益高，就有人愿意从事农业，年轻人就会考虑将农业作为职业，从而乡村就有了人气，乡村振兴才能够实现。

3. 弘毅生态农业模式是中国现代化农业发展的新方向，是新时代农业科学研究改革的新趋势。中国走什么样的现代化农业之路，是关系到中国农业发展命运的大事。迈向新时代的中国现代化农业，必须是在生态文明引领下传承中华5000年农耕智慧，能够解决14亿多人吃饭和生命健康，实现农业、农村、农民协调发展，生命、生活、生产共生发展的农业。而弘毅生态农业则是对中国农业现代化之路的一个前沿实验，值得我们关注。

"在实验室里是搞不出任何学问来的,必须一竿子插到底,插到村。"在开始生态农业试验之前,蒋高明对他的团队成员和研究生们说。走中国特色的生态化农业之路,需要一次农业科技研究理念、科技创新方式改革。这个改革方向,就是从目前脱离天地、脱离乡村、脱离农民的封闭的实验室,向农村回归、与农民连接的新科研创新转变。

■ 专家简介

张孝德,中共中央党校(国家行政学院)社会和生态文明教研部教授,原国家行政学院经济学部副主任。兼任国家气候变化专家委员会委员、中国乡村文明研究中心主任,担任多地政府的经济顾问。主要从事生态文明、生态经济、乡村文明发展研究。

吉林郭家村

让村民共富养老的发酵床养猪合作社

解读专家：胡跃高

郭家村位于吉林省长春市双阳区齐家镇，全村占地面积22平方公里，有18个村民小组，16个自然村，人口3980人，耕地1400公顷，林地480公顷，水面4公顷，地势南高北低，土壤肥沃，是典型的黑土地。如今的郭家村是远近闻名的生态养猪村。而郭家村的出名又与一个人有关，这个人就是全国著名的长春市云凤农牧专业合作社（以下简称"云凤社"）理事长李云凤。在20多年的养殖生产发展中，云凤社探索建立了一套生态化发酵床养猪技术与运营模式，走出了一条发酵床养猪带领村民共同富裕的乡村振兴之路。他们的做法得到国内外专家的一致肯定。2020年，李云凤获得首届世界乡村复兴大会"神农奖"。

一、困难人生倒逼李云凤走向养猪之路

李云凤是一个普普通通的农民，却有着不平凡的传奇经历。只有初中文化水平的李云凤，为了生活，曾经常年在外劳苦奔波，农忙短工、游商、水果商贩、幼师、包装厂工人、饭店服务员，这些都是她从事过的职业。家里还有瘫痪的姐姐，生活的重担早早地就落在了她的肩上。为了能多挣一些钱，李云凤在整整六年时间里，辗转于砖厂与水泥厂之间，装水泥、卸水泥，这些男人都不愿意干的活，她日复一日、年复一年地干，只为能让家里人过上稍微好一点的生活。后来，因为查出癌症被迫返乡后，穷苦的生活和身体病痛的双重折磨，也曾让李云凤破罐子破摔。真正的勇士是在发现生活的苦难之后依然热爱生活。"我连死都不怕，还怕什么困难？"李云凤最终选择直面生活。在母亲"富读书，穷养猪"的启示下，李云凤走上了养猪之路。

2001年3月，李云凤用积攒下来的1000元钱买了一头母猪，后来母猪产仔，卖掉仔猪挣了1000元。尝到甜头的李云凤，通过一点一点的积累，养殖规模也越来越大。"刚开始养猪的时候，要学的东西很多，要给小猪剪牙、断尾、打耳洞。"当时养猪用的也是传统水泥圈舍养殖法。2005年一次机缘巧合，在长春市的科技展会上，李云凤第一次接触到发酵床养猪法。深知传统水泥圈舍养殖弊端的李云凤，仿佛找到了解决问题的"灵丹妙药"。会后她通过多方学习，不断试验，在李仕杰的协助下，于2006年8月基本试验成功。同年9月李云凤又赴韩国进修，跟随自然农业创始人赵汉珪系统学习自然农业，全面掌握了基本原理和技术。

2009年回国后，李云凤成立了云凤社，将自然养猪技术运用于实践，逐渐形成较成熟的省县乡三级运营模式，合作社的发展慢慢向好。

经历过苦难的人，眼里也见不得别人受苦。看着身边依旧贫苦的村民，想起这一路走来乡亲们的支持，李云凤希望自己能帮助更多的村民发展起来，摆脱贫苦生活，走出一条富裕的道路。李云凤秉持为郭家村村民谋求发展的理念，不断向前迈进，一步一步带领郭家村向着乡村振兴指引的共同富裕道路奋进。

二、云凤社与公司合作，探索"种—养循环"新模式

云凤社2018年与世杰公司及归乡创业团队合作发起成立世和社会化生态农业联盟（简称"世和联盟"），形成了"四位一体"的结构。其中，世杰公司负责科技创新、规划与决策，云凤作社负责生产和试验示范，归乡公司负责宣传和人才培养，世和联盟负责产业推广和综合建设。目前，云凤社已发展为社会化综合服务合作社，为当地村民提供生态养殖技术指导、培训、产业养老、资金互助、统购统销等服务。2021年，云凤社服务效益为115万元，服务当地农户500余户，户均增加收入1万元。云凤社不仅带动了当地经济发展，也通过生态养殖，在很大程度上解决了农田秸秆等问题。

云凤社的发酵床养猪技术采用"种—养循环"模式，利用微生物发酵床技术实现了生态自然、符合生物习性的养猪方法。发酵床技术最重要的就是发酵菌种的采集和培养。李云凤讲："原先发酵床使用的垫料是锯末，但是当时我们没有那么多的锯末。于是我们就尝试用秸秆来替代

李云凤在发酵床猪舍内

锯料。因为一到秋冬季节，东北地区地里到处都是用不完的秸秆。还有最重要的是菌种不能跨地域的问题，一跨地域微生物之间的平衡就被打破了。微生物肉眼看不见，但是它们也会争夺养分。后来通过不断实验和探索，我们发明了发酵菌专用的激活液。"为解决发酵床菌种等一系列问题，2010—2016年，李云凤与李仕杰潜心钻研技术，解决了发酵床本土化问题，于2015年申报获批发酵床生态养殖方法及返补防疫发明专利。采用这一技术的微生物制剂可以让猪吃完整个玉米秸秆，而不需粉碎，省工省时，在实现秸秆资源化利用的同时，显著降低了养殖成本。

一般猪要生长8个月以上才能出栏。发酵床养猪为圈养猪提供了近似自然的生长环境，这一方式下生产的猪肉有不同于普通工厂化养殖猪肉的两大特点：第一，猪肉不产酸。发酵床养殖顺应了猪的生长习性，整个生长过程猪很少有应激反应；第二，猪肉瘦肉率高，肌间脂肪含量多。

云凤社有自己的自然农业种植基地，玉米、杂豆、红薯、南瓜等饲料为自产，猪以玉米秸秆等富含纤维的草本植物类为重要营养补充。日常生长过程中，猪在发酵床上自由活动，运动量有保证。因此，猪肉胆固醇低、营养均衡、口感好、韧而不腻。在营养保健方面，发酵床养殖的猪肉富含多种氨基酸和人体必需的脂肪酸，具有加快骨骼生长、提高免疫力、改善睡眠质量的功效，其中半胱氨酸能改善缺铁性贫血（谱尼测试检测报告数据：发酵床养殖猪肉含有的 16 种氨基酸总量为 15g/100g）。发酵床养殖方式使猪体肠道内有益微生物大量存活，有害微生物无法生存，能显著降低肠道疾病的发病率。同时因发酵床具有"返补防疫"功能，不需要在饲料中添加抗生素与药物，降低了残留污染。近年来，采用这种方法养殖的猪抵抗住了猪口蹄疫、蓝耳病，以及非洲猪瘟等流行病的感染。

三、发酵床养猪一举多得：成本低、收益大、重建人地新循环

东北的黑土地生产了我国约 1/4 的粮食，素有"耕地中的大熊猫"之称。但近年来因过量使用化肥农药，黑土地受到严重破坏。中国科学院海伦农业生态实验站 35 年对比观测获得的多组数据表明，黑土地退化的实质是黑土层发生退化。当黑土层中有机质含量在 4.5% 以上时，有机质提升对作物产量影响不大。但当土壤有机质降低到 3.5% 时，单位面积粮食产量就会显著下降。调查数据表明，现阶段我国 48% 的土壤存在污染问题，是影响我国食品安全与粮食安全的基础性因素。

云凤社的微生物发酵床可直接分解、发酵猪的粪便，最后生成的肥料残渣可直接还田，一头猪可以吃完一亩地的秸秆，并产生一亩地的生物肥料，实现资源的可循环利用。目前，云凤社的土地已经 16 年未使用农药、化肥，土地用肥完全由发酵床产生的生物肥料提供。这样一个完整的种养循环体系，其效益是多方面的，既可以解决秸秆焚烧导致的环

境污染问题,也可以减少农业生产中化肥、农药的使用。使用生物有机肥在修复土壤、保护黑土地方面作用明显。

培育适合发酵床的本土猪种源。发酵床养猪接近于土法居家养猪,以种养循环方式保留猪的习性。云凤社于 2004 年从加拿大、荷兰引进种猪,通过 5 年不断杂交筛选,选育出适宜生态养殖、种性优良、遗传稳定、肉质优异的种猪新品种"归乡一号"。最初选育的"归乡一号"种猪至今已经 12 年,种性未退化,一般产仔为 10—14 个(平均 12 个)。工厂化生产情况下,种母猪 4 年后生产性能就会退化。饲养对比试验表明,"归乡一号"平均日增重 817 克,比工厂化种猪高 117 克;料肉比为 2.94,比工厂化养猪低 0.17,节约饲料 5.78%;饲养周期 8 个月,体重达到 400 斤以上,高者可达到 500 斤以上。

发酵床养殖攻克了传统养猪污染环境的大难题,实现了零污染物排放。发酵床养殖由于微生物在圈底充分分解和发酵粪便,整个圈舍没有臭味,不用清粪,不污染空气、水和土壤。经中国林业科学研究院森林生态环境与保护研究所、东北师范大学环境科学研究所对云凤发酵床养猪场的空气、水源等作检测,各项指标均达标。发酵床养猪不用清理粪便,相较于传统的水泥地养殖模式可以节水 80%、节电 70%。

城市社区内的发酵床小猪舍

发酵床可七八年不用翻动和清理，还能有效节省劳动力，猪群保健费用由一般猪场的80元/头下降到20余元/头，降低了75%。由于发酵床养猪模式本身使猪自身具有较强的免疫力，不需要过分的生物安全防控，相较于传统养殖方式可以节省50%的人工和70%的兽药成本。猪舍产生的废弃物还可以用作生物肥，返回到耕地，既保证了乡村人居环境清洁美观，又解决了使用化肥、农药污染土地问题。

四、庭院养殖、合作养殖探索出产业养老新模式

小农经济贯穿中国数千年文明演进中，它是受生产方式和自然因素共同影响的经济形态，是以家庭生产资料私有制为基础，主要依靠自我耕作、满足自身物质需求的，是小规模、简单再生产的农业经济。实行家庭联产承包责任制之后，我国大部分农村的生产方式均属于小农经济。云凤社的生态养猪模式适用于庭院养殖，没有地域限制。猪舍占地面积小，设计适当，美观实用，农户也可以根据自家实际情况，建设大小合适的猪舍。另外，猪舍建造成本低，所用材料多是农村原地采集，5平方米的猪舍可以养2头猪，猪舍的建筑成本一般为800元左右，甚至更低。

云凤社多年来一直面向农户推广发酵床养猪模式，倡导多元种养结合的有机生态农业，农户负责种养殖，云凤社负责统购统销。云凤社从生产到销售形成了完整的产业链，从养殖到销售可以将每个环节的成本降到最低。当面对市场风险时，可以通过相应的调整措施，维持价格相对稳定。由于合作社实行统购统销，可以从供给和需求两方面形成产业内部的价格调节机制。李云凤说："其实发酵床养殖猪肉并没有大家传统

印象中那么贵，工厂化养殖用的是人吃的东西做猪饲料，成本高。发酵床养猪可以直接吃玉米秸秆，把成本控制到最低，市场上猪肉价格高了，我就保障城市消费者，让他们能够吃得起猪肉；市场上猪肉价格低了，我就保障农村生产者，不让他们亏钱。"这样一个完整的产业链，既可以保证农户的收益，也可以保证城市消费端的利益。

除了猪肉从生产到消费的全产业链，云凤社还延伸出了产业养老服务链。近年来，越来越多的年轻人流入城市，农村只剩下了老人。随着我国人口老龄化的日益加重，越来越多的老人变成留守老人。云凤社为解决老年人养老问题，自2016年起发起了养老项目。经过实践检验表明，该方法可以使多方受益，基本形成了完整的养老服务模式。为社员提供养老服务的想法最初提出来时，很多人表示反对，觉得养老服务收益小，责任大，可李云凤却说："我们爹妈养我们长大，等他们老了，我们会因为没有好处就不去管他们吗？这不是收益问题，这就是我们应该承担起的责任问题。"

在外人看来，云凤社是搞养猪产业的，可是深入了解之后就会发现，云凤社是一个综合服务的合作社。正如李云凤所说："我们是把文化和服务放在首位，经济放在次要的位置，以服务百姓为宗旨，我们要先解决合作社的养老问题。"云凤社目前已经连续6年以生产获得的利润为60岁以上的老人每月开支1000元，形成了产业养老的基本模式。老人的养老保障、孩子的教育、年轻人的就业，这些都是云凤社在努力解决的问题。云凤社发展的目标是郭家村集体经济的发展，这是李云凤个人的初心，也是云凤社从建立发展到现在，一步一步正在做的——带动村里人坚定地实现创新分配机制，壮大合作社实体。云凤社采取3+3+3+1的分配模式，30%由管理层分配，30%由参与者（投资者及劳动者）分配，30%留作再发展，10%作为公益基金。目前云凤社资产近3000万元，公益投入已经近1000万元。

云凤社带动了当地农户共同致富。郭家村十队的尤喜春，自云凤社成立之日起就入社，除了种植大田玉米外，还在院内种植了1亩地葡萄，养殖了十多头育肥猪。云凤社每年即时回收玉米喂猪、葡萄制作酵素，按照比市场高的价格回收猪，每年年底分红。他们家比其他普通农户净利润高2万—3万元。通过多年经营，尤喜春现在的存款达到20万元以上。

五、构建让生态养猪惠及更多村民的"省县乡三级"服务网

世和联盟发起成立后，着重发展社会化参与式生态农业模式，重构乡村与城市的和谐关系。

联盟建立了省、县、乡三级服务运营模式：省级服务站负责对接城市订单及金融管理服务，并为乡级服务站提供专业的价值链服务，支持合作社发展壮大，通过构建"从农田到餐桌"全价值链，连接生产者与消费者；县级服务站负责对接消费者及农户，接收订单、金融管理及销售农资等，县级服务站可以在乡级服务站的基础上，发展第二产业和第三产业，开办类似于民（乡）宿、农家乐等服务性的商业机构，为周边农民增加就业机会，提供额外收入；乡级服务站主要负责生产和产品供应，对接农户生产，解决农户在生产过程中遇到的困难，为农户提供生产技术指导和相应的保障服务。

联盟通过建立省县乡服务站,在全国普及有机生态农业技术,带动小农多元庭院经济,同时鼓励合作社、工商企业及市民在互惠互利的基础上参与生产、加工、流通、销售、服务等环节,整合资源,形成优势互补,将有机生态农业体系做大做强。目前,生态养猪已发展到全国 11 个省,共 27 家服务点,500 余家养殖户,14 家种猪繁育基地,存栏 4 万余头生猪。其中河北、吉林、辽宁、黑龙江、四川 5 省建立了省县乡配套的服务体系。

联合高校建立"农民学校",创新农民培训新模式。在中国人民大学温铁军教授的支持下,云凤合作社自 2010 年开始对接北京梁漱溟乡村建设中心的支农大学生,自 2015 年开始孵化返乡大学生创业,建立归乡团队,2016 年开始推广世和联盟省县乡服务站,由归乡大学生指导当地农民生态养殖技术。

2019 年 9 月,云凤社成立第一所农民生产生活学校,其性质是农民职业技能培训和青年创业孵化的民办教育机构。该校旨在通过有机生态

第六届乡师培训班学员合影

农业理念、技术及相关培训，提高农民的劳动技能、文化素质，促进农业、农村、农民转型，重塑具有地方特色的全域有机乡村文明。

云凤社培训有潜质的农民掌握技术，成为精锐的技术乡师。每位技术乡师带领10—20家小农户，组织学习小组，在实践中相互支持，深入钻研并掌握技术。云凤社现已培训467位有机生态农业技师、多位乡师，累计培训当地农民5000人次。自2019年起，在中国农业大学胡跃高教授指导下，郭家村向全域有机村方向发展，设计出了可持续发展的生态文明建设蓝图。

（案例整理：蔡园园）

故事人物金句

李云凤 女，吉林省长春市郭家村人，现任吉林世杰农牧技术开发有限公司总经理，长春市云凤农牧专业合作社理事长，世和联盟创始人，"一种直接饲喂粗纤维养殖方法"发明专利研发人之一。2009年当选郭家村党支部书记，设计了"八化一体新农村"的规划，从此踏上乡村振兴之路。

李云凤先后荣获全国三八红旗手称号、首届世界乡村复兴大会"神农奖"，云凤社获得"中国新农村建设"项目、国家社科基金重大项目合作伙伴等殊荣。

» 先把人做好再做事，就没有做不成的事。

» 我们将以追求产品品质提高和产量增多的生活防卫型自然农业为基

点，用辛勤的汗水浇灌我们栖息的这片热土，以使被扭曲的农业、农村和农民的才能恢复生机勃勃的面貌。

» 我办的合作社，要考虑到方方面面。所有养殖户的事都是我自己的事，我把他们当成家人来对待，不仅帮助他们解决养殖困难，还帮助他们解决资金困难、养老等问题。

专家点评·胡跃高

李云凤探索的发酵床养猪合作社经验，发人深省。

生态文明是因工业文明危机而产生的文明形态。工业文明的本质特征是不可持续性，表现为经济不可持续发展，生态不可持续发展，社会不可持续发展。与此相反，生态文明的本质特性是可持续性，要求经济可持续发展，生态可持续发展，社会可持续发展。从2020年新冠肺炎疫情暴发以来的人类社会基本特征看，从工业文明向生态文明的过渡已经开始。世界已经进入生态文明时代。

由工业文明走向生态文明要解决两个理论问题：第一，既然工业文明是对农耕文明的扬弃，其结果为城市发展，乡村衰败，那么生态文明如果是对工业文明的扬弃，未来将在多大程度上实现城市化逆转与乡村振兴，从而实现乡村经济、社会与生态的可持续发展目标？第二，如果乡村振兴的目标任务是实现乡村经济、社会、生态可持续发展，那么在工业文明占主导地位的情况下，将通过怎样的方式，一步步过渡到生态文明？

多数研究者对第一个问题的回答显然是一致的。我国乡村振兴战略的提出与全国民众的支持就是解决这一问题的明确答案。于是当前紧迫的任务便落在了回答第二个问题上，即要在全局意义上探索由工业文明向生态文明过渡的路径与方法。

工业文明时期的工业化农业是以资本为意志的发展方式，其结果是将传承数千年的乡村先后剥离了社会功能与生态功能，残存的生产功能经历简单化、规模化、标准化、专业化、化学化、垄断化，直至无人化改造，形成了今天的食品安全问题、粮食安全问题、乡村社会安全问题、生态环境安全问题、国际农业安全问题。五大农业安全问题同步爆发是工业文明泛滥的结果。

工厂化养猪业是工业化农业过程中的一项生产内容，平行的有工厂化肉鸡养殖、工厂化蛋鸡养殖、工厂化肉牛养殖与工厂化奶牛养殖。工厂化的养殖业，加上工业化的城市社会，必然要求工业化的种植业与之相适应，其结果为农业综合效益持续降低，传统农业遗产被恣意剖割。

美国经济学家布罗克在《美国产业结构》（2011年第12版）中指出："美国用以取得高生产力和低食品价格的产业模式是通过一致化来提高效率的模式。如口味、对环境的影响、健康和食品的安全、动物的待遇、对小型农场和乡村社会的影响等受到的关注远远小于人们预期的正常水平。这就是市场竞争的弱点之一；不能简单地被市场价格所反映的性质，几乎得不到生产者或消费者的关注。"他将工业化农业的弊端讲得明明白白。

在生态文明方向已经明确的今天，开拓出具体的乡村振兴的新路是重要课题。我们的理想是找到一条"一箭五雕"，一举解决五项农业安全问题的途径，而这样的道路只能在乡村建设的实践中探寻。吉林郭家村让村民共富养老的发酵床养猪合作社探索的就是这样的道路。其功能为：第一，猪肉品质好，有助于解决食品安全问题；第二，种养结合，肥沃土壤，有利于解决粮食安全问题；第三，积极养老，共同富裕，有助于解决乡村社会安全问题；第四，生产、生活的生物资源循环利用，高效节源，为解决生态环境安全问题提供了重要手段；第五，养猪是农民的家业，推而广之，可望成为实现乡村振兴的重要途径，进而有利于解决国际农业安全问题。

世界家猪的老家在中国，中国农业有"猪粮定天下"的美誉。中国养猪业因工业文明而离开乡村，因生态文明而返回乡村。

专家简介

胡跃高，中国农业大学农学院教授，山西农业大学兼职教授，中国农业大学防治荒漠化工程研究中心主任，科技部国杰老教授科学技术咨询开发研究院（简称国杰研究院）乡村振兴战略研究中心主任，中国生物多样性保护与绿色发展基金会（简称中国绿发会）心·田计划发起人。在农作物栽培耕作技术、草业工程、防治荒漠化工程、全域有机农业建设、农业安全工程、区域农业可持续发展、全球农业可持续发展、第六次产业革命领域有深入研究。

第五篇

艺术可兴村　文化能富村

福建·龙潭村

浙江·沿坑岭头村

四川·明月村

福建龙潭村

文创赋能让传统村落重生

解读专家：姜志燕

2019年8月4日，习近平总书记在祝贺福建省寿宁县下党乡实现脱贫的回信中深情寄语，希望乡亲们"积极建设美好家园，努力走出一条具有闽东特色的乡村振兴之路"。何为具有"闽东特色的乡村振兴之路"？如何践行习近平总书记的殷切嘱托？以龙潭村为代表的屏南古村，面对传统村落"空心化"严重、文化和建筑遗产丰富、民情淳朴等状况，决心走一条与本地资源禀赋相匹配的路子。

福建省屏南县龙潭村曾是闽东北驿道交通网上的"大村"。20世纪80年代，户籍人口1407人。随着时代发展，龙潭村被工业化浪潮边缘化，变成交通闭塞的留守山村和"空心村"。2017年前，村内仅剩100多人留守，是福建省级贫困村。龙潭村虽然拥有丰富的历史文化遗产、良好的生态环境、淳朴的民情，但无力激活为内驱动力，发展举步维艰。这也是横亘在所有交通不便、"空心化"传统村落面前的时代难题：如何通过文创为传统村落赋能，激活其内生动力？如何发展传统村落的旅游和相关产业，实现业态兴旺？如何通过政策筑巢引凤、吸引乡贤和外来人员安家？龙潭村走上了以文创整合资源、发展乡村的道路。

一、筑巢引凤，吸引众多艺术家落户龙潭

面对龙潭村等传统村落乡村文化传承活力丧失的困境，屏南县政府开启了将文创作为乡村振兴的突破点和引爆点的尝试，以此来唤醒群众自信，激活蕴藏在古老土地上的内生动力，走出了一条龙潭模式的乡村振兴之路。"龙潭模式"是集体智慧的结晶，捧薪添火、接棒续力者难以尽数。本案例以"龙潭模式"重要扛鼎人、屏南县传统村落文化创意产业项目指挥部原第一副总指挥长周芬芳和屏南县传统村落文创产业总策划林正禄阐述的视角切入。

1. 三级联动，启动文创兴村。龙潭村是国内少见的集中连片的保持传统生产方式和生活方式的村落。这样的传统村落，屏南县有几十个。为活化传统村落，2017年5月，屏南县成立了包括时任县政协主席周芬芳在内的传统村落文创产业项目指挥部，一系列指导性政策也相继出台。屏南县每年安排专项财政预算1000万元

龙潭村貌（李忠民/摄）

用于包括龙潭村在内的一批传统村级文创产业引导、扶持和孵化，推动文创人才和企业集聚。龙潭村所在的熙岭乡的干部和龙潭村的干部、群众表达了改变乡村现状的强烈而积极的愿望，争取到了首批文创试点的机会。

龙潭村的干部和群众都非常珍惜这次历史性的机遇，积极与县委、县政府主要领导担任总指挥长的传统村落文创产业项目指挥部互动，形成了县、乡、村三级力量齐抓共管、上下联动的良性格局。包括屏南县传统村落文化创意产业项目指挥部第一副总指挥长周芬芳在内的县分管领导经常驻扎在龙潭村，县文创办提供跟踪式服务。小小的龙潭村像一块磁铁，时刻吸引和牵绊着各级干部的心。

2. 筑巢引凤，吸引能人。为破解人员流失、"空心化"难题，周芬芳所在的屏南县文创指挥部制定了完备的吸引文创人才和新村民的政策，具体包括：给予高端文创人才及团队"特殊待遇"，实行县领导挂钩联系、"一人一事一议"，并赋予文创人才在乡村建设治理中足够的话语权和主导权；实行创新返乡创业奖补政策，对本地农民、返乡驻创的新村民或企业，给予5000元至3万元的开办补助和一定的租金补贴或税费补助。在完备的政策、得天独厚的自然资源和丰富的文化遗产的吸引下，知名文化人、大学教授、学者等"新乡贤"纷纷来到屏南。其中，艺术家林正禄就是周芬芳引进的屏南县传统村落文创产业总策划、龙潭村文创负责人。为了让林正禄在传统村落内安心发展，屏南县文创指挥部提供了独立的工作室、工作补助等待遇。周芬芳做好沟通桥梁，保证林正禄具有足够的话语权和主导权，并得到当地干部和群众最大程度的接纳和尊重。

二、人人都是艺术家，让村民成为文创新主体

文创扶贫和振兴乡村的第一步便是改变村民的观念，增强其自信。在林正禄的建议下，屏南县在双溪镇安泰艺术城创建了大型画室，营造文创和艺术氛围，培养群众的文化感。龙潭村选送了30多位村民作为"文创种子"到安泰艺术城参加林正禄主持的"人人都是艺术家"公益艺术教学活动，由政府补贴食宿费用。这一举措旨在推动农民学习画画的同时打开其眼界和心扉，增强自信，为新村

村内的公共画室（韦宇教/摄）

民到龙潭实现"软着陆"做好铺垫。此外，周芬芳还帮助残障人士创立画室、工作室，让他们重新发现自己的价值。龙潭村村民对文艺的向往逐渐强烈起来。

作为屏南县传统村落保护工作负责人，周芬芳希望在引入新文化元素的同时，本土文化遗产得到最大程度的保护和传承，并借助新兴传播渠道和文创手段，得以进一步弘扬光大。在周芬芳的呼吁下，在林正禄的策划下，龙潭村建起四平戏博物馆，村"两委"果断复兴了文艺剧团，国家级非物质文化遗产四平戏的戏班子重新开班，对新老村民进行授课，积极推动四平戏走向市场，盘活这门古老的戏曲艺术。省级非物质文化

遗产红曲制作与黄酒酿造技艺的制作技艺重新被利用起来，村里建起红曲黄酒博物馆，做起了黄酒品牌，传承酒文化。文创真正做到了为文化遗产和当地产业赋能。

三、文化招商、全国首创"居住绿卡"吸引新村民

1.升级扩容，美化塑形。乡村基础设施和公共服务落后，缺乏新文化承载容器是人口外流和吸引人才困难的重要原因。对此，龙潭村开展了提升公共设施和清洁卫生工作。熙岭乡政府迅速下拨10万元，动员龙潭村的干部、群众进行卫生大整治，共清理出200多吨垃圾，使村容村貌焕然一新。林正禄参与和主要负责的公共空间修复和艺术空间修建工程也逐步开展。村内公共道路、排水系统、停车场等基础设施都在一年内建成。组织本地老工匠用老手艺、本地材料修缮寺庙、祠堂、戏台等传统公共建筑。美术馆、图书馆、展览馆、党校、学校等公共建筑先后落成；咖啡馆、书店、酒吧、博物馆、音乐厅等文化休闲空间也纷纷落地，文化筑巢工作开展得红红火火。

古村的夜晚（韦宇教/摄）

2.拯救老屋，制度创新。一方面，通过文创塑魂；另一方

面，通过"拯救老屋"工程塑形，为新村民安居和发展产业奠定基础。

传统村落老宅通常拥有众多的产权继承人，保护和利用困难。以周芬芳为代表的屏南县委、县政府领导经过研究，率先设计并推出了"以修代租、以用代保"的市场模式：村民将闲置、破败的老宅出租给村委会，租金较低，租期为15年。村委会通过"文化招商"的方式将老宅出租给新村民。新村民出资对老建筑进行修缮，村委会代为监督管理，租期也是15年。政府公信力可以降低新老村民因失信而产生纠纷的风险；政府介入可以很好地平衡原村民利益和新村民意愿之间的矛盾，促使项目更好地推进实施；政府代为监管，可以更好地保障房屋修缮质量。灵活的机制，很好地激发了村民修缮和保护老屋的积极性。

为控制修缮成本，保证修缮工程质量标准，村委会进行了一系列制度创新：统一采购建筑材料，统一聘请本地木工、瓦匠等进行施工。据统计，每栋建筑修缮的综合造价每平方米约1200元，重建成本每平方米在2000元以下。

3. 全国首创"居住绿卡"。城乡二元制结构导致目前城乡机制对接方面普遍存在问题，需要进行双向破解

已修复好的老宅（李忠民/摄）

和探索。与农民进城无法享受公共资源一样，龙潭村新村民入乡也遇到了社会服务阻碍。对此，周芬芳与屏南县文创指挥部领导决定，让龙潭

和谐幸福的村庄（李忠民/摄）

村新村民享受与当地群众一样的就医、社保、保险、子女入学等服务，创新性地向龙潭村新村民颁发居住证。这一破冰举措让新村民正式成为龙潭村大家庭的一员。在当地签订的房屋租赁合同超过15年、长期居住6个月以上的新村民根据个人需求和居住时限，都可以申请领取居住证。

四、艺术引领乡村振兴路，文创脱贫创造龙潭新模式

1. 艺术引领乡村振兴新道路。周芬芳、林正禄等带领龙潭村群众，探索出了一条"党委、政府+艺术家+村民+古村+互联网"的文创推进乡村振兴新路。自2017年6月实施文创助力传统村落扶贫以来，通过免费培训走上创作之路的农民画家有500多人，通过自媒体及电商等渠道累计卖出画作1万多幅，总价值2000多万元，有大约1/3的创作者每月可通过卖画增收500—5000元。

2. 文创脱贫创造龙潭新模式。依托文创旅游引流能力，带动贫困户农副产品的销售，大力推进文创产业与农业生产相结合，开发了一批民俗文化体验型、绘画摄影写生型、红色精神教育型、村落影视基地型的

特色村落，推动传统古村落餐饮、民宿、商贸等业态发展，带动更多的群众脱贫致富。村民年人均收入从2017年的7900元提高到2020年的18350元，村财政收入从11.3万元提高到26万元。龙潭村因此成功摘掉了省级贫困村的帽子，成为"网红打卡村"、明星村、第二批全国乡村旅游重点村之一，被住建部列为乡村建设优秀案例。

屏南县采用"工料法"建成和在建10万元以上村级项目有79个，累计投入资金7545万元，活化利用了老宅50余处，引入外部资金近千万元，节省资金2100余万元，发放人工费1769万元，参与投工投劳的村民、工匠多达200多人，通过参与项目人均年增收3万元。有20多位工匠师傅重拾中断多年的工匠手艺，有的还获得福建省农村建筑工匠证书，实现传统技艺的传承。

在林正禄的建议下，龙潭村村委与新村民一起将龙潭小学教学点恢复成完全小学，从1名老师、2个班、6名学生发展到现在有10名支教老师、6个班、41名学生。不但村里的孩子有学上了，来自北京、武汉等地的新村民的孩子也转学到这里就读。龙潭村正在成为一片充满希望和美好未来的土地。

3. 龙潭启示：文创是短板，也是乡村未来新希望。文创是当前中国乡村建设工作的短板，也是乡村未来发展的必由之路。

龙潭小学的师生（李忠民/摄）

乡村文化在乡村生产和生活中，在村子的角落里，更在村民的心中。承接传统，连接未来，多形态的文化体验构成了这些古村落文化的活态存在，由此营造出的新的生活方式，成为龙潭最吸引人的地方，也为这里带来了更多新机遇。入驻的新村民、回流的老村民携带着各自对文明的思考，聚集在龙潭村，呈现出过去与未来、传统与现代的文化共生和共荣。龙潭村的文创探索不只取得了很好的效果，而且已经形成了一整套成熟的经验模式，对全国其他乡村具有比较强的借鉴和启发意义。在屏南县，我国乡村文创时代已然开启。乡村振兴从某种意义上来说，是对乡村价值再认识、再梳理、再挖掘的过程。通过赋能再造，乡村各个方面的价值能得到充分体现，乡村振兴自然就实现了。现在，年轻人都不愿意待在农村，很大的原因在于乡村的农村资源都是"散、乱、小"的状态。屏南正是通过文创让很多看似无价值的东西重新散发出独有的魅力，让似乎是"没用"的人实现了自己的人生价值，让很多偏远逼仄、已经败落的村庄成为人们向往之地。龙潭模式的意义不止在龙潭村实现振兴，"屏南实践"的意义也不止于屏南县实现发展。我国目前有52.58万个行政村、261.7万个自然村，哪些村庄可以学习屏南文创的经验是更具有普遍意义的现实课题。

故事人物金句

林正禄 艺术家、画家，网络红人，"人人都是艺术家"公益艺术教育项目发起人，屏南县传统村落文化创意产业项目总策划，负责龙潭村等传统村落文创指挥和老宅修复工作。6年时间，他为龙潭村引进新村民100多名，目标是把屏南县150多个空心化村落打造成文化创意硅谷。

» 人人都可以学习画画，人人都可以成为艺术家。希望学习者通过画画这种艺术行为感动自己，让生命更加有意义。

» 在新媒体时代，在任何角落，只要你有才华，都可以得到认可。美好的生态环境与独具创意的人才聚合就会成为关注点。

» 绝妙的创意加最生态的环境可以搭建出最具诗意的生活空间，自然会引来全国各地包括国外的年轻人在这里创业生活。

» 智能时代的伟大是把每一寸土地激活，地理大开发正在发生。智能与文化创意产业植入空心化村庄、梯田以及漫山遍野的森林，其价值被激活了。

» 新村民必须是对创意敏感、有激情的人，他们来这里不能只是为了享受龙潭的自然山水和恬淡生活，更要做古村活化的践行者和推动人。

周芬芳 曾任屏南县人民政府副县长、县政协主席，福建省历史文化名镇名村专家服务团成员，福建省传统村落保护大使，组织和领导屏南县文化遗产保护和研究20多年，屏南县传统村落文化创意产业发展项目指挥部第一副总指挥长，引进多位文创能人，深度参与龙潭村活化过程。

» 在古村落文化保护领域，自觉意识和决心固然重要，但如果没有专家的指导，只靠自己摸索，无异于盲人摸象。不能闭门造车，"借脑引智"很重要。

» 机遇与挑战并存。"人人都是艺术家"公益教育活动即便不能激活古村，至少也能发挥公共艺术教育的熏陶作用，提升村民的生活趣味。

» "龙潭精神"有着丰富的内涵:"不精彩毋宁死"的文艺精神、"不自由不成活"的独立精神、"不屈从庸常"的突破精神、"深切关照世界"的公益精神、"执手前进"的协作精神。

» 我坚信屏南近几年探索乡村文创路径方向是正确的,将吸引更多天南海北的朋友和四面八方的力量融入文创推进乡村振兴队伍。这条路,我们一定会越走越宽广。

» 我们的目标是把龙潭村建成国际性的当代艺术、诗歌、文学、影视、动漫的发生地与输出地,中华民族传统文化生活的寻根地,这不仅体现着对历史的尊重,更是对新时期保护古村落文化遗产的新探索、新实践。

专家点评·姜志燕

1.文创是传统村落的"引爆器",用艺术唤醒乡土,用创意激活乡村,可以探索挖掘乡村这座金矿的巨大价值。传统村落要被重新激活,必然依托其厚重的文化基础,用文创为传统赋能。龙潭村有传统的寺庙、宗祠和礼堂等相关文化设施,还保留了四平戏、红曲酒等非物质文化遗产,因而具有独特的文化吸引力。人们在乡村老宅里开展公益美术教育等各类文化活动,创造了新文化。新文化与村落传统文化融合共生,丰富了当地村民的文化生活,也改变了村民的生活方式,吸引了许多乡村教育志愿者、文化创意工作者和文化旅游经营者入驻龙潭村。

2.传统村落活态保护与发展要以政府、村民、市场三者联动共赢为目标。在传统村落保护工作中,政府的责任是明确保护的要求,统筹并做好基础设施建设和农村人居环境治理工作,保障相应的公共服务能力,为社会法人、城里人下乡承租和修缮古民居提供必要的外部条件。村集体要善于组织运营,把濒危的古民居作为重要的保护对象,同时严格按照传统村落保护要求予以修缮。进入农村从事传统村落和古民居保护的社会资本和个人,要尊重农民权益,尊重自然,尊重传统,尊重地方礼俗,融入农村发展。

3. 创新老宅保护和利用方式有助于城乡住房制度破冰。当前,我国尚未完成对农村住房制度的法理认定,因此实现现行国家住房制度下的城乡住房直接转让交易还需要一个较长的过程。这也是龙潭村探索"以修代租、以用代保"的老宅保护利用方式的主要原因。因为目前还不具备从市场交易层面直接提升古民宅价值的体制和条件,龙潭村的探索在市场机制层面具有深层意义,农村闲置房屋和濒危古宅承租、修缮、让渡使用的法理依据,农村废弃宅基地和农民住房进入市场长租的政府管理,古村老宅重现历史文化价值的多元方法,这些方面龙潭村可以继续深入进行。

4. 城镇化和逆城镇化同步发展有利于促进城乡一体化进程。龙潭村为进村居住的城市人发放居住证的探索,既是乡村对城市触碰的善意接纳,也是对城市继续向乡村走近的呼唤。龙潭村迈出的一小步是中国乡村和城市融合发展跨出的一大步。在一个全新的乡建模式中,城市人口和资源顺利向乡村回流。在这片试验田中,我们看到了历史正在转向,看到了星星之火在跃动。中国200多万个乡村等待振兴。中央从各方面创造条件,吸引离乡人口返乡,也鼓励城市人"下乡",参与乡村建设和发展。龙潭村不但做到了引人回乡、引才留乡,还用"龙潭绿卡"将这一成果确定下来。从这个意义上来说，龙潭村作为古村保护和活化经典案例、文创振兴乡村案例，其模式对实现城乡融合发展和逆城市化开启非常有价值。未来乡村的发展趋势是乡村振兴嵌入城镇发展，城镇发展嵌入全球发展，形成"农村—城镇—全球—城镇—农村"循环嵌入的闭环体系，城镇化促进经济增长和城镇等级的提升，逆城镇化促进城乡一体化发展与共同繁荣。

▌ 专家简介

姜志燕，中华民居杂志社主编、中华民居智库创始人。发起并主持"中国古村落活化与保护论坛"等系列论坛、"中国双优古村镇""中国历史保护示范街区（镇村）""中国传统村落活化最佳案例"等系列评选活动、"寻访中华乡愁"大型活动和系列报道，担任全国多个传统村镇活态保护文化顾问。

浙江沿坑岭头村

让山村成为"画家村"

解读专家：叶培红

沿坑岭头村，位于浙江省松阳县城西南部最偏远的枫坪乡，距县城65公里。村子嵌在海拔730米的高山之腰，全村共120户，总人口351人。村民以叶姓为主。据族谱记载，清朝康熙年间，叶姓始祖芝六公因躲避战乱从松阳古市迁居至此，繁衍至今已22代，有300多年的历史。村庄周边有耕地369亩、林地1379亩。由于地处偏远，沿坑岭头村一直仍保持着土墙黑瓦的原生态建筑特色，土墙黑瓦的古民居依山建造，高低错落有致，周围群山环绕，视野开阔，空气纯净，长年云雾缭绕，瞬息万变；村里还有180多棵树龄在200—300年的野生金枣柿树。据浙江省林业部门调查，这是全省最大的野生古柿子树群。每到秋天，火红色的小柿子挂满枝头，景色美如画。2014年，该村被列入第三批中国传统村落名录。

然而，这样一个自然环境优美的乡村，20世纪末以来，遭遇了和许多乡村一样的空心化趋势。村中青壮年劳动力大多外流，留下的只是一些守着日渐残旧的老宅和荒芜的山地的老人。2012年，经乡政府讨论，该村被列为需要整村搬迁的行政村。就在这个300多年古村即将消失之际，浙江丽水学院来了一位画家，从此改变了这个村的命运，沿坑岭头村从一个要搬迁的乡村变成一个在画家圈内闻名的"画家村"。

一、一个画家的到来，改变了沿坑岭头村的命运

2012年，丽水职业技术学院油画专业副教授李跃亮主动要求下派到学院对口扶贫的枫坪乡作为农村工作指导员挂职。他最初只是想到乡下直接生活于大自然的原生态之美中，为自己的创作注入新的灵感。到枫坪乡后，他又担任了沿坑岭头村党支部第一书记。当时县政府已基本同意推进该村的搬迁工作，就等着落实搬迁地点。

第一次走进沿坑岭头村时，李跃亮感觉这里确实贫穷荒芜。全村100多户人家的房子呈星状散落在落差有200多米的一个山坳里，既没有一幢古人留下来的大院深宅，更没有今人所建的现代化庭院，大部分是建村以来各个时期的普通民舍。因交通不便和农业收入低微，有点闯劲的年轻人都出去打工或谋求其他生路了，还有

李跃亮

一些村民则搬到镇上或县城，不少空房子仅剩一副残破的屋架在风雨中飘摇，全村只剩下80多名老人和孩子。确实，作为当时整个松阳县最穷的村子，沿坑岭头村看不到什么脱贫的希望。

但几次进村观察之后，李跃亮以一个画家的眼光，在没有被破坏的自然环境和村子的破败感中感受到一种沧桑之美。在青山逶迤、云雾飘动和古树怀抱中的黄墙黑瓦、长了绿苔的祠堂和古树边香火不断的微型小庙，这一切仿佛在诉说着历史的变迁和天地自然的亘古不变。尤其是180多棵两三百年树龄的高大的野生柿子树，呈现一种古老苍劲、生生不息的生命力。秋天到来的时候，枝头挂满金灿灿的小果子，和村子里的黄墙黑瓦交相辉映，美得令人惊叹。

后来，李跃亮得知，早在唐宋时期，这种柿子就被烘制成晶莹剔透状如红枣的柿干果。因色香形俱佳，宋代著名诗人苏东坡到松阳品尝过之后誉之为"金枣柿"。

被自然景色吸引的李跃亮开始频繁地走进村子。他在村子高低不平的土路边，在山坡上，支起画架，在画布上画下沿坑岭头村之美。画面上村路和黄土墙的房屋门前，老人和狗悠闲地晒着太阳，鸡三三两两随意在路边或菜地里找食。残垣断壁旧梁，在夕阳

▍金枣柿树

拂照里留下斑驳的影子，这一切是如此和谐，但又传递着一种无法言说的凄美。那段时间，李跃亮一口气画出了多幅表现沿坑岭头自然景观和风土人情的油画。

显然，金枣柿树以及画家眼中的这些美，似乎并不能挽救沿坑岭头的日益衰落。如果整村搬迁，随着最后留守的村民下山，这个村子也就自生自灭了。

李跃亮感到心痛。想到激发了创作激情的村子今后将不复存在，他开始觉得自己必须做点事情，这样也许能拯救这个村子。

然而，用什么力量才能拯救这个村子，让它继续存在下去？

在李跃亮的眼里，这个村子依山而建形成的错落有致的格局、院落前后树木果蔬之间的间隔和连接，都体现着古人的智慧和农民的勤劳以及与自然山水之间的和谐依存关系。他不禁想，只要是画家、摄影家都会喜欢这里。

几经酝酿，他有了一个设想：利用自己的资源，让沿坑岭头村成为画家们都爱来写生的"画家村"！

李跃亮计划先从沿坑岭头宣传推广方案开始，并设计出一个"三步曲"的宣传推广方案。当他将方案和乡里的领导一说，没想到马上得到了他们的支持。

"三步曲"的第一步：用他的画告诉同行，浙江松阳县有一个叫沿坑岭头的乡村，是一个具有原生态美的适合写生的地方！

李跃亮的创作激情因此再次勃发，一批以沿坑岭头的风土人情的油画在激情中诞生。他用这些画在丽水连续举办了三次油画展。一时间，丽水区域内的画家和绘画艺术爱好者们，通过李跃亮的画，都知道了沿坑岭头村。

第二步：联系丽水市文联、美协在沿坑岭头村举办活动，并邀请省美术界的代表来参加，还在村里有着200多年历史的叶氏祠堂搞了一次全市画家画枫坪的展览。于是，在较短的时间内，浙江本省的画家都开始知道，有一个风景优美、特别适合写生画画的村子叫沿坑岭头村。

第三步：李跃亮广为联系全国美术界的老师、朋友、同学，邀请国内外知名的油画家到沿坑岭头村写生创作。2013年4月，李跃亮的油画作品《枫坪沿坑岭头》获浙江省2013年油画展的最高奖。仅过了两个月，国内著名油画家、浙江省自然油画院院长郑毓敏就慕名来到沿坑岭头村，并进行了为期一周的写生创作。于是，紧随着国内的名家，很多美术工作者、学艺术的学生也来了，小山村一下子得到了全国油画界的关注。

正是由于李跃亮的三步走，沿坑岭头村的命运从此改变。在县、乡两级政府的大力支持下，沿坑岭头村从原来的搬迁之路走上各方支持的振兴之路。

二、从写生亭到民宿业，画家与农民共建的"画家村"

村民共建写生亭。考虑到沿坑岭头村风景高低错落的特点，为了让从各地来写生创作的人能全方位多角度地取景，李跃亮经过精心观察，从写生角度考虑，结合自己的创作过程和体验，动员村干部，组织农民在村子的不同位置建了5个"写生景观亭"和4个"写生平台"。

在建设写生亭的过程中，李跃亮让全村人都出工出力出智慧。他的主导思想是，既然吸引画家来是为了让这个村恢复生机，那么就要让每个村民都有参与的意识。同时，村民也能从这些工程的建设中得到经济收益。建写生亭的所有木料都是从本村老屋倒塌的主人那里购买的，所有用工，包括木匠、泥瓦匠、篾匠，全是本村的能工巧匠。这5个亭子建造的费用，仅花了7万多元。如果按当初设计标准请外面承包商建设，少说也要20多万元。通过这个过程，"画家村"的规划建设也渐渐收到了聚民心、集民智的社会效益。

亭子建好之后来沿坑岭头村画画写生的画家、美术学院的师生更多了。中国美术学院教授评价，沿坑岭头村美术写生的亭子是国内美术写生基地的创举，它非常专业地考虑到画家需要什么，并且能使画家和美术学院的学生在野外写生时有很舒适的创作环境。

民宿业应运而生。在乡党委、政府和李跃亮的大力宣传推广下，村子的人气渐长，原本"空心"的村子有了人来人往的活力。但起初村内并没有住宿和餐饮，来村子写生创作的人必须每天往返于乡政府所在地的枫坪公寓与村子之间，交通不便，时间成本也较高。李跃亮又产生了新的想法，如果将沿坑岭头的民宿业发展起来，无疑既让来"画家村"写生的人们更为方便，也为村子的经济发展找到了新的产业。

对于利用住房改建民宿，刚开始村民非常有顾虑，就算政府有补贴，自己还是要投资，改造好了没有客人来住怎么办？为了打消村民顾虑，第一批民宿改造，李跃亮义务帮助村民设计，用4个月的时间，以比较低的投入做到尽可能好的质量。2014年3月，村内3家民宿最先开始营业，虽然条件相对简陋，仅满足基本的住宿需求，但连着3个月床位都是爆满的，50多个床位3个月收入达到10万元。因为可以住在村里，不用每天返回乡里或县城驻地，美术院校来这里写生的师生更多了，很快

50多个床位就不够了。其他村民看到了希望，第二批8户也主动要求加入做民宿业。由于有了成功的经验，一些外出做生意打工的村民都放心回来投资了，不到一年，民

沿坑岭头村的民宿

宿从3家发展到10多家，投入资金和档次也有了大幅度的提高。随着示范性的"柿子红了"民宿于2014年10月正式投入运营，沿坑岭头村诞生了精品民宿，成为全丽水市起步最早的精品民宿项目。2015年，"柿子红了"被评为"浙江省十大小而美"民宿之一。

从此，各地要求前来写生创作的预约不断，村民自办的民宿农家乐一下子就如春潮般地涨了起来。民宿的名称也独具诗情画意：云上日子、清泉人家、翠竹小筑、曲径通幽、仙谷幻景、妙境在我、雾海探胜……2014年至2019年，沿坑岭头村累计接待写生团队7.6万人次，实现总收入561万元。这个原本要消失的乡村就这样成了闻名的"画家村"。

三、从画家民宿到合作社，走向合作共富路

2016年，李跃亮结束了乡村指导员工作，回到丽水市职业技术学院继续美术教学和创作生涯。但他与沿坑岭头村的纽带关系并未因此中断。他经常带着画家去村里的美术馆小住，暑假还会在美术馆办培训班。

"画家村"让沿坑岭头村焕发新生,也吸引了外出的能人回村。就在李跃亮离开沿坑岭头村的当年,在外边办广告企业多年的叶晨波回到村里并被选为村委会主任。他以自己多年的品牌营销认知和经验,对沿坑岭头农产品进行了品牌策划和营销,在"画家村"的平台上让产业拓展和扩增,带动更多的村民富裕。他首先带领村民成立了"柿子红了农旅专业合作社",让合作社成员的民宿和农产品都共享品牌效益。合作社先后共发展成员270余人,占全村人口的87%。其中外来新村民以资金入股50万元,15户村民以资金入股76万元,62户村民以289亩的土地经营权入股,13户村民以170亩油茶基地的土地使用权入股。合作社共有股份1000股,每股2000元,总额200万元,村集体、村民及外来资本分别占10%、65%及25%,形成了"合作社+村民+集体"的合作模式。同时,合作社还通过"干部帮、协会联、能人带"等方式,增强低收入农户"造血"功能,重点帮助合作社内有意愿创业的农民贷款融资。

合作社成立以来,初步走上了乡村品牌多元经营之路。2018年3月,"柿子红了"作为该村农副产品的统一品牌,通过了工商注册审批。合作社强调村民"合作、共同、共享、共赢",强调沿坑岭头出产的农产品"四不用"(不用转基因种,不用化学化肥,不用农药,不用除草剂)。2017年初,沿坑岭头村"两委"发动部分村民将原来荒废的耕

今日沿坑岭头"画家村"风貌

地重新整合利用，采用传统农作方式种植了 25 亩老品种高山水稻，亩产稻谷 750 斤，每亩平均实现效益 500 余元。同时还严格按照有机农业生产标准种植了 20 亩经济价值高的金丝皇菊，亩产鲜花 2000 斤，每亩平均实现效益 2100 元，既有效地增加了村民们的经济收入，又增添了山乡美丽景观，有效地实现了山区特色农业与艺术创作和乡村旅游的有机结合。合作社还通过组织化模式复垦抛荒农田 300 余亩，恢复油茶基地 170 亩，村民工资性收入达到 60 万元。2020 年，合作社种植了 147 亩的白及，每亩收成在 4 万余元，还与莫干山 10 家高端民宿、上海某农产品销售平台达成了分销意向。

除了农产品，沿坑岭头村的乡村手工艺也得到了恢复和传承。在长期的农耕生产生活中，沿坑岭头村一些村民掌握了多种传统手工技艺，有木匠箍桶、制鼓，有篾匠制龙灯，有泥瓦匠以传统"夯土墙"技艺造房，还有当地特产"金枣柿"的加工技艺。前些年空心化和城市化发展带来人们生活方式的不断变迁，许多传统手工艺面临难以为继的窘境。如何有效地使这些传统技艺复活，找到其与现代生产生活的契合点，恢复其实用性和提高艺术性，促使传统手工艺活态传承，是传统村落保护中的一个重要方面。木匠叶关汉有 30 多年的制鼓手艺，但是由于传统文化活动日渐衰落，鼓销路不好，他不得不长期歇业。李跃亮受金枣柿成为"善果"创意的成功启发，再次联手杭州的"自然公社"将叶关汉制鼓过程制作成微电影在微信平台上传播，效果立竿见影，陆续有厦门、杭州等地的客户下了多批订单，出现供不应求的局面。通过网络传播和网上销售等现代营销方式拯救了濒临灭绝的传统制鼓手工艺，又丰富了"画家村"的文化品位。2017 年，村里利用老民居改造"柿里艺宿"和"无羁"

两家高档民宿时，找来村里60岁以上的老年工匠，就地取材，采用夯土垒墙、榫卯木结构等传统建筑手工艺进行修复改建，既成功地打造了独具特色的高档民宿，又活态地传承了当地传统的民居建造手工技艺。

这个原先鲜为人知的偏僻小山村，就这样从差点消失的困境中走向复兴之路，成为一个以美术写生基地和民宿业为主，带动生态农产品和乡村手工艺多种业态发展的幸福乡村。

四、"画家村"的启示

沿坑岭头"画家村"的成功打造，从表面看得益于一个人拯救了一个村，但实际上在这个过程中，更重要的是建立了"优秀人才倡导，政府支持引导、村民主体共同参与"的发展机制。李跃亮提出建"画家村"的设想后，尽管当时乡政府已经决定该村整体搬迁，但时任枫坪乡乡长杨志峰对李跃亮的设想表示了极大支持。此后，枫坪乡党委、政府建立了由主要领导亲自挂帅，其他班子成员合力攻坚的工作机制。在李跃亮提出通过在村里建民宿来留住上山写生的画家和美术学院的师生之后，政府大力支持并出台了《传统民居改造利用工作实施意见》和《传统民居改造技术指南》，制订了详细的补助标准，指导、帮助解决民居改造过程中遇到的实际问题。同时，政府主导开展示范点建设，利用示范项目引领，引导村民举一反三，进行模仿式创造和建设。在民宿经营中，政府则帮助村民成立沿坑岭头"画家村"协会，组织全体民宿业主讨论协会的管理章程，做到有章可循。在村庄治理中，政府充分调动村民的积极性、主动性，共同参与"画家村"的保护发展活动。

沿坑岭头村正沿着可持续发展的乡村振兴之路往前走。如何让更多的村民能够返乡安居乐业，让乡村建设后继有人，依然是该村面临的一大问题。叶晨波谈到这一点时不无忧虑，他感到全体村民热爱家乡的情感凝聚力还不够，让一代代人对乡土文化作为一种根脉文化都能有共情和共识，是乡村振兴共同的课题，也是沿坑岭头村需要继续努力的方向。

故事人物金句

李跃亮 浙江松阳人，中国美术家协会会员、丽水职业技术学院教授、中国自然之声油画研究院上海分院副院长、丽水市美术家协会副主席。油画作品多次入展省级、全国展览，4次获浙江省油画展最高奖，部分油画作品被海内外收藏。出版油画专著2部，举办个人油画展5次。

2012—2016年，用艺术家的眼光和情怀，助力松阳县最为偏远的古村落——沿坑岭头村，从准备整村搬迁转变为全国知名的"画家村"，发展特色产业，提升村民收入，成为艺术助力乡村振兴的成功案例。2021年荣获"全国五一劳动奖章"。

» 传统村落的保护发展是系统工程，具有整体性，并非回归农村时代，而是寻求中华传统文化的根源，在传统与现代化之间寻求平衡点。

» 以当地居民为主体，推动村民对乡土文化的价值认知，吸引在外务工人员返乡创业，激活空心村，盘活农村资源。

» 传统村落的保护发展，要重视利用新媒体、自媒体、网络平台等技术手段，弥补偏远村落在交通、信息、市场等方面的劣势。

» 传统村落的保护和发展要充分发挥乡贤、地方文化名人及村干部的示范效应。"留住人"是一切保护、发展的基础。唯有村民安居乐业，才有可持续的乡村发展，才是真正的乡村振兴。

专家点评·叶培红

沿坑岭头村是一个以艺术激活乡村价值从而引领乡村整体复兴、村民走向共同富裕的成功案例。这个案例给我们带来的不仅是可移植模仿的经验，而且也给我们带来关于乡村振兴的一些新理念新思维的启示。

1.乡村价值需要有价值的眼光来发现。一个从现代城市化工业化进程的视角看来毫无资源和发展价值，唯有"整体撤村搬迁"任其消失的山村，奇迹般地得到了拯救，并且活出了特色，活出了勃勃生机——从故事的脉络来看，源于艺术家的审美眼光赋予了乡村再生的支点。但这里包含更深层次的内涵是，在21世纪的今天，乡村存在的价值需要以独特多元的视角去发现，去重新审视、解读，然后赋予它新的价值实现途径。"绿山青山就是金山银山"，这里所指的"金山银山"不仅仅是以资源直接变现为金钱数字来衡量的财富，而且包括乡村人居与自然构成的独特之美所具有的艺术价值、这种价值理念带来的文化自信效应以及重构乡村的丰富意义。以悠久的农耕文明为基础的中华民族天人合一、道法自然的哲学观基于对山水的敬仰，中国文人画的古典名作多为山水画，因为山水中包含着我们这个民族对天地自然的敬畏以及与自然共生的生态文明观念。即便是在空心村里,颓败的老房和周边绿水青山的呼应中也呈现出人与自然和谐共生的景观。李跃亮作为画家,正是以这种艺术价值观念和山水文化理念直接发现了这个即将消失的乡村潜在的价值,而这种发现有时候需要外来者的眼光,一个不是困于局内的有信仰有情怀的外来者的眼光。

2. 村民是乡村振兴力量的主体,只有村民共同参与才有乡村的可持续发展和共同富裕。仅有艺术家的审美情怀并不能直接转化为乡村复兴、乡村振兴的动力。发现了价值,还要实现价值,李跃亮助力沿坑岭头村成为"画家村"的实现过程一定要与乡村的主体即村民达成沟通与共识,从而激活乡村主体的内生动力。近年来,艺术家下乡的实例不少,"艺术激活乡村"也屡屡被提起。但很多"艺术激活乡村"的案例,不是艺术家成为乡村来来往往的过客,村民成为看客,就是艺术家们带着城市人居高临下的理想主义,将城市的做法和规划带到农村去"指点"乡村建设,导致无法落地,或是落地之后无法让作为主体的村民融入,从而带动以村民为主体的乡村产业发展,实现真正意义上的乡村振兴。李跃亮在沿坑岭头村的几年,最重要的工作是致力于激发全体村民的积极性。从建写生台到改造民宿,不仅用村里的土材料,施工过程也让全体村民参与,村民既得到经济实惠,又有了强烈的参与意识。最后形成的"画家村"主人是村民,画家和美院的师生们是客人,然后主客体产生了良性互动,乡村由此形成了一个服务于艺术的产业链。由于产业的恢复与升级,外出打工的青壮年回归乡村经营乡村,随着乡村的复兴转型为新型农民,让乡村的复兴有了可持续发展的内生力量。

3. 合作社模式可以有效促进乡村产业发展走品牌之路,促进全体村民增收。多年来，村民们习惯了各自为营的生产模式，在"画家村"开始的民宿经营中就出现了争客源收入不公的矛盾。在李跃亮和村"两委"以及枫坪乡政府的领导下，成立了沿坑岭头"画家村"民宿协会，这是沿坑岭头最初的乡村合作组织。民宿业有了管理章程，做到经营既以户为主，又有章可循，使民宿业主的经济收入更加稳定。2016年之后，"柿子红了农旅专业合作社"则做到了多业态深度融合发展，惠及全体村民。合作社注册了自有农产品品牌商标，打造的"柿子红了"农业品牌，全体村民共享，做到了一家一户生产经营做不到的事，从而大大提升了农产品的文化价值和经济收益。村民以往把金枣柿运到县城去"提篮小卖"，一斤不过5元。经合作社引进营销团队，进行文创包装，开展互联网销售，每斤售价达到50元。村民自制的笋干、梅干菜、赤豆等土特产也成为游客喜爱的伴手礼，比原来一家一户自行销售的收益有了跨越式提升。合作社后来采用股份制，则使没有能力从事生产的老人们也可以以土地、山林入股，参与合作社收益分配。这种模式使合作社真正成为带领全体村民共同富裕的组织。

专家简介

叶培红，《消费日报》理论部原主任，现任北京绿叶慈善基金会秘书长。曾从事新闻媒体工作20多年，长期关注全球化发展下的中国城乡生产、生活、消费方式的变化并倡导绿色发展。

四川明月村

农民与艺术家共建的诗意乡村

解读专家：董进智

在全国群星灿烂的美丽乡村中，有一个因艺术而"点亮"的诗意乡村，它就是四川省成都市蒲江县甘溪镇明月村。

明月村距离成都市中心90公里，属浅丘地区。全村面积11.38平方公里，辖15个村民小组，1237户，总人口4086人。明月村过去长期在传统农业里打转转，基础设施薄弱，经济发展滞后，农民居住条件较差，2009年前曾是市级贫困村。

2013年，一批艺术家从成都来到了明月村，以建设"明月国际陶艺村"为起点，明月村走上了一条农民和艺术家共建乡村的发展路子。几年来，明月村吸引了100多位新村民，兴办了陶艺等51个文创项目，培育了明月之花歌舞队等村民组织，举办了春笋艺术节等特色文化品牌活动。新老村民共同携手，明月村呈现"业兴、家富、人和、村美"的新景象。2021年，明月村农民人均可支配收入近3万元，比2012年增长200%左右。明月村荣获"中国十大最美乡村"等荣誉，成为中国乡村旅游创客示范基地、中国传统村落活化最佳案例。

明月村的发展引起了各方面的关注，新华社、《人民日报》、中央电视台等主流媒体都对明月村做过专题报道。2018年11月3日，中央广播电视总台"新闻调查"栏目还用40分钟时长专题报道了"明月村的文创路"。如今的明月村处处有诗意，是名副其实的艺术村。

一、从"两个村长"开始的明月村艺术兴村之路

明月村有两个村长：一个是担任行政职务的村长，另一个就是人称"拼命三娘"的"奇村长"陈奇。陈奇是土生土长的蒲江人，从四川大学文化产业运作与管理专业研究生毕业后进入成都文旅集团，先后参与过西来古镇的策划、运营及西岭雪山项目的策划，也曾担任地产公司高管。

陈奇和明月村的缘分要追溯到2014年，当时她还是成都一家商业地产公司的高管，从事商业地产策划和运营的工作，也是民办公益阅读推广机构"3+2"读书荟的志愿者。4月的一天，"3+2"读书荟发布通知，当年的理事会在明月村举行，她与明月村的缘分便从那时结下了。

2014年4月，明月村还只是一个普通的村落，村里的那口有着300多年历史的明月老窑刚刚修复好，尚未对外开放。"3+2"读书荟的活动就在明月窑的拉坯区举行，参会的人喝的是明月村的茶，杯子是明月古窑烧制的。正是这一不能忘怀的情景、一次平常的读书荟活动促成了陈奇和明月村的初见，成了让她辞去工作，返乡投身明月村当新村民、新村长的原因。当年12月，陈奇担任明月村项目推进工作组组长一职。

陈奇刚到明月村时,这里只有一口明月窑,文创和乡村旅游还只是图纸上的概念。远离城市的喧嚣,当然也远离了便利,靠天吃饭的明月村要发展,面临最大的问题就是引进项目,这在很长一段时间里,也成为以陈奇为组长的工作组的主要工作。担任明月村项目推进工作组组长以来,她为自己申请了一个名为"奇村长"的微信公号。从此开始,明月村就成了全国少有的有两个村长的村子。

从一开始,陈奇就坚持引进项目考虑的不仅是吸引艺术家入驻,更重要的是引进项目必须跟当地的农业、手工业结合。

2015年1月,知名媒体人、作家、服装设计师宁远来到明月村。在这个小村子里,宁远看到了亲切热情的村民,还有成片的竹海和松林,于是她决定留下。她租下村民的房子并将其改造成草木染工房。那个夏天,陈奇每天都会前去查看宁远草木染工房的改造进展,"我们就这样静静地看着木匠师傅,不疾不徐地做出一个个物件。"陈奇说,无论项目如何引进,村民永远是明月村的主角。宁远在草木染工房完工后随即发起了村民草木染发展计划,村民可以在这学习、工作、创业,既传承乡土工艺,也配置当地产业。

在当地政府和工作组的努力下,作家、画家、建筑师、陶艺师等,越来越多怀揣乡村情怀

明月窑(何晓梅/摄)

的文艺人士成为明月村的新村民,引进的项目也越来越多,明月村"文创+农创"的业态发展模式越发清晰,发展势头鼓舞人心。

一组数据记录着"奇村长"团队的努力成果:两年半时间引进文创项目41个,带动本地村民创业项目30余个,2016年,游客达15万人,开设明月讲堂21期,明月夜校30期,村民培训上百次;明月村被评为中国乡村旅游创客示范基地、四川省文化产业示范园区。

"你看,我穿的衣服就是我们村的产品。"陈奇说,这种新老村民奇妙且和谐的共生关系,在带动本地就业、本地经济发展的同时,也让老匠人的手艺能够代代相传,"在这样充满创意的氛围里,孩子们能够健康成长,明月村的项目得以更持续地发展,也让我们能够留住乡愁,守望家园。"

明月讲堂第三十二期(何晓梅/摄)

二、活化传承:从"明月古窑"到"明月国际陶艺村"

明月村有烧制陶瓷的传统,至今仍保留着4口老窑。明月窑属"邛窑",始建于清康熙年间,沿用唐代工艺,300年来一直经过师徒手口传授,是不可多得的文化遗产。2012年底,民间陶艺师李敏从景德镇来到明月村，对邛窑进行了实地考察，形成《邛窑修复报告》。该报告认为，明月村的老窑是四川为数不多的"活着的邛窑"，有较高的文化价值和艺术价值，建议进行修复，保存文脉。

据此，明月村策划启动了"明月国际陶艺村"项目。计划用5年时间，依托本土陶艺文化，以陶艺手工艺文创区为核心，引进知名陶艺家、艺术家、手工艺品收藏家等，形成以"陶艺"为特色的艺术家集群、文化创意集群和"明月窑""扫云轩"等陶瓷创意品牌，打造西部第一、国内外知名的陶艺村。同时，以旅游合作社为主体，以文创产业为支撑，以乡村旅游为载体，实现文化传承、生态保护、美丽乡村建设的和谐统一，建成成都市新型知名乡村旅游目的地和美丽乡村建设示范。

"明月国际陶艺村"的打造分3期进行。第一期，2014—2015年，完成蜀山窑、远远的阳光房、谌塝塝微村落等项目，成立乡村旅游合作社，首期5个示范项目建成运营。第二期，2016—2017年，完成5—8个艺术类项目，陶艺手工艺文创区初具规模，形成明月国际陶艺村品牌；旅游合作经营项目扩大15—20处。第三期，2018年，完成7—8个艺术类项目，陶艺村项目全面完成。

难能可贵的是，在打造"明月国际陶艺村"的过程中，明月村始终坚持"三个不任性"——

游客体验陶艺（明月村/供图）

权力不任性、资本不任性、村民不任性。几年来，明月村不因领导意志而改变图纸，不因资本强势而放宽条件，不因村民私情而降低标准。

三、艺术生活化：让村民成为乡村艺术家

"明月国际陶艺村"的打造，得力于"外引+内培"的人才战略：引进一大批新村民，带动老村民素质的提升，大家都参与艺术乡村建设。

"外引"新村民。用情怀、资源和政策吸引人，引进国家一级注册建筑师赵小钧、中国工美行业艺术大师李清、美国注册建筑师施国平、服装设计师宁远等来自北京、上海、深圳、成都等地的100多位艺术家、建筑规划师、服装设计师、工艺美术师、作家，形成了一个充满创造力的生机勃勃的新村民群体，成为"明月国际陶艺村"建设的先锋和示范。宁远，曾经是四川卫视新闻主持人，获得过"金话筒奖"。2015年1月进入明月村，先后创办了"远远的阳光房·草木染工房""远家·文创综合体"。

"内培"原住民。搭建明月书馆、明月讲堂等培训载体，定期举办公益培训讲座。明月讲堂自2015年11月开班以来，已举办主题宣讲、专题讲座、交流分享会等55期，受众10万余人（含直播），北京大学艺术学院教授向勇、日本福知山大学地域经营学部教授涉谷节子、浮云牧场创始人余勇等国内外专家、学者登台演讲、交流。同时，以李清、宁远、李南书为代表的新村民，实行一年一张计划表、一人一个培训班、一月一场专业课，免费为老村民开展陶艺、书法、绘画、篆刻、草木染等培训。李清是蜀山窑创始人，蜀山窑带动明月村，一边研发产品，一边开展陶

明月村文创产品（张杨丽/摄）

艺培训，2016年以来已完成培训200多期，有1000多人次参与了学习，成功孵化培育了4家陶艺体验工坊。

创造返乡创业机会。孵化"明月天成果园""青黛""门前椿宿"等返乡大学生创业项目，吸引了返乡大学生江维、罗丹等150多名村民返乡创业就业，带动全村1200多户、4000多人共同参与明月村的发展。有国际贸易专业背景的江维，2015年参加新型职业农民培训，成为中级农业职业经理人。他流转经营40亩生态柑橘，将艺术元素融入农业生产过程，把农产品做成了精美的礼品。

走进明月村，很难看到由艺术家创作的公共艺术作品，但是，人们能强烈感觉到浓郁的艺术气息，其奥秘在于村民们把艺术融入日常生产生活，逐步实现了艺术生活化、生活艺术化，让寻常生活充满诗意。

营造艺术氛围。美化人居环境。保护茶山、竹海、松林等生态本底，推进景观梳理、绿道建设、风貌整治以及院落美化，使绿水青山成为"明月国际陶艺村"的底色。传承传统工艺。保护"明月窑"，引入蜀山窑、蓝染手工艺等文创项目51个，形成了多元化的文创产业集群。组织文艺活动。举办春笋艺术节、"月是故乡明"中秋诗歌音乐会、竖琴田园音乐会等特色文化品牌活动，打造《明月新村新面貌》《茶山情》等原创歌舞，孵化培育了明月村放牛班合唱团等特色队伍，参加国内外文化展示和交流。中秋诗歌音乐会已连续举办了6届，新老村民欢聚在明月湖畔，载歌载舞欢庆中秋佳节。注重艺术设计。设计覆盖环境、建筑、产品和日常生活。施国平设计的旅游接待中心，像"散落在田间的七朵花"，被住建部评为"第二批田园建筑优秀实例"之一，成为明月村的标志性建筑。浓郁的艺术气息把人们引入田园慢生活场景，让人们获得沉浸式体验。

改变生活方式。艺术融入改变了老村民的思想和行为，他们尝试创意产业、改造林盘院落、设计生活空间、转变生活方式。成立乡村旅游合作社，以"茶山·竹海·明月窑"为名片，推出自然教育、制陶和草木染体验等项目，打造集家庭农场、林盘民宿、农事体验、研学课堂于一体的旅游新业态。开启9家手工作坊，彭双英传承草木染传统工艺，创办"岚染工坊"，开发了体验、服装等4类、"海上生明月"等100多种产品，成为成都纺织专科学校的教学基地。创办12家民宿，杨彦菱和她的公婆一起开办的特色民宿"竹里·拾家"，有11间客房，因设计精美、布置温馨、服务贴心而赢得消费者的好评。家家户户都梳理环境、美化院落。土生土长的村民杨安全，整治环境、改造老屋，让生活有滋有味，还招来了客人。他深有体会地说，村里的环境美起来了，不是那种刻意的景观，而是自然形成的，看着花开的幸福感是花钱也买不来的。

四、政府助推：陪伴明月村成长壮大

"明月国际陶艺村"的打造，离不开各级党委、政府的领导。蒲江县委、县政府一开始就从蒲江县未来的发展格局中把明月村定位为"西部第一、国内外知名的陶艺村"，列入议事日程，从各方面给予大力支持。

成立"蒲江县'明月国际陶艺村'项目工作领导小组"，负责项目策划、规划、招商、推广和管理。顾问徐耘实际上是该项目的总负责人，他不仅有满腔热情，还有着丰富的人生经历和工作经验，为明月村建设呕心沥血，从策划到实施，每一个环节、每一个方面都有他的倾心付出。他强调"农事为先、农民为主"，这成了明月村艺术乡村建设的基本原则。在规划实施过程中，他坚持"没有投资，没有一个人可以进入明月村"，新村民也必须带着资本去。进入明月村的艺术家、规划师、设计师、作家不仅有看家本领，还有投资项目，如李清的"蜀山窑工坊"、赵小钧的特色民宿"呆住·明月"，宁远的"远家·文创综合体"。

特批国有建设用地，支持"明月国际陶艺村"陶艺手工艺文创区建设。项目开始的时候，正遇上"4·20"芦山大地震。蒲江县政府利用灾后重建政策，特批明月村187亩国有建设用地指标，为新村民的入驻创业提供了发展空间。目前，"明月窑""乐毛家""晓得""云里""呆住·明月""明月·樱园""善本小筑""明月·远家"8个项目已建成开放，"篱下""青木"等项目即将完成。共入驻新村民40余人，开发陶艺、草木染等文创产品，解决了本地80余人的就业问题。"呆住·明月"以"呆禅"为灵魂，占地6.1亩，建筑面积1624平方米，成为集艺术品商店、展厅、图书馆、餐厅、客房于一体的小型精品艺术酒店。它通过独特的伴随式管家服务，营造了一个适合发呆的空间。

五、艺术兴村带动乡村振兴

"明月国际陶艺村"是国内较早兴起的艺术乡村建设项目，它把明月村带上了乡村艺术化发展的路子。如今的明月村，新村民、原住民过着有滋有味有诗意的新生活，源源不断的游客也在那里沉浸式体验着田园慢生活。

明月村的艺术乡村建设，可以给我们很多有益的启示。它告诉我们，艺术能够点亮乡村，正是与农耕生活紧密相连的陶艺、草木染等文创和贴近生活的文娱活动，赋予明月村发展的新动能，激发了明月村的生机和活力。文化是艺术乡村的灵魂，明月村的蜕变在于重新认识被誉为"活着的邛窑"的明月窑，深度破解其文化密码，着力打造特色鲜明的"明月国际陶艺村"。没有对明月窑的发现和一群文化人对地域文化的挖掘，就很难想象明月村今天的景象；艺术乡村建设贵在共建共享，人们在明月村看到的是新村民、原住民的和谐共生，

村民和谐相处（李耀/摄）

原住民对新村民很友善，新村民主动带动原住民发展；乡村艺术化只有进行时，没有完成时，明月村从"明月国际陶艺村"项目启动开始，一直在创新、演变，现在正在谋划陶艺作坊家庭化、陶艺与农耕的深度触合、与景德镇等地的交流与合作。这些都是弥足珍贵的精神财富。

明月村的艺术乡村建设，带来了显著的经济效益、社会效益、生态效益和品牌效益，增加了村民的获得感和幸福感。

1. 经济效益：增加了农民收入。茶叶基地、雷竹园区实现年均产值8000余万元，老村民每年可从闲置院落租赁中获得2500—10000元不等的房屋租金收入，文创项目员工每月可获得2000—4000元不等的薪酬。2021年实现旅游收入超过3600万元，文创产品年产值超1亿元，明月乡村旅游合作社实现营收100万元。

2. 社会效益：完善了公共服务。改造整治林盘院落30余个，建设旅游环线8.8公里、绿道7.7公里、通公路21.2公里、步行道6.7公里，构成"快进·慢游"的四级路网体系。建成篮球场1个、足球场1个、羽毛球馆1个、文化广场2个、旅游接待中心2个、生态停车场8个、旅游厕所6个、网球场1个。

3. 生态效益：优化了人居环境。实现了改水、改厨、改厕、改圈、改院、改线、改习惯和硬化、绿化、美化、亮化、净化、文化、保洁员专职化"七改七化"，人居环境显著改善，生态振兴经验在全省推广。自来水覆盖率、天然气入户率均达95%以上，生活垃圾无害化处理达99.3%、生活污水达标排放达90%。

4. 品牌效益：提高了村庄美誉度。明月村获得全国文明村镇、全国乡村产业高质量发展"十大典型"等50余个国家级、省级、市级荣誉，入选全国乡村旅游重点村、中国美丽休闲乡村、中国乡村旅游创客示范基地、美好环境与幸福生活共同缔造活动第一批精选试点村、首批"天府旅游名村"、联合国国际可持续发展试点社区。

当然，明月村也面临新的压力。如何防止资本诱惑、如何保留乡村风貌、如何保持创新活力、如何做好合村后的"后半篇文章"，都是值得研究的问题。相信明月村能够找到适合自己的解决办法，为全面推进乡村振兴贡献智慧和经验。

故事人物金句

陈　奇　女，四川大学文化产业运作与管理硕士研究生，成都奇村文创创办人，西南交通大学乡村振兴与文化旅游发展研究院特聘研究员，四川大学文学与新闻学院客座教师，河南省焦作市乡村旅游发展顾问，河南省焦作市市管专家，从事乡村建设工作11年。2014年12月至2018年12月担任"明月国际陶艺村"项目推进工作组组长，负责策划、规划设计、项目引入、村民培训、文化建设、社区营造全程服务。2019年12月至2021年12月，担任河南省焦作市修武县大南坡村社区营造顾问。被中央广播电视总台"新闻联播"、"焦点访谈"、"朝闻天下"栏目和《光明日报》《河南日报》等采访报道。被评为成都市优秀共产党员、首届"天府成都最美新乡贤"、成都建设全面体现新发展理念的城市改革创新先进个人。

» 满天繁星，月圆月缺，草长莺飞，萤火虫，蝉鸣蛙声，把酒桑麻，笛声悠扬，守望相助，出入相友，都在我的生活里，这是我生命的底色和快乐的源泉。

» 长期以来，我们秉承"以人为本""可持续发展"的理念，扎根在乡土，激活村庄，成为村民眼里的"点火人"，连接城乡、村民与外界的"桥梁"。

» 在村庄发展过程中，我们从一开始就关注人的生活、身心健康、居住环境，不仅仅只着眼于数据、产业、经济，而是一个个的生命体。

» 主体性缺失是目前乡村建设最大的一个问题。我们强调的重点是塑造村民主体性。

» 塑造村民主体性的重要途径是社区营造，形成人人参与、人人尽责、人人共享的社区治理格局。

李 清 重庆万州人。景德镇陶瓷学院美术系毕业，九三学社社员，明月村新村民。中国工美行业艺术大师、四川省工艺美术大师、四川省工艺美术行业协会副理事长、原四川省美术家协会陶艺家专业委员会副主任、中国工艺美术行业协会美术陶瓷分会理事、中国陶瓷协会会员、四川省美术家协会会员、成都市美术家协会理事，四川美术学院教师（教授级），成都大学中国－东盟艺术学院、景德镇陶瓷大学、延边大学美术学院客座教授，四川省重点产业类品牌——"蜀山窑"创始人。先后获中国知识产权登记600多件，原创"釉中彩浮雕瓷板画"获外观设计专利及发明专利。

» 我一直坚持陶瓷器物在日常生活中具有美学价值，就是一定要把生活化和艺术感结合起来。陶瓷是真正意义上能够做到进入千家万户的艺术品。

» 我把很多时间花在培养指导热爱陶艺的学生身上。我想要做的事，需要更多热爱这门艺术的人一起来做。

» 我真的是想把陶瓷技艺分享出去，分享给大众，而不仅仅只是专业内的一小部分人在玩，只有这样才能让这门中国传统手艺更好地传承下去。

专家点评·董进智

明月村是近年来艺术振兴乡村较为成功的典型案例，值得剖析。客观分析明月村的艺术化实践，对更好地推动乡村全面振兴、加快实现农业农村现代化，有一定的借鉴意义。

1.明月村的探索展示了乡村发展的未来。明月村是进入新时代以来，在美丽乡村建设中走上艺术化发展道路的。像这样的艺术村，在乡村振兴中已经不是个别现象，比如，北京北沟村、浙江葛家村、广东青田村、河南大南坡村、云南帕连村，等等。放眼看去，国际上的艺术乡村建设，早在20世纪五六十年代就开始了，如芬兰菲斯卡村、波兰萨利派村、日本越后妻有大地艺术节、韩国甘川洞文化村。透过明月村和各种形式的艺术乡村建设，我们发现乡村艺术化就是要把乡村建成艺术，把乡村生活过成艺术，建设诗情画意、各美其美的美丽乡村。它涵盖农业农村发展的各个方面，包括人居环境艺术化、产业体系艺术化、劳动过程艺术化、生活方式艺术化和乡村治理艺术化，主要表现为自然山水、艺术田园、农耕体验和诗意栖居。这应该是未来乡村的新境界。当然，明月村的乡村艺术化发展刚刚上路，目前又面临一些新的挑战。尽管如此，我们依然从中看到了一种希望。全国各地的艺术乡村建设，只要继续一步一步走下去，不远的将来，大江南北将呈现一幅幅各具特色的现代版"富春山居图"。到那个时候，广大乡村将逐步成为人们的诗意栖居之地。

2.明月村突出的亮点在于新村民带原住民。目前，艺术乡村建设蓬勃兴起，有地方政府打造的，有艺术家介入的，有工商资本开发的，有当地村民自己搞起来的。"明月国际陶艺村"的打造，既有政府的影子，又有艺术家的引领、当地村民的自觉，还有工商资本的力量。与其他许多地方的艺术乡村建设相比，明月村的突出亮点在于，吸引了施国平、李清、宁远、陈奇等来自北京、上海、深圳、成都等地的100多位艺术家、规划师、设计师、操盘手等创意人才，形成了一个生机勃勃的新村民群体。更可贵的是，这些新村民没有替代、排斥明月村的原住民，形成一个比较独立的"艺术王国"，而是携手原住民，共创共建共享。他们或示范或合作或培训，与原住民一起，开发了陶艺、扎染、美食、民宿等50多个文创项目，培育了明月之花歌舞队、明月村放牛班合唱团、明月古琴社、明月诗社等村民组织，还定期举办春笋艺术节、"月是故乡明"中秋诗歌音乐会、上巳节诗会、"醉月流觞－端午古琴诗会"、竖琴田园音乐会等特色文化品牌活动。就这样，新老村民一起一天天把明月村建成中国乡村旅游创客示范基地、中国传统村落活化最佳案例。

3.要区别明月村可复制和不可复制的东西。明月村在探索乡村艺术化发展的实践中，创造了许多可复制的经验和做法。比如，重视创意策划，一经确定下来便坚定不移推动实施，一张蓝图绘到底，不让权力任性、资本任性，也不让村民任性；又如，通过文创活动营造艺术氛围，引导村民把艺术融入特色产业和日常生活，建设幸福生活的美好家园，让劳动过程充满乐趣，让乡村生活有滋有味、富有诗意。同时也要看到，明月村的一些做法是在特定条件下利用特殊政策形成的。比如，蒲江县政府特批明月村的187亩国有建设用地指标，就是"4·20"芦山强烈地震灾后恢复重建的特殊政策，只有在芦山大地震灾区、属于灾后重建项目，且不错过政策确定的有效期，才可以争取得到，三个条件缺少一个便是不现实的。另外，明月村目前出现的个别地产化、去农化等苗头，也不能误认为是发展的方向，否则就会在盲目的复制中付出代价。也就是说，分析研究明月村艺术乡村建设案例的时候，既要看到它可复制的经验，也要注意它不可复制的做法和需要辨别的现象，把功夫用在可复制的方面和带倾向性的问题上，找出其中代表规律性、趋势性的东西。

■ **专家简介**

董进智，四川省农业农村厅原二级巡视员，四川省乡村振兴战略研究智库专家。

第六篇

振兴靠人才
教育要先行

福建·岵山社区大学

四川·大邑县

山西·关头村

福建岵山社区大学

社区教育助推乡村振兴

解读专家：萧淑珍

2017年，为探索生态文明与乡村振兴的经验，福建省永春县成立了全国第一个县级研究院——永春县生态文明研究院，以组织创新和制度创新作为理论和实践的支撑，着手推动社区大学在乡村扎根深耕。因此，研究院启动的永春县岵山社区大学并非传统意义上的组织机构，而是永春县生态文明研究院的一个前端实践部门。

岵山社区大学位于永春县岵山镇茂霞村，距离县城七八公里，周围与岵山镇辖区的塘溪村、磻溪村、铺上村、铺下村与和林村等村相邻。从2018年8月开始，作为永春县生态文明研究院的工作人员，高玉华驻点岵山社区大学。围绕"激发培育当地力量、为长期建设乡村育人"这一理念，经过3年多的深耕探索，岵山社区大学逐渐形成并确定了建设乡村文化公共空间综合体的发展思路，先后与茂霞村委合作，以自租房、修缮老房子作为乡村微图书馆的公共空间，并于2019年推动了永春县生态文明人才驿站的建设，人才驿站的物理空间 + 社区大学的人文空间形成叠加效应，使社区大学能够更加顺畅地开展各项教育实践活动。

一、想农民之所想，从家庭教育开始的社区大学

2018 年，岵山社区大学的负责人高玉华来到岵山镇。上任伊始，她便骑着电动车遍访附近乡村，深入了解村民的需求。在调研中，她深感乡村公共文化服务的薄弱，决定以茂霞村为试点，深入探索镇村级的文化供给方式。

刚到不久，高玉华就发现村里的妇女除了做家务，就是看情感剧，不主动看书。双休日、节假日，乡村孩子也没有与同龄人学习、交往的机会，沉迷于电子产品，很少有人真正懂得并思考孩子的需要，"儿童视角"十分缺乏。乡村孩子面临家庭陪伴缺失、家长教育能力不足的问题，这对孩子的成长十分不利。创设能够提供环境支持以弥补家庭教育不足的"公共空间"的想法应时而生。然而，驻村之初，社区大学没有固定办公和活动场所，乡土社会又是熟人社会，村民并不认可"空降"的公共服务机构，参与活动的积极性不高。

这时，茂霞村村主任陈祖斌从社区大学的到来看到了希望。在他眼里，社区大学具有引进人才的天然优势，于是村委会提供场地，又帮忙搭建起与村民沟通的桥梁，协助社区大学熟悉并融入村庄。

由于环境闭塞，文化资本匮乏，村民既执着于分数，又担心孩子无法适应复杂的社会环境。同时，高玉华发现，学业辅导、家庭教育是村民的普遍刚需，社区大学就以"社区居民的时间为时间，社区居民的地

点为地点，社区居民的需求为活动"的原则，灵活回应社区百姓对教育文化活动的需求。通过满足乡村家庭的基本需求，尝试点亮"精神薪火"，以教育缔结乡土社区的精神纽带。从教育这一普遍性需求切入，挖掘和动员社会力量参与社区教育。

起初，高玉华带着孩子们在广场上诵读国学经典，读书声吸引了陈少霞等留守妈妈。亲子共读，书声琅琅，是陈少霞心中最美好的画面，也成为村里的一道风景，引得村民驻足，读书会的规模和影响日益扩大。

为更好地服务乡村儿童成长的需要，社区大学以"社区课堂"为抓手，一方面在社区教育方面给孩子开设"第三课堂"，另一方面以读书会的形式帮助家长树立健康、积极的教育观。常态化服务覆盖了早教与留守儿童作业、心理辅导、亲子读书会、家庭教育、周末电影、重大传统节日活动和冬夏令营活动等；常态化课程包括非遗纸织画课程、英语入门课、社区劳动教育课、乡土文化写作系列课、葫芦丝课程等。此外，辅以开展四点半课堂，给孩子们提供一个共同做作业的空间，协助他们在公共空间学会规则意识、人际交往、学会各种技能、纠正不良坐姿等。

陈少霞坦言，自己受益匪浅，也惊讶于孩子的改变。从没有读书的意识到风雨无阻的热爱，孩子们收获了知识，也养成了做笔记的好习

孩子们在岵山社区大学学习制作乡土文化玩具

惯。读书会给了熟读成诵的孩子们表现的舞台，从腼腆到踊跃，他们在这里找到了成就感和自信心，社区教育的公共空间正在悄悄改变着乡村孩子和留守妈妈的人生轨迹。

"亲子活动丰富了孩子的生活，他们周末也能相互交流学习，留守家长受到思想教育，村庄整体文化水平提升了。"看到这些改变，陈祖斌欣喜地说。

二、创新教育理念，让儿童走上自我教育、自我成长之路

开办自主学习班，将乡村儿童培养成为自主学习者和终身学习者。社区大学附近6个村的小学生总共约有1200名。但是，因为缺少有效的引导，部分孩子在放学之余和周末几乎处于无人管束的状态，乡村儿童习惯于"老师、家长要我学"，被动学习导致他们学习效率低下，依赖补习机构。社区大学开办"自主学习班"，向学生传递"学习是自己的事情，不是老师和家长的事情"的正确态度和价值观，协助学生制订"周学习计划表"、"周学习总结表"以及预习计划，复盘总结功课，帮助他们养成良好的学习习惯，走上自我教育和自我成长之路。

举办家庭教育读书会，引导家长重视孩子独特的生命价值，通过自身成长带动孩子的成长。家庭教育读书会是为唤醒更多家长从关注分数转向寻找影响孩子长期发展更深层次要素的一个活动。家长在共读一本书时，提出一些育儿困惑，例如，"孩子一点都不想做作业怎么办？""青春期的孩子开始爱打扮，应如何引导？"等读书会"路演"的亲子互动经常发生的真实冲突，引导家长还原冲突背后的原因，总结正确引导、

岾山社区大学阳光少年队的少年举办乒乓球比赛，图为参赛选手

教育子女的经验。

高玉华还给孩子们播放有教育意义的影片，带领妈妈们共读《不输在家庭教育上》等作品，让她们认识到家庭教育、家庭关系是在潜移默化中影响孩子的成长，家长要学会站在孩子的立场去看问题，并进行亲子沟通。留守妈妈围坐在一起交流育儿和生活中的困惑，听取他人的意见，这是一种她们从未有过的体验。

"乡村没有书香气，先改变自己，给孩子做个榜样，他们会依样学样。"留守妈妈在这里找到了陪伴孩子成长的理想方式。

三、搞活社区活动，传承乡土文化

以常态化的社区教育和文化服务为切入点，以社工专业手法介入多群体互动，发现乡村建设骨干，培养乡村内生力量，助推社会建设。社区大学运用专业娴熟的社会工作方式，服务群体由乡村少年儿童扩展到妇女、老人、中学生、大学生等不同社会群体，开展各类丰富多彩的社区活动。这些活动的组织与实施都大大增进了基层组织和社区居民的相互信任，为乡村"自治"提供了坚实的基础。

挖掘、整理和输出乡土文化。偶然间，高玉华看到一位长者在为旅行团讲解"永春纸织画",这让她如获至宝。这一民间传统手工艺自唐朝萌芽发展至今已有1000多年的历史,是独属于永春的非遗。在高玉华的精心安排下,传承人每周到社区大学给孩子们授课两小时。

高玉华通过调研、收集、整理地方文化知识,把文化变成教育,把课程搬上课堂。就这样,社区大学立足乡土,把县域的非遗文化、生态资源知识、农作物和乡村手工艺提炼为课程,传承给本地学员,也以研学的方式输出给城市。

社区大学充当城乡融合的桥梁和纽带,促进城乡融合发展。为促进城乡间的要素流动,社区大学不仅在乡村内部提供服务,更在城乡之间搭建沟通的桥梁,促进城乡形成互补互助共生的关系。

通过激发、整合乡村的自然、文化和教育资源,对接城市的教育需求,开发乡村劳动教育、食物教育和荔枝种植认养等课程,给城市家庭提供乡村旅游、学习传统文化和乡土知识的体验。同时,在乡村倡导种养殖生态化转型,引导村民了解市场需求,从生产端提升品质。经过不懈努力,茂霞村建立了发酵床养鸡示范窗口,建成了图书室,并接受来自城市捐赠的图书、节假日接待市民来此旅游。利用导游的机会,村民志愿者将本地特色的农产品介绍给市

岵山社区大学巾帼志愿者代表参加公益项目"姐妹乡伴"展现风采

民。社区妈妈服务团队和巾帼志愿者服务队正在考虑把本地特色产品岵山晚荔加工制成"荔花酥"休闲食品，通过社区大学的平台对外销售。

四、教育兴村，社区大学赋能乡村精气神

岵山社区大学从提供教育文化服务开始，在家庭教育、儿童教育到社会文化氛围建设多方面、多角度地整体营造乡村儿童教育的良好环境，以教育服务激活了村民参与乡村公共事务的积极性。

1.这些教育文化活动丰富了乡村少年儿童的课外生活，较大程度地弥补了乡村公共教育文化服务的空白，获得了村民的一致好评。截至2020年11月，"小型图书室+四点半课堂"的服务覆盖周边6个村落，乡村微图书馆的藏书量从最初的500多本增加到2800本，其中有部分图书来自村民的捐赠，借阅量达9000本次；"四点半课堂"服务儿童人数达6000人次。许多村民参与了微图书馆借阅管理志愿者服务，从被服务对象转身变成服务者，在服务别人的过程中感受到了自己的力量，变得更加从容和自信。

自举办以来，家庭教育读书会以《不输在家庭教育上》《正面管教》《论语》三本图书作为读物，已经举办156期（每周一期）。自主学习和终身学习意识在乡村家庭开始扎根，自主学习班的儿童能够每天进行学习总结，成为对自己负责任的自主学习者。通过读书会的学习，村民不断地关注自我成长，从关注孩子的分数到关注自己的"内在力量"，实现了"以内促外"的变化，调整了对孩子的教育策略，大大地改善了亲子关系，多数孩子的学习成绩都有一定程度的提升。

2. 社区大学成为乡村的学习中心和公共文化服务中心，解决了文化供给底部攻坚的难题。社区大学突破了以图书馆、新华书店等为场景的单一文化职能划分方式，打通"条块区分，尾大不掉"的制度障碍，创新了融生活、休闲、读书、议事于一体的整合空间，成为实至名归的"文化空间综合体"。依托三间阅读室和公共大厅、农家微庭院的新颖优雅的空间环境和高频率的课程活动运营，社区大学吸引了更多的来客。除了本村、邻村的小读者外，还有远道而来的，社区大学常常高朋满座。同时，社区大学还是乡村社区的议事厅，自组织成员也常常就一些议题在社区大学展开讨论。

3. 社区大学培育了3支乡村自组织，激发了乡村发展和社会建设的主体性。岵山社区大学在茂霞村扎根3年多，构建了以中秋节、端午节、重阳节、"村晚"等为契机的大中型社区活动，并以此为载体开展了让全镇社区5个村庄约1万人次受益的中型以上社区文化活动。2017年以来，社区大学已连续举办四届重阳节敬老游园会，不仅获得了村民认同，也培育了3支村级自组织。社区大学巾帼志愿者团队承担了大型文化活动的部分公共事务；妈妈服务队是以餐饮和开发本地食材为目标的经济合作社；阳光少年队是以青少年为核心的工作小组。3个不同群体组成的自组织从不同维度担当一定的村庄社会事务，体现了立足当地的村级人才培育的精髓和本质。

4. 社区大学连接政府与社会、城市与乡村多方主体参与乡村振兴，成为乡村公共服务"最后一公里"的领跑者。社区大学在茂霞村扎根近两年后，永春县生态文明人才驿站两层楼的老厝建筑改造竣工，乡村公共服务进入快车道，开始向体系化和可持续化发展。但由于乡村基础条

岵山社区大学所在的茂霞村剧团——南音社为社区中秋晚会演出

件的特殊性，外界力量介入有一定难度，高校科研机构和深度旅游体验者都亟须一个当地组织协助工作，社区大学具有的当地性、深耕性使它成为众多高校科研、商业旅游和公益项目寻找的合作伙伴。

社区大学具有城乡融合交流功能，本地村民经常会遇到来此小住的城市游客。社区大学为村民提供了与城市各行各业人士交流的机会和场所。他们既可以学习外来信息和知识技能，也能有效地呈现、输出本地的文化和产业。

作为社区教育的样板，岵山社区大学与茂霞村的合作与碰撞留下一连串令人思考的问题。在乡村开展教育实践的基础是对乡土社会的信任和承认。最初，高玉华组织孩子们参与社区大学的活动，要挨家挨户游说，还要和村校的领导沟通，没少碰壁。在其他地区普及类似社区大学的教育文化服务，就要让村民具有长远的眼光，只有这样才能让更多的岵山社区大学免遭同样的尴尬。

村委会期待社区大学在通过教育改变村民、村貌之外，还能为产业振兴贡献力量，以探索乡村长远发展之路为己任的社区大学能否满足这样的期待呢？不同背景的两个主体能否理解彼此呢？如何给予对方更多的理解和支持呢？这不仅是双方对彼此需求和职能的理解，更是国家和社会对于乡村振兴的深层认识。

乡村落后的背后是乡土文化的凋零。很多乡村孩子羞于承认和面对自己的身份，重塑乡村的文化自信，让孩子真切地走进乡土文化，萌生认同和热爱家乡的情感，有回归和反哺的信心，是社区大学更艰巨的使命。因为价值感和文化归属感缺失导致的乡村"空心化"，或许也能就此找到破解之法。

经过3年多的工作积累，社区大学的探索也不断尝试向纵深发展。高玉华找到了读书会的有力工具《黄帝内经》，帮助社区居民在日常生活中把实践和理论结合起来。例如，了解日出日落和气候变化来对应《黄帝内经》的内容，在社区补充知识与生活应用割裂的不足。在经济维度，则思考通过文创，把村民的道地食材和手工产品推广出去。

故事人物金句

高玉华　女，福建省永春县生态文明研究院岵山社区大学负责人，中级社工师。从2007年开始参与乡村建设工作。

2007年联合创办了厦门公益组织"工友之家"，2010年创办厦门市湖里区日新社会服务中心，2015年孵化出厦门湖里区童缘服务中心，2018年开始参与永春县生态文明研究院岵山社区大学工作。培育了岵山社区大学巾帼志愿者服务队、阳光少年队，永春县家庭教育促进中心（筹）等自组织队伍，整理了适合县域的《社区大学操作手册》。

» 乡村建设文化教育先行，成本最低，成效最稳、最长远，因为它要培养的是热爱自己家乡、在乡土社会中有根的人。

» 高屋建瓴的顶层设计需要扎实的底部攻坚。家庭是社会的细胞组织，家庭有活力，社会才有活力。家庭有活力需要有公心，社区大学给家庭提供了一个公共平台，家长带着孩子来这里做志愿者、参加课程，寻求他们生命成长需要的资源。

» 社区大学要做的是：整理县域人力资源，把资源转化为一种课程或活动，在村庄的公共空间里呈现出来，让村民回归到共同发展的"议事"规则里，社区大学做的是社区教育、社会教育，是姓"社"的。

专家点评·萧淑珍

提起乡村振兴，人们首先想到的是产业振兴，政府和企业都把产业振兴放在第一位，村"两委"和村民发动、参与公共活动好像也在乎能不能带来实惠和收益。乡村振兴到底从哪里下手？教育在乡村振兴中究竟能起到什么样的作用？这是乡村振兴的两个关键问题。

乡村教育要从走进村民的心开始。岵山社区大学扎根乡村，开展扎实深入的调研工作，了解村民的问题和需求，从解决村民的刚需开始，获得村民的信任和认可，"小手拉大手"，以儿童教育和家庭教育为抓手，为乡村儿童提供良好的文化氛围，以小见大，由点带面，带动社会动员和社会建设，激活了村民参与公共事务的积极性和乡村自组织的内生动力。因此，教育是乡村振兴的起点和基础，这个打地基的工作不可或缺。

文化是乡村振兴的灵魂，乡村的公共文化供给和公共生活是焕发乡村活力的重要内容。公共文化供给什么？如何供给？从哪里入手？从内容到模式两个维度的问题是普惠、深化公共文化供给需要思考、设计的关键问题。岵山社区大学以调研—举办活动—发现乡村建设骨干人才—形成自组织的逻辑思路形成了自己的实践模型，针对社区内妇女、老人、中小学生、大学生等不同群体的需求，开展各类丰富的社区文化活动，自然地实现了从教育到文化和社会建设的转化。

　　乡村振兴，引擎在城市。社区大学还充当了城乡融合的桥梁，把当地的食物、生态、健康的生活和乡土文化挖掘出来，成为乡村旅游和研学的内容，让村民走出乡村，了解城市的需求；又把城市的资源要素引进乡村，通过食物和文化教育促进城乡融合，平等互利，共生共荣，正在逐步形成教育—文化—自组织和社区—产业的闭环，这样的顺序和模式根基厚、可持续，符合乡村振兴的基本规律。

　　社区教育打通了从政府到社区的"最后一公里"。岵山社区大学的案例告诉我们，乡村振兴亟须一种中间地带的力量，它处于家庭和国家中间的"社区"，这个地带可以有效地挖掘、培育和引领社会力量建设性地贡献民智民力，打通从政府到社区"最后一公里"的隔膜。社区大学就处于这样的位置，既能上达国家战略，又能俯身乡村做事，打通政府—社会—乡村的"三焦"，让这个共同体气血畅通，为乡村机体注满活力。

　　乡村教育是慢工细活，要沉下去持续做。岵山社区大学从"村民是乡村发展主体"的视角出发，用社会工作的理念、态度和专业方法，开展社区教育，解决亲子关系、家庭教育问题，经过3年的精心培育，才开始从内部激活了社区和村民。由此可知，乡村振兴是慢工细活，需要挨家挨户地去做工作，经过社区教育、文化挖掘，培植乡村的文化资本和社会资本，充实乡村文化教育和社会的内力，这是乡村振兴基础性的根本工作，这一点不是工业化和追求短期政绩的短平快可以实现的。

"做人教育"是乡村教育的核心。目前，岵山社区大学正在开展《黄帝内经》和甲骨文的教学。现代的"做事教育"是喂养大脑的知识教育，"做人教育"则是养心化性的行为教育。在实现中华民族伟大复兴的时代背景下，重视"做人教育"，培养儿童、青少年的家国情怀和责任担当、成就自由而全面发展的人，是一件迫在眉睫的事。能随时与自然亲近、有文化、有生活的地方才具备开展"做人教育"的资源和条件。乡村是传统文化的母体和载体，人们的生产、生活和文化习俗都与传统文化紧密联系，有利于培养身心全面发展、热爱乡土、服务社会的下一代。从这个意义上讲，乡村恰恰具备办出好教育的优越条件，具有"做人教育"的独特优势，是儿童教育的乐园。因此，优秀传统文化在乡村更容易落地生根，在乡村开展以中华优秀传统文化为基础、融合全人类文明成果的儿童和社区教育，不但可以帮助推动现代教育变革，还可以带动乡村振兴，让乡村成为推进中华优秀传统文化落地生根的先锋和根据地。

专家简介

萧淑珍，历史学博士，北京师范大学社会发展与公共政策学院副教授、民盟中央教育委员会秘书长、民盟北京市委职业教育委员会副主任、福建永春县生态文明研究院专家。

四川大邑县

让乡村教育美丽而有温度

解读专家：汤　勇

大邑县位于成都平原西部，是成都平原经济圈由平原地区向山区的过渡地带，北纬30度线穿境而过，孕育出了"七山一水两分田"的独特地貌结构和"三山一泉两古镇"的神奇人文风物。作为成都市近郊县，大邑正处于由传统农业大县迈向现代农业强县的发展阶段，农业人口占比较大，乡村教育发展仍然面临各种困难与挑战。大邑县与其他地方一样，面临乡村教育发展"空心化"、教育价值取向"城市化"、教育力量"薄弱化"、校园情感"荒漠化"的困境。从2017年开始，在大邑县教育局局长杨文学提出的做"美丽而有温度的乡村教育"理念指导下，大邑县开启了乡村教育的改革，在很短的时间内，扭转了乡村教育发展"空心化"的颓势，使大邑县迎来了乡村教育的春天，"美丽而有温度的乡村教育"焕发出生机活力。

一、以改革思维探索乡村教育振兴之路

2017年初，乡村教育变革项目启动时，大邑县有义务教育学校33所，中小学生33391人，其中乡村学校24所，学生18406人，分别占全县总数的72.7%和55.1%，仅从二者之间的反差就能折射出当时大邑教育所面临的"城挤、乡弱"的发展困境。乡村教育发展"空心化"，教育价值取向"城市化"，教育力量"薄弱化"，校园情感"荒漠化"日益凸显。生存问题、发展问题、"乡村教育该往何处去"的认识困扰与内心焦虑，综合叠加，乡村校园少了人气，教师少了朝气，学生少了生气，学校更少了改革前进的心气和力气。

面对这种状况，当时刚刚从乡镇党委调任县教育局的杨文学深有感触，他说："我们办教育决不能忘了广大乡村，如果不能给乡村孩子一个公平学习的机会，我们的良心会不安的。"本着学有良教的追求，大邑教育局立足区域实际，抓住主要矛盾，有效整合资源，开启了一场突围式的乡村教育改造行动。

改革探索之一：以区域发展理念统一办学认识。区域教育发展理念是学校管理和区域教育发展的认识基础和思想前提，是行动的先导。

大邑县提出办"美丽而有温度的乡村教育"，明确"美丽而有温度的乡村教育"就是以区域良好的乡村教育生态为基础，以学生的全面发展为目标，以优质均衡为导向，以环境温馨美、管理和谐美、教师风范美、文化特色美为基本特征的校美人和的高品质教育，是在崇高的教育信仰和乡村教育情怀支撑下的，能够时刻给予师生人文关怀、人性关爱、人

本关照的教育。杨文学说："'美丽而有温度'就是我们大邑教育人发展乡村教育的基本理念，也是我们对乡村教育的根本价值追求。"区域发展理念的提出，统一了全县教育思想，使区域乡村教育发展有了共同的认识基础和话语体系，筑起了上下一心、齐抓共管的乡村教育发展生态基础。

改革探索之二：以区域建设标准引领办学实践。对于区域教育整体发展而言，一个可以参照的指标体系，以及通过指标体系形成的对学校新样态的基本特征的详细描述，对学校办学实践更具指导意义。

为了编制好这一"标准"，教育管理部门领导、教育专家、优秀校长、名优教师汇聚一堂，研究义务教育学校建设相关标准和要求，找准政策依据，聘请第三方对县域乡村学校发展状况进行专业评估，找准现实依据，对全国各地优秀乡村学校发展案例进行深度剖析，寻找乡村学校高质量发展的一般规律。历时数月，数易其稿，最终形成了一套针对性强、"接地气"的区域"标准"——《大邑县美丽而有温度的乡村学校建设标准》，8大类目、100条指导意见，构成了全县乡村学校的办学参考和指要。

二、以"五大工程"探索乡村教育的"大邑方案"

大邑县的乡村学校建设行动，以"五大工程"为核心形成了一套区域乡村学校建设的"大邑模式"。

工程之一——筑基工程：资源建设注重品质优质，夯实乡村学校之"基"

实施乡村学校校舍改造和设施配备工程。通过改建扩建，让新型教室、音乐舞蹈室、美术室、图书阅览室、团队活动室、梦想教室、"留守儿童之家"成为乡村学校标配，在此基础上再根据学校发展需求进行个性化配置。地处大山深处的斜源小学全校仅6个班72名学生，大部分学生借宿于学校。为了使"幸福教育"理念落地，学校在生活区高标准配置了学生寝室和餐厅；在休闲区配置电视室、图书阅览室，以及棋类、桌游等娱乐设备；对教室进行小班化设计，融学习室、作品室、教师办公室为一体，处处体现陪伴关怀。三岔小学开设戏剧表演课程，于是一座装备齐全的小剧场成了他们的个性化配置。敦义小学传承"大邑白瓷"，建起了一座全流程的陶艺中心。王泗学校传承非遗文化，建起了一个玩、学、做、研一体化的风筝学院。

实施乡村学校优质资源共享工程。精选县内优质学校与乡村学校结成"教育集团""课改共研体"等各种形式的帮扶对子，实施精准帮扶；引进县域外优质学校领办、托管乡村学校；引进数字化资源，在乡村中小学建设了46个信息化课改资源教室；整合乡村学校现有资源，投资2000余万元建成了8个课程资源共享中心；建立教师共享机制，以共享教师解决乡村学校，特别是乡村小微学校教师结构性短缺问题。

实施乡村教师专业支持计划。在培训、使用、评优晋级等方面加

王小凤在颁奖现场接受采访

大对乡村教师的资源供给，夯实乡村教育人才基础，一大批具有乡村情怀的优秀教师不断成长。安仁镇学校最近10年就出了3位省特级教师。2018年，大邑县最年轻的省特级教师王小凤荣获"中国好教师"称号，在钓鱼台国宾馆参加了隆重的颁奖典礼。她扎根乡村学校18载，用她的教育情怀、责任担当、仁爱之心开展"美丽而有温度的乡村教育"。

工程之二——塑形工程：环境建设突出乡味乡韵，塑好乡村学校之"形"

在环境建设中，充分融入乡村元素，大量使用乡土材料，将乡村独特的自然生态、田园风光、民俗风情引入校园，让乡村校园能够聆听四季声音，感受自然物语，充满浓浓乡味。

韩场学校地处大邑现代农业示范园区。学校以"万木争荣，各美其美"为育人理念，将"林木"作为学校文化符号，满园的高大乔木，满墙的绿萝、蔷薇，以及校园中大量使用的学校"木工坊"师生作品饰件，成了校园独特的风景。

繁花似锦的韩场小学校园

敦义小学建设"三宜"学堂，巨榕掩映下的品格园，是品格育人场所，陶然亭、百草园、陶艺馆、种养园则体现着自然风、童趣乐、劳动美。

工程之三：培根工程——课程建设立足本乡本土，深植乡村学校之"根"

课程是教育的根本。大邑县乡村学校校本化课程体系建设立足本乡本土，基于劳动生活，形成了一系列特色课程、精品课程。

蔡场小学与新加坡养正小学是友好学校，每年都有师生互访。在一次欢送晚会上，看到养正小学孩子精彩的才艺表演和精美的手工礼物，蔡场小学李校长沉默了。第二天，他在学校行政会上表了态："无论如何必须把校本课程体系建起来！"他们以民族舞蹈、手工制作、川剧表演、川菜美食等为基础，建起了学校"新六艺"课程。如今，孩子在校本课程中学到了各种"绝活"，对外交往中的"尴尬"场景再也没有出现过。他们的木版画获得成都市第二届中小学"熊猫走世界"精品课程评选一等奖，并代表成都市参加了四川省第六届"一带一路"国际文化艺术周展览。

蔡场小学参展作品——木版画

高山小学的学生进行竹竿舞表演

高山小学是一所典型的偏远地区乡村小微学校。

在这里，18 名教师携手汉族、藏族、彝族 3 个民族共 98 名孩子，本着"和而不同，美美与共"的理念，用"达体舞""竹竿舞""踩高跷""抖空竹""民族之花"等反映不同民族文化的多彩课程，共同编织"美丽而有温度的乡村教育"梦。

工程之四——铸魂工程：文化建设融入区域地域，铸造乡村学校之"魂"

文化是学校建设的灵魂。在校园文化培育中，充分体现了乡村学校独有的精神环境和文化氛围，在地域文化浸润之下，大邑乡村学校呈现独具特色的文化魅力。

地处城郊接合部的潘家街小学，当地百姓有"门前一棵槐，家里出人才"之说。学校取"育美槐千树，成大方之家"之意，将槐树作为校园绿化主要树种；将槐花作为学校标识符号，建槐花书苑、槐花长廊，用槐花铭牌；将槐文化融入课程，歌槐、咏槐、写槐、画槐；让槐之寄托成为师生成长目标，做槐望少年，成槐香教师，建槐茂家园。1995 年 6 月，国家邮政局发行了一套四枚的《中国皮影》特种邮票，四川大邑皮影就是其中之一。潘家街小学也将大邑这一非遗项目用集戏剧表演、美术、音乐于一体的跨学科融合课程传承下来，在"家乡馆"建起了让师生兴味盎然、乐此不疲的皮影制作表演"皮影舞台"。

三岔小学是一所"红色学校"。田载重烈士，这位白天教书、夜晚参与革命运动的三岔小学首任校长，牺牲于 1949 年 10 月，年仅 28 岁。为了传承这段红色历史，学校建成了"红色教育纪念馆""长征纪念园"，设立了"田载重奖学金"，并且以"红星小剧场"为依托，开设了一系列

三岔小学的红色教育纪念馆

红色课程，看红色电影、诵红色诗词、讲红色故事、唱红色歌曲、演红色戏剧成了校园最吸引人的文化活动。

工程之五——通脉工程：评价改革凸显生气朝气，畅通乡村学校之"脉"

杨文学说："办好'美丽而有温度的乡村教育'，评价改革必须跟上，要把急功近利的、形式主义的、冰冷生硬的评价方式坚决剔除。"大邑教育局利用评价这根杠杆，打通了由管理走向治理的乡村学校现代化建设之路。

相信每个生命都在成长。积极推进义务教育学校质量评价改革，降低学业质量考核权重，提升艺体学科考核占比，积极探索学生综合素质评价改革，不以简单的学业成绩评价学生的优劣。龙凤小学甚至把考场搬到操场上，孩子们凭借掌握的知识技能，通过富有童趣的"通关"游

韩场学校少年足球队晨练

戏即可在家长、老师、同伴面前展示自己的才干，一颗颗代表闯关成功的红星就是自己的成绩。

相信每所学校都在走向卓越。学校考核采用分类评价，让乡村学校也能争第一；对承担重大改革任务的乡村学校实施自主评价，留足成长发展的空间、时间；率先在乡村学校实施"以评促建"评价改革，强调评、建融合，重教育现场，轻资料堆积，重诊断咨询，轻考核结论。评价结论不再是冷冰冰的分数，而是学校发展咨询报告，是对学校的优势、短板的分析与发展建议。

相信每个家庭都是发展乡村教育的重要力量。在社区随访、推门调查、电话访问中，家长的口碑成为评价学校的重要标准；请家长走进餐厅、走进课堂、走进学生活动现场，让他们的建议成为评价班级、教师、学生的重要依据和改进工作的重要参考；让家长坐进考场，请他们在学生纸笔测试、综合素质测评中担任"考官",现场感受孩子的成长。家长在学校发展中拥有了越来越多的"话语权"。

三、改革成果：影响全国乡村教育的"大邑样态"

2018年11月8日至11日,因为一场乡村教育盛会的召开,大邑县成为全国瞩目的焦点。全国26个省(自治区、直辖市)的1400余名教育局长、校长、教育专家和教师代表汇聚"四川大邑'美丽而有温度的乡村教育'全国推介会暨卓越课程研发高峰论坛"。会议期间,一份极具引领意义的乡村教育区域发展报告、一部精彩纷呈的区域乡村教育发展专题片、6条考察线路、18所乡村学校的实地考察、24所乡村学校书画作品及手工坊展台、15所学校师生联袂呈现的文艺晚会,全面展示了大邑乡村教育的美丽多姿、生机盎然。中国陶行知研究会副会长、秘书长吕德雄评价称:"大邑用评价、课程、文化这套关联互动的强力杠杆,撬动了一场突围式的乡村教育改革与发展。大邑教育之美,美在乡村的精彩复活,美在教育的姹紫嫣红；大邑教育之温度,在于心灵的恰切安放,在于生命的尽情怒放!"

乡村学校的"大邑样态"以其独特的魅力,引起了全国各地教育同行的广泛关注。此后,大邑县接待了全国各地慕名而来的教育同行5000多人次,包括《中国教师报》、《行知纵横》、"教育新视界"、《四川教育》在内的媒体记者也纷纷走进大邑乡村学校进行采访报道。

2019年5月,在四川省中小学后勤协会中学分会成立暨"美丽校园建设与食品安全工作"推进会上,大邑县就乡村学校校园环境建设向全省各地市州的教育局长、校长作专题经验介绍。中国教育装备行业协会学校后勤装备管理分会名誉理事长王良鸿评价："大邑的美丽校园建设，治理的是校园环境，塑造的是学校风貌，优化的是育人方式，提升的是育人质量和品位，彰显的是教书育人、管理育人、服务育人、环境育人、文化育人的理念，引领的是社会文明风尚的前进方向。"

2020年11月，四川省教育学会年会上，大邑教育就乡村学校课程建设作大会交流发言；2021年5月，四川省教育学会、省教育科学研究院在大邑召开理事会，专题考察大邑乡村教育；2021年6月，四川省教育科学研究院与重庆市教育科学研究院共同举办的成渝地区双城经济圈城乡教育一体化现场研讨会上，大邑作为四川省乡村教育的典型案例在大会上作经验交流。

四、展望与启示：拥抱乡村教育的 3.0 时代

"民族要复兴，乡村必振兴。"100年前，陶行知主张以教育救乡村，倡导"乡村学校要做改造乡村的中心"。100年后的今天，我国乡村教育走过了"有学上"的1.0版，以及把"上好学"简单等同于应试教育的2.0版，已经步入"公平而有质量"的3.0时代。党的十九大提出实施"乡村振兴战略"，一系列利好政策陆续出台，我国乡村教育迎来了又一个春天。

乡村教育的"公平而有质量"，需要靠更新育人理念，优化育人环境，转变育人方式，提升育人质量来实现。对于一个区域而言，决定其教育发展水平的核心因素，不只是投入的大小和区位条件的优劣，更多的是来自思想认识的深度、发展理念的高度和改革创新的智慧与勇气。大邑

"美丽而有温度的乡村教育"的实践让我们看到了有着无限可能的乡村教育的美好明天。

故事人物金句

杨文学　四川大邑人,现任大邑县教育局党组书记、局长。近年来,立足区域实际提出并践行"美丽而有温度的乡村教育"发展理念,把大邑城乡教育优质均衡发展推向新的高度。2018年11月,中国陶行知研究会在大邑县成功举办四川大邑"美丽而有温度的乡村教育"全国推介会,将大邑经验推向全国,大邑县教育局荣获2018年"四川省教育工作先进集体"称号。2019年,杨文学被《四川教育》杂志选为封面人物,并以《杨文学:"办人民满意的教育"的职位修真》为题进行了专题长篇报道。

» 我们办教育决不能忘了广大乡村,如果不能给乡村孩子一个公平学习的机会,我们的良心会不安的。

» 我们大部分都来自乡村。退后一二十年,我和大家一样都还背着旧书包行走在乡间小道上。办好乡村教育不仅是我们的责任,更应该成为我们的一种真挚情怀。

» 美丽而有温度的乡村学校不仅要有颜值,更要有品质;"美丽而有温度的乡村教育"既要有深度,更要有温度。

» 乡村学校不是破败的代名词,乡村教育也不应该是落后的代名词,从"外"到"内"都要建设好、发展好。

> 我们的乡村学校建设理念要新,标准要高,要对大邑的广大乡村家庭、乡村孩子负责。

> 不论是城镇还是乡村,学校起点不同,走向卓越的速度也可以不一致,跑得快的领个头、探探路,行得慢的加把劲,紧赶几步。只要方向明确,劲头用足,就都能"跑出自己最好的速度",最终就能实现大邑教育的共同发展。

专家点评·汤 勇

位于成都平原西部的大邑县的乡村教育,曾经也出现过投入减少、校园凋敝、失去活力、人为抽空、老师思调、学生难留等状况。然而,如今的大邑乡村教育却以其"美丽而有温度",呈现出应有的魅力与美好,绽放出乡村教育独特而鲜活的"大邑样态"花蕾。为什么是大邑,为什么大邑县的乡村教育如此美丽而有温度,其答案和密码是什么?以下是我的解读。

1.乡村教育改革要拥有振兴乡村教育的情怀与情感。一说到乡村教育的没落与荒芜,人们自然会归咎于城镇化的发展,归因于人口的迁徙与转移。大邑作为成都市的近郊,城镇化的进程有可能力度更大,速度更快,然而这里的乡村学校却没有因为城镇化而消失,乡村教育也没有因为城镇化而破败。相反,这里的乡村学校和乡村教育却在城镇化的进程中屹然挺立,充满活力,蕴含无限生机,一派欣欣向荣。其中的原因,就在于大邑县教育局局长杨文学所带领的一班人,对乡村朴素而深厚的情感。他们是以振兴乡村教育的使命感，大力推进乡村教育振兴的改革。他们是以乡村是我们每个人的心灵故乡、精神家园的情怀做乡村教育，他们是以乡村教育是乡村文化、文明的中心的自信和信心做乡村教育改革。他们对振兴乡村教育的决心，是从良知上坚守，从责任上担当，从政策上兜底，从机制上保障，从资金、项目、师资上给予倾斜，从而保证了乡村教育的持续发展、健康发展。

2.致力于学校内涵发展，赋能乡村教育生命力。如何让乡村学校办得有质量、有特色、有品位，能够吸引并留住乡村孩子，能够得到家长及社会的认可？大邑坚持走内涵发展之路，为乡村教育赋能，让乡村教育彰显美丽而有温度。通过校园文化的营建，以文化点亮师生精神世界，以文化烛照校园的天空，以文化书写教育的感动与传奇。通过书香校园的创设，营造浓郁的读书氛围，用书香滋养乡村孩子的精神发育，用书香唤醒乡村孩子沉睡的潜能，用书香点燃乡村教师的职业热情，用书香改变乡村教育生态。通过乡土课程的研发，引导孩子学习地方文化和地方知识，对孩子进行亲土地、亲家乡、亲亲情教育，让孩子和养育自己的这方土地与家乡建立精神联系，留下乡音，记住乡愁，澎湃乡绪，扎下乡根。通过开展富有乡村气息的社团活动，既让孩子们找到了同伴、玩伴、伙伴，又让他们爱上了学校和学习；既让孩子们获得了重新发现自己的机会，又让他们感受到成长的快乐与喜悦；既开发了孩子们的智力与潜力，又让每个孩子阳光自信，都能在校园里抬得起头。

3.找准定位，坚持特色发展是搞活乡村教育根本所在。大邑县乡村教育在坚持内涵发展的同时，还鼓励学校"一校一案""一校一特色"，提倡"校校有看点""校校有亮点"，不搞"一刀切"。每所学校各尽所能，根据各自的发展需求和定位，充分利用本校优势，挖掘本土资源，走适合自己的特色发展之路。一所所学校的积极蜕变，体现着大邑教育向"特色、优质、公平"目标的大步迈进；每一所乡村学校的"美而不同""各美其美""美人之美"，助推大邑教育走向"美美与共"，展现了大邑教育的光亮夺目，五彩缤纷。

4. 制定正向激励的评价机制是乡村教育改革的保障。有什么样的评价，就有什么样的教育。大邑教育的评价标准，不以简单的学业成绩评价学生的优劣，而是积极探索学生综合素质评价体系：对学校进行分类评价，让乡村学校也能独领风骚；让发展中的乡村学校进行自主评价，给乡村学校留足空间和时间；在乡村学校实施"以评促建"，"评""建"同步，互为促进，有机融合；把评价权赋予家长，让家长在学校发展中拥有更多的话语权，构建家校共育"一家亲"。大邑县充分利用教育评价这根杠杆，从而有力地撬动了乡村教育的发展和整个教育生态的改良。

▌ **专家简介**

汤勇，四川省阆中市教育局原局长，现为21世纪教育研究院常务学术委员、四川省陶行知研究会副会长、中国陶行知研究会农村教育实验专业委员会理事长。致力于教育的探索、研究与改变，潜心于教育的思考、阅读与写作。

山西关头村

让教育回村的教育实验

解读专家：王占伟

2014年，由北京多家公益机构共同发起，多所高校教授、博士以及地方退休的老校长作为志愿者，在山西长治、永济，河南兰考、南阳，山东临沂等地的试点学校开展了一项乡村基础教育实验。8年来，这项实验形成了以亲情、亲乡土、亲自然为核心理念和内容的"三亲教育"，用事实证明，乡村不仅可以办教育，而且能办好教育；乡村不是可有可无的，而是新时代进行基础教育、"做人教育"、根性教育的重要

山西关头三亲教育学校揭牌仪式

基地。

山西关头三亲教育学校是系统落地、践行"三亲教育"的乡村学校，吸引了北京、东莞、开封、成都、太原等多个城市的家长带着孩子来此上学，多位大学毕业生和年轻妈妈留在学校任教，实现了让教育回村、以教育振兴带动乡村振兴的效应。

一、"三亲教育"是什么样的教育，家长如是说

"山不在高，有仙则名。水不在深，有龙则灵。"关头村三亲教育学校，一个占地面积仅数百平方米，甚至没有现代化教具的乡村小学为什么能够吸引来自全国9个省市的30多位学生家长在关头村租住民居，陪孩子读书？"三亲教育"到底是什么样的教育？从全国各地带着孩子在村里学习的家长如是说。

糠宝妈妈："三亲教育"让我相信大自然是孩子成长的乐土

湖南的糠宝妈妈2020年初带着不满3岁的孩子来到关头三亲教育学校，一年的"三亲教育"体验让她感触颇多，她这样讲：

"三亲教育"是根性教育，是让孩子身心都得到滋养的生命教育。我正是冲着这个理念，来到了这里。一年下来，事实告诉我，我的选择没有错。在这里，我们每天都可以亲近大自然，孩子可以撒欢奔跑，可以爬树、种菜、摘蘑菇、滑坡、看蜗牛、观察庄稼的生长过程……总之，大自然中的一切都可以是孩子的玩具，让孩子去感知。

在来到"三亲教育"试点之前，睡觉对糠宝来说好像是一件极其痛苦的事，白天不肯睡，晚上也要到10点甚至11点多才睡，把我们折腾得不行。可到了关头村以来，他就没有出现晚睡的情况，让我省了不少心。

来到这里后，我的心里也清静了许多。干农活，打太极，跟家人们唱歌、读书，这些都是我喜欢做的事情，生活过得惬意自然，完全不焦虑了。有一次我跟其他妈妈交流，发现她们也是这样。关头三亲教育学校的老师说这里是专门治疗家长焦虑症的地方，我觉得一点都没错。

承洋妈妈：我终于看见孩子身心都变化了，心里非常开心

来自长治市的承洋妈妈是一双儿女的母亲，大儿子因为早产，有轻微的身体功能障碍，一直没有找到合适的学校，自来到"三亲教育"试点，仿佛一切都有了转机。承洋妈妈这样说道：

我的孩子变化特别大。最初，是儿子先来的。过了一年多，女儿也来到了"三亲"幼儿园，女儿和小姑子家的儿子同岁，他们在县城一所很好的幼儿园入学。当时孩子在县城的幼儿园总是生病，基本上就是上两天课，在家休息三天，一学期在学校的时间都不够两个月。后来小侄子也一起到了"三亲"幼儿园，现在状态特别好。

小姑子的公公是镇上的小学校长，最初他对孩子来村里上"三亲"学校是不赞同的。直到孩子来了一年之后，他看到了孩子的变化，而且讲要让孩子在这里一直读到小学。

昊昊妈妈：在关头"三亲"社区，我和孩子一起成长

因为孩子不喜欢上幼儿园，昊昊妈妈带着他从城市转学到关头三亲教育学校，开始了一家人的成长与蜕变。昊昊的妈妈讲：

孩子以前在城市的幼儿园，上了一年幼儿小班，一点也不开心，每天都会问我明天放不放假，可不可以不去学校。我也有点发愁。记得刚来这里的一段时间，孩子不进教室、不排队、不参加集体活动。当时老师跟他说话，他只会点头和摇头。对于这个情况，"三亲教育"老师从来没有批评过一句。神奇的是一个多月之后，孩子开始小声地跟老师说话，慢慢地会笑了。现在孩子已经融入这个集体了，特别皮实可爱。我根本不用管他，他自己就可以在村里串门。

放假的时候，我们大部分家长都和孩子在关头一起生活、学习。我现在把家搬过来了，先生现在和我一起在村里做发酵床养殖。我现在还成了"三亲"社区的义务理发师。我觉得这也是在自己的能力范围之内，多做一点事情，与大家共同创建美好的生活。在这里，觉得哪儿都挺舒服的。我和先生也在不断学习成长，两人互相鼓励督促，不断在一言一行上下功夫。

金恩爸爸：从自己做起，与孩子一起浸润在经典之中

金恩的爸妈之前是做企业的，没有孩子的时候，每天都跑业务，很少有时间在家里吃饭。有了孩子之后，夫妻俩开始四处为孩子寻找理想的学校，后来挑选了三亲教育学校。金恩爸爸这样评价"三亲教育"：

很多东西不体验是不行的，体验了才知道好与坏。我到过许多地方，来到关头三亲教育学校，感觉这种教育是我要的。孩子生长在乡土环境之中，他的身体变得越来越好，学习变得越来越自觉。就凭身体好，这一点我们就赚到了，我还担心什么呢？

儿子4岁的时候，我带着孩子到关头，寻求改变。孩子很喜欢关头，很喜欢每周六老师组织的自然之旅。我感受到孩子和之前相比变化很大，他开始长大了。

辰辰奶奶：孩子开慧，家长修德

辰辰因为家里经营网吧而沉迷网络，不太爱与人交流，5岁时跟着奶奶从山西太原到关头村。辰辰奶奶这样说：

孩子开慧，家长修德，这句话特别适合我们。在这里，孩子变化很大，"三亲教育"的教育理念确实能改变孩子。我和孩子爷爷希望将来在这里养老、生活。我们正在建有机香菇基地，要吃得健康。

在关头村，每天都可以听到这样动人的话语，每天都可以看到孩子的成长与变化，孩子的欢笑给村庄带来了无限生机。

二、让孩子一生幸福、扎下做人之根的教育

是什么力量让一个小山村可以吸引如此多的城市家长？是什么让孩子每天奔跑着到学校、唱着歌回家？是什么让孩子更愿意与人交流、爱上读书，身体也越来越好？"三亲教育"的力量在哪里？

"三亲教育"的发起人张孝德说：亲情、亲乡土、亲自然"三亲"，就是要完成与孩子生命密切相关的三个连接：与父母、与乡土社会、与自然的连接。完成这三个连接的"三亲教育"，是奠定儿童一生幸福与健康的修德（亲情）、开慧（亲自然）、学艺（亲乡土）的教育。与传统以高考为指挥棒形成的做事教育不同，"三亲教育"是"做人教育"的实验。

幼儿在互帮互助爬土坡

从单纯的做事教育转向"做人教育"，是新时代教育改革的大趋势。从做事教育看，乡村并没有优势，这是当今乡村留不住人、留不住学校的深层原因所在。但"做人教育"恰恰相反，乡村更适合"做人教育"。更具体地说，乡村是"做人教育"的扎根之地。

0—15岁是关系人一生幸福的"做人教育"的关键时期、黄金窗口期。"三亲教育"是以修德、开慧为目标的全生命教育，是德智体美劳全面发展的"做人教育"，是按照习近平总书记培养"全面发展的人"的教育理念进行的教育改革试验。满足"做人教育"必须完成三个连接：以孝道为根的亲情教育，培养儿童感恩之心，扎下做人之根；以厚德为本的亲乡土教育，培养儿童仁爱之心，种下爱国的种子；以开慧为道的亲自然教育，培养儿童好奇之心，激活智慧之源。

做事教育的重点是知识教育，是在教室就可以完成的"知道"的教育，但"做人教育"仅仅"知道"还不够，而是要"做到"，需要在日常生活中发生行为改变，实现养成教育，这种教育必须从儿童开始。"三亲教育"从三个方面进行行为养正教育，取得了显著的效果。

家庭教育："三亲教育"没有考试，给孩子留的家庭作业是做家务。对学生的要求是："自己的事情自己做，父母的事情帮着做，长辈的事情抢着做。"孩子从幼儿园就开始做家务，孝道教育、利他教育、自立教育互相结合，孩子的良好习惯从此开始养成。

孩子们在打扫教室

劳动教育：在关头三亲教育学校，孩子们的一天从洒扫开始。孩子到校后，第一件事就是拿起扫帚、抹布开始打扫，从教室到院子、从桌面到桌底，这些生活劳动帮助孩子养成了爱集体、爱劳动、爱生活的美德。

耕读教育：关头三亲教育学校有供儿童耕读体验的耕读园，节庆仪式中有开耕节。耕读让儿童在劳作体验中感受一颗种子春种、夏长、秋收的全过程，享受对生命的呵护。耕读园不仅是儿童农耕劳动体验的地方，也是儿童进行田间数学、天文地理学习的地方。

孩子收获了最大的南瓜，开心地抱在怀里

在"三亲"理念的指导下,项目组开发出"新六艺"课程:自然开慧教育、经典诵读教育、行为养正教育、四季农耕教育、心灵手巧教育、礼乐艺养教育。在关头三亲教育学校,孩子每天的游戏时间必须保证 2 小时以上,每周有一次家长、孩子一起参加的登山游学活动。孩子在这里扎下做人之根,开启身心全面发展的智慧。

三、从根本上实现"双减"的教育实验

2021 年 7 月,中共中央办公厅、国务院办公厅印发《关于进一步减轻义务教育阶段学生作业负担和校外培训负担的意见》,"双减"成为义务教育阶段的重要目标。事实上,在关头村三亲教育学校 8 年的教学实践中,处处都在践行"双减",老师说:"我们可以让孩子不用每天写作业,而且对每一科都充满兴趣,充满探究精神。"

经典诵读法与小学语文课程整合。在鲍喜堂校长("三亲教育"发起人之一,上党区一中原校长)和教研团队的数年努力下,"三亲教育"形成了"小班听读、中班跟读、大班指读、最终自读"的经典诵读法,老师从不强迫孩子诵读经典,而是通过混龄教学让孩子在潜移默化中进入学习的环境和状态。除教师领读外,还创造性地使用齐读、对读、"小老师"等多种教学方式。没有背诵和作业的压力,孩子通过幼儿教育阶段的 3 年学习,认识汉字达到 2000 个以上。阅读绘本的时候,家长们非常惊讶:"从来没有教过孩子认字,但孩子读得非常流畅。"

小学阶段,根据"系统归类、集中学习、科学高效、终身受益"的课程改革思路,以经典为基础,开展"大语文"教学,古今中外的优秀

学生在大自然中上数学课

文章都可以成为教学素材，老师把读书当作对孩子的奖励。孩子们学习语文的兴趣极高，几个月的时间，孩子们学习了300多个成语，完成了1—6年级的诗词、文言文背诵，口头作文可以达到数百字。

基于全脑思维的小学数学课程改革。发挥右脑系统整合、想象归纳的思维功能，关头三亲教育学校将按照左脑逻辑思维构建起来的现代小学数学教材进行了大胆改革，形成了一套简单易学、实用乐学、不教自学的小学教学法。开发了"加法口诀""减法口诀""除法口诀""新四则运算"等学习工具。仅用152个课时，就学完了教学大纲要用699个课时的内容。关头三亲教育学校把原来局限在教室里的枯燥数学课，变成了开放的生活数学、自然数学、农耕数学、游戏数学，变成了学生实用乐学、趣味自学的数学。数学不再是抽象的，而是实实在在存在于孩子们的生活中。

自然与艺养相结合的绘画、书法、武术。"三亲教育"的绘画课程从来不是孩子模仿老师画，也不是实物写生，而是自主绘画，成人不进行任何干扰，孩子们把自然中观察到的、生活中发生的画在画本上，甚至老师和家长看不懂，还需要孩子进行解读，讲给大家听。孩子通过自主绘画用自己的眼睛看多彩的世界，用自己的心感受充满活力的大自然，用自己的语言表达内在心灵。

小学阶段，孩子通过书法和武术课程内修心性、外强体魄、刚柔相济，已学会五步拳、太极一段与太极二段部分内容，可以独立书写春联。2022年春节，学校大门、村民家门口都贴上了孩子们亲手书写的春联，营造出喜庆祥和的节日气氛。

8年来，"三亲教育"坚持先做人，后做事；先培养孩子们的定性、专注力、记忆力、感知力，再引领孩子学习知识和技能。孩子们的识字量、专注力、定性得到明显提升，独立自主学习能力明显增强。因为充分接触自然，运动量远远大于普通学校，饮食健康，服药率、近视发生率、肥胖率、龋齿发生率接近于零，身体健康状况良好，实现了身心全生命健康的"三亲教育"目标。

学生在大自然中进行自主绘画

四、给村庄带来希望、让乡村振兴的教育

"三亲教育"是家长和孩子共同成长的教育，也是新老村民共同建设村庄的教育。"三亲教育"之所以能够不断前行，家长的支持和鼓励尤为重要。"三亲教育"一直坚持在启蒙教育阶段，家长是孩子的第一老师。在日常教学中，教师通过定期家访、每周家长共修、家长共学经典等方式与家长进行沟通交流。新老村民共同探索着一条新的乡村振兴之路。

教育与社区建设相结合。2014年"三亲项目"发起时，为传承乡土文化，教师挨家挨户走访村里的老人，学习乡土音乐、童谣，并邀请老人到学校授课。幼儿园的小朋友骄傲地说："今天的老师是我奶奶。"学校每年六一儿童节、端午节、重阳节等重要节日均邀请全村60岁以上的老人开展"老少齐聚"活动，欣赏文艺表演，展示教学成果，共享"团圆饭"。平时学校食育课、手工课做了美食或小礼物，也都会送给村里的老人。当要把美食或物品送到曾经教过他们的老人家里时，孩子们抱着老师的腿，争着抢着说："老师，让我去送吧。"老人和孩子之间已经形成了生命的连接。

老有所居、老有所乐的幸福社区。除了请老人参与学校教学之外，关头村非常关注互助养老和老年人精神文化生活，通过老年人日间照料中心和成立老年人合唱团、每天早晨组织老人做养生操、看老电影、参与墙体彩绘等，丰富老人的业余生活。对于孤寡患病老人，专门建立档案，定期上门关心问候，提供按摩、艾灸等健康服务和精神慰藉，并积极与老人的子女建立联系，共同为老人营造幸福生活。

来自屯留的昊昊妈妈义务帮助村里的老人理发，对于腿脚不方便的老人提供上门服务。来自东莞的金恩爸爸，免费帮助新老村民进行"原始点"调理，帮助老人锄地、接送老人就医购物。来自太原的辰辰爷爷，义务教授留守妇女学习国标舞。他们共同将关头村营造成为互帮互助、尊老爱幼的家庭式幸福社区。

全域有机与乡村产业振兴。为共建"三亲生态社区"，关头村开始了全域有机的努力，当前已实现部分有机种植。有机小米、有机玉米、有机蔬菜开始走上村民的餐桌。在新村民的带动下，村里办起了有机豆腐坊、有机香菇坊、发酵床养猪、手工作坊等产业。

"三岁小儿读子曰，亲近自然本性显。教子有方身做则，育儿原本慈悲心"，这是家长写给"三亲教育"的藏头诗。"人来了，乡村就活了！""三亲教育"的愿景是让乡村获得精气神；让乡村教育成为连接城乡、通向未来之桥，成为乡村文明复兴之魂；让古老的乡村成为生态、文明、幸福、诗意栖居的精神家园。

故事人物金句

鲍喜堂 "三亲教育"发起人之一，项目顾问，关头三亲教育学校校长。全国优秀教师，上党区一中原校长，曾任长治市物理学会会长，现任长治市城乡发展研究院副院长。

» 先秦典籍《礼记·学记》中所说的"建国君民，教学为先"，就是对教育地位的最好表述。我做了30多年的中学校长，任职中学中高考升学率常年位居全县第一。但我找到教育的真谛是从退休后做"三亲教育"开始的。

» 学生首先要学会做人，不仅要成"大器"，更要成"大家"。"三亲教育"所努力做的就是这样的教育，修德开慧，立德树人。

» 人们都说，教育以读书为重。我们是"三亲教育"观，先观世界，才有世界观。人首先是自然的一部分，孩子需要大自然。上一百堂美学的课，不如让孩子自己在大自然里行走一天。

» "三亲教育"是以自然为师的教育。老师和孩子一起在大山中行走，锻炼了学生的毅力、耐力、体力。在学校开设农耕、武术、书法、音乐等丰富多彩的课程，增见识、养体魄、塑人格。

» 人们都说要让孩子赢在起跑线上。而我们的"三亲教育"是要让孩子赢在终点，让孩子拥有一生幸福的能力。儿童强，则家兴。少年强，则国强。"三亲教育"是让孩子成为自立、有爱心、有为国家作贡献的能力和担当的孩子。

专家点评·王占伟

"三亲教育"的一小步,可能意味着中国乡村教育振兴的一大步。在我看来,关头的"三亲教育"是迈入新时代后中国以什么理念、做什么样的基础教育的改革探索,其给我们的启示如下。

1. 它是对乡村振兴需要什么样的乡村教育的探索。习近平总书记说:"民族要复兴,乡村必振兴。"乡村是中华文明之根,教育是乡村振兴之魂,这决定了没有乡村教育振兴就没有真正的乡村振兴。此外,教育部明确要求,把乡村教育融入乡村建设行动,建立农民参与的乡村教育推进机制,办好以学生为本的乡村教育。

以让教育回村为目标的"三亲教育",用事实回答了乡村不仅可以办教育,而且乡村教育振兴是带动乡村振兴的必由之路。目前"三亲教育"吸引了城市的家长带着孩子来关头村读书。家长在村里租住民居,边陪孩子读,边以新村民的身份参与生态、幸福社区建设,关头村成为他们稳定的第二故乡。陪读的家长加入社区,发展各类手工业,使关头村走上教育振兴乡村的路子。

2. 它是对新时代需要什么样的中国式乡村教育的探索。2018年9月,习近平总书记在全国教育大会上明确提出"坚持扎根中国大地办教育","坚持把服务中华民族伟大复兴作为教育的重要使命"。"三亲教育"从初心使命到核心理念、教育模式、课程体系、教学实践，处处闪耀着中国文化、中国智慧的光芒。关头三亲教育学校之所以能用一年时间就可以学完小学六年的数学内容，是因为他们是在用中国整体认知的思维方式学习碎片化思维的知识体系，完全重构了小学数学内容体系。所以，关头三亲教育学校是真正扎根中国大地办教育，是真正在建构中国式教育现代化的理念与实践体系。

3. 它是对新时代如何做传道授业型老师的探索。为什么许多教师努力成长却难有突破？这是因为未能走到传道授业的道上。一位教师能做好教学工作、班级管理工作、家长沟通工作、学校安全工作，在此基础上还能每学期研读几本专业书籍，这样的教师在当前的教育行业称得上好教师。然而，这样的教师要想成为传道授业的教育家型教师还比较困难，因为"真正的传道授业是心与技术的结合"。专业知识、技能的学习与培训是不可或缺的，但又是不够的，还必须解决"心"和"道"的问题。传道对老师的要求是让教师有崇高的人生境界、浓厚的教育情怀、宏大的教育使命。关头三亲教育学校，通过每天诵读经典、连接圣贤，打开了教师的心灵世界，实现了传道授业"心与技术"的双向成长，这对中国教师成长的理念与方式是一种升级。

4. 它是外塑型师德教育走向内生型师德教育的重大探索。降维打击是科幻小说《三体》中出现的一个名词，指的是高等文明对低等文明的毁灭性打击。由此，我们可以推演出一种破解难题的思维方式——"升维定位，降维化解"。这同样适用于师德建设。师德是教师队伍建设的灵魂，自上而下都很重视。现阶段的师德教育多以开师德讲座、树师德典型、定师德底线为主要方式，是一种外塑型师德教育，虽然下了很大功夫，效果却有待提升。然而，关头三亲教育学校没有直接抓师德，而是"升维定位，降维化解"，站在师道的高度，通过引领教师研习中华经典中的师道，让教师悟师道、明师道、行师道，从外塑型师德教育走向内生型师德教育，不知不觉中提升了整体师德水平。这为中国师德建设探索出一条可资借鉴的新路。

5.它是对如何解决家、校、社协同办乡村教育的探索。问题的核心往往只有一个。核心问题解决了，其他问题就会迎刃而解。关头三亲教育学校通过改革让自身成为关头村文明建设的策源地，让家、校、社协同育人成为老村民、新村民、教师、家长的一种生活方式。关头三亲教育学校从未将教育局限在校园和教室，而是置于广袤的天地和开阔的乡村社区中。在日常教学中，关头三亲教育学校把家长成长看得比教育孩子更重要，不仅引导家长参与每期的教师培训，而且持续邀请项目组专家为家长授课；不仅引导家长与孩子共同诵读经典，而且组织家长每周交流生命感悟、展示成长成果，真正将"学校与家庭教育结合，形成'上施下效'的德育环境；学校与社区教育结合，形成仁爱礼仪教育的社会氛围"落到实处，为孩子幸福成长提供了高质量环境。

专家简介

王占伟，《中国教师报》主编。

第七篇

垃圾成为宝　生态变成金

河南·毛庄村

浙江·大竹园村

湖南·光明村

河南毛庄村

让垃圾成为宝的"零污染村庄"

解读专家：张孝德

近年来，我国推进的农村垃圾治理模式在覆盖面上有了较快的扩大，乡村垃圾治理力度大、成效显著。但是，当前的乡村垃圾治理依然面临二次污染严重、村民参与不足、成本过高难以为继的困境。

在这样的背景下，河南省新乡县朗公庙镇毛庄村通过建设"零污染村庄"，把农村垃圾治理问题同乡村的生产、组织、文化等社会多重问题共同治理，垃圾减量达到99.7%。更为重要的是，环境治理成本几乎为零的毛庄村，因零污染乡村建设带动村民凝聚力提升，走出了环境治理带动乡村振兴的新路径。

一、毛庄媳妇张新岭回乡，成了巾帼带头人

毛庄村位于新乡县南端，与原阳县交界，距城区20公里，交通便利，

下辖3个自然村，4个村民小组，共426户，2056人，其中党员69名，耕地3800亩，户均耕地接近10亩，多数种植玉米、小麦。由于距离城市较近，当地青壮年多数在城市周边工厂就业，住在村里。

2013年，一直在外打拼做生意的张新岭因年龄大了回到婆家毛庄村，准备安闲养老。她在修房盖屋时，顺便出资金给村里修了三条路。这三条路也给了张新岭一个新的想法。2014年村民委员会换届选举时，按照"五个一批"选人政策，张新岭作为在外务工经商创业的返乡人员被推荐参选，高票当选毛庄村村委会主任。2018年，党支部支书毛义胜病故，她兼任党支部书记。

张新岭娘家是市里的，几乎就没在农村生活过。虽然对农村生活不熟悉，但是她坚信"只要一心一意为老百姓办能办的事，就可以获得信任"。她牢记爱人说的话："当干部只有自己吃亏，不能有丝毫沾集体好处的念头。"她经常告诫自己："既然干了就要想法儿干好，都是乡里乡亲的，不能辜负了大家的信任。"张新岭深信"火车跑得快，全靠车头带"的道理，把自己多年的经商管理经验熟练地运用到农村治理上。在具体工作中，她身先士卒，带领村"两委"干部，团结广大村民，修路、打井、铺设灌溉水管、加装路灯、建文化广场、强化安保措施，为村里做了不少实打实的好事。村民夸赞说："这个带头人选对了，别看人家是女同志，真是军中的'花木兰'！"

除了"硬件"的实事，张新岭还十分注重村庄"软件"的建设。2016年农历十月初八，毛庄村第一期"孝道文化大餐"开席。这是张新岭精心为毛庄村65岁以上老人举办的"团圆饭饺子宴"，村里65岁以上的老年人都可以免费前来就餐。张新岭除了承包饭菜支出，还给老人们买了棉帽、手套、耳暖,全部费用都是她个人出。后来在她的带领和影响下,村上的爱心人士积极踊跃捐资,在外工作的张光修也先后捐资举办了3次。现在,每个月的初八毛庄村村民都会聚会,地址设在毛庄村村委会大院,现场很热闹,全村人欢聚一堂,听戏、唠家常,笑容挂在脸上,幸福写在心里。

大家在"孝道文化大餐"同吃一桌团圆饭,聚人气、聚人心。每逢开席,一大早,多名村民就在村委会大院忙活起来,和面、调馅、包饺子,现场洋溢的是爱心浓浓的乡土情。每逢这一天,村民朱新梅自家经营的饭店就会停业,免费提供"孝道文化大餐"所需炊具和餐具。"孝道文化大餐"吸引了本村的青年志愿者参加,甚至连外村的群众和孩子们也都主动加入大餐服务者的行列。一位邻村的志愿者说:"我们每次来都是给老人服务的,大家一起包包饺子,孝敬孝敬老人,自己心情也好。"一个小朋友说:"叔叔阿姨们给爷爷奶奶包饺子吃,我不会包饺子,可会给叔叔阿姨们送饺子皮儿呀,我希望爷爷奶奶都能吃到我包的饺子。""一个村一口锅,这碗饺子最暖心。"村里还给老人免费理发,免费检查身体,冬天的时候发耳暖、手套、帽子,还发小板凳、挂历等。

"孝敬老人成了俺们村里的新风尚,这日子越过越舒心。"70多岁的

孝道文化大餐现场

李纯兰说。看着村庄的气氛越来越融洽,张新岭自豪地说:"3年来每月一次的'孝道文化大餐',到现在俺村已经举办了36届,可喜的是大家为此都争先恐后,谁排不上还有意见。这里就好比是一家'没有围墙的敬老院'。"除了"孝道文化大餐",毛庄村还有"道德讲堂""新时代文明实践站""中华优秀传统文化培训班"等村民文化课堂。曾担任朗公庙镇党委副书记的张继楠定期来给村民讲述传统文化,开展道德教育。张继楠认为:"这些集体活动的举办,很好地凝聚了村庄居民的凝聚力,对志愿者的教育有很大帮助。这样一场活动能把一个村子的人用孝道文化串联到一块,它的核心就是孝道文化,就像一个现场版的'道德讲堂'一样,是一种教育,是一种文化的传承。它会让这个村子的老百姓慢慢通过看,通过感受变得善良,崇德向善尽孝。通过这个活动,可以拉近党群干群关系,老百姓也能看到村干部的辛苦,这样再去说村里的其他事情就比较好办。有些很难解决的问题,能通过这个活动找到解决方法。"

二、从孝道到垃圾治理:先内后外的"零污染村庄"建设之路

2017年7月,张新岭跟张继楠到广州岭南学院学习。这次学习让张新岭接触到环保酵素和零污染乡村,她认识到垃圾原来还有这么多的用途,乡村还能这样建设。同年8月,毛庄村作为新乡学院大学生暑期"三下乡"社会实践的实践点,一帮大学生来村里教村民垃圾分类。垃圾按照"三桶两箱"(新鲜厨余垃圾一桶、熟的厨余垃圾一桶、废纸等其他垃圾一桶、可回收一箱、有害垃圾一箱)进行细分,由志愿者上门收取,

部分垃圾被制作成酵素、堆肥，其他的垃圾扔到垃圾桶中，由镇环卫负责转运。志愿者在村里还宣传用新鲜的厨余垃圾制作的环保酵素的使用功效，给村民很大的触动。认识到垃圾可以变为宝，对村庄的环境很在意的张新岭决定启动"零污染村庄"建设。

在毛庄村启动"零污染村庄"建设之前，村里一共有44个垃圾桶，每个有240升，摆在村里的各个角落，早上会有环卫车来拉，但是到下午基本上又会堆满，到了晚上垃圾就会高出桶面，很多垃圾都被倒在垃圾桶外面。夏天苍蝇很多，而且垃圾桶特别脏，村民都不愿意把垃圾桶放在自家门口。

张新岭召集了村"两委"开会，说了自己的想法。由于她威信较高，经动员，村干部都支持她的工作。除了村干部外，张新岭在村"孝道文化大餐"志愿者中组建义工团队，开始向村民宣传垃圾分类、环保酵素制作等知识。为了鼓励村民把自家垃圾制成酵素、堆肥，张新岭都是自己垫钱给村民免费发放红糖、糖蜜，条件是村民拿做酵素的桶来领取。至于垫了多少钱，张新岭讲"真的没算过，反正是不少"。一开始很多村民都不理解，觉得这是没事儿找事儿，甚至和上门收垃圾的义工发生冲突。为了让村民养成垃圾分类的习惯，毛庄村从教育宣传入手，通过集中宣讲、入户宣讲、资料上墙、广播等方式，利用"道德讲堂""新时代文明实践站""中华优秀传统文化培训班""孝道文化大餐"活动平台，宣传垃圾无害化处理的环保理念及做法，转变群众观念。"我们要搞个小活动，现场提问，问老人谁知道垃圾分几类，谁知道什么是干垃圾，什么是湿垃圾，谁知道我们的垃圾站在哪里，谁知道我们的垃圾义工是怎样分捡垃圾的，都是跟咱们垃圾分类有关系的，是个宣传过程"。

经过一年多的铺垫，毛庄村几乎人人知道垃圾分类和环保酵素的制作方法，几乎每家每户都制作环保酵素和堆肥。2019年1月3日，张新岭带领毛庄村"零污染村庄"建设义工团队一行5人，赴北京参加"绿动中国　改变世界　环保酵素讲师培训"。张新岭明白，在建设"零污染村庄"的道路上，对村"两委"干部和村民志愿者团队的教育与培训，是让整个团队素质得到提升，又让各小组有全局的概念，同时具备专业能力的途径。所以，一有相关课程她都会带核心团队参加学习。在这次培训会上，张新岭深深感受到毛庄村开展"零污染村庄"建设使命之光荣、责任之重大，当即表示回村就启动。

2019年1月10日，在呼啸的寒风中，身穿绿色义工服的毛庄村志愿者们拿着垃圾桶，宣布启动"毛庄垃圾分类百日攻坚战"。义工们拿着宣传单，给每户发一封公开信、一套宣传页、一套"垃圾变资源"分类标签，开始不断地入户讲解垃圾分类。"对于分得不好或没有分类的村民，把他们家的垃圾桶拿出来，一样一样分给他们看。不管群众认识到什么程度，我们都要微笑着耐心地去讲。"义工队队长段利晓说。每一位乡亲都是宣传的对象。从那时起，每一天早上8点开始，义工们在音乐声中兵分两路，毛庄村村委会的5名党员干部每天轮流带队上门收垃圾，教村民垃圾分类。

三、制度+义工：实现垃圾在地化、资源化、无害化治理

2019年2月28日，毛庄村正式实施垃圾不落地政策，撤掉了遍及全村的44个垃圾桶。从此，毛庄村的垃圾不再外运，而是在毛庄村就地化、

志愿者在分拣垃圾

无害化、资源化处理。段利晓说:"刚开始撤桶的时候,我们特别忐忑。上午收完垃圾,下午撤完垃圾桶的时候,晚上就睡不着觉,就怕有村民把垃圾扔到路边或者扔到原先垃圾桶那边。第二天早上起来一看,没有一个村民那样做,我那个心情就像过大年一样,特别激动,特别高兴。这是毛庄村村民默默地接受并认同我们垃圾分类的开始吧。以后遇到的所有困难就都不怕了,慢慢来。谁有分类不好的,谁不愿意分类的,我们志愿者都耐心地做辅导,希望能打动、带动他们。"

毛庄村在工作的每一个环节都落实环保理念,如捡垃圾用的垃圾夹是使用废弃扫把的柄做的,制作简单,牢固、实用又环保。

此后一个月左右,嫌麻烦的村民也渐渐养成了习惯,分得不好不细的也都开始认真分类,不想分类的村民看到义工的坚持也不好意思,总之一切都在向好的方面发展,苦累终于变成甜美的成果!

为了提高村民垃圾分类的积极性,毛庄村采取积分制激励。积分的目的是鼓励村民积极参加村集体活动。例如,到"新时代文明实践站"听课,每次积一分;平时垃圾分类分得好积一分;垃圾分类每月评为先进者积一分;积极参加村里的清洁打扫等义务劳动的积一分;每天义工在收垃圾的时候会给分类好的计分。毛庄村还在村委会一楼建立起了爱心积分兑换超市,"爱心超市积分卡最多的时候一天能发出五六十张"。这家超市兑换的基本上是该村酵素基地生产的无公害农产品,还有食用油、蔬菜、面粉、制作酵素用的红糖及村民义工生产的酵素日用品。

几个月的坚持,全村95%以上的村民在家进行垃圾分类,有超过100位村民参加了义工服务。5月10日,毛庄村进行垃圾分类的第101天,新乡县主要领导和各局委负责人到毛庄村调研"零污染村庄"建设和垃圾分类。在参观过程中,相关领导对毛庄村的做法给予高度评价,并在全县人居环境大会上呼吁全县各乡镇向毛庄村学习。

四、再造人地新循环,变废为宝带动有机农业发展

现在,毛庄村的生活垃圾按照干湿分类,对于和熟的厨余垃圾混合的新鲜的厨余垃圾,义工会再次进行分拣。"收回去以后我们再继续分类,到现在已经能分到30多种。除了卫生巾、尿不湿、彩色塑料袋不能回收,白色的塑料袋有地方要"(见专栏一)。现在的垃圾分类中心原先是一个大的垃圾填埋坑,原本计划只够两年填埋用的垃圾坑现在只建了一个大三格的化粪池,原来在街道爆满的垃圾桶闲置在这里。现在村里比之前更干净了,蚊子、苍蝇也少了。以前,村里每个月要通过环卫公司外运垃圾1320桶。实行垃圾分类后,每个月只有4桶左右的不可回收垃圾需要清运,垃圾减量超过99%,基本实现了垃圾在地化处理。

除了垃圾减量,毛庄村在生态农业方面也取得了一定成绩。毛庄村有一块张新岭流转的试验田,用做酵素农耕试验,主要是想给村民做个示范,让他们亲眼看看垃圾处理之后的用途。这里的粮食作物和蔬菜水

> **专栏一　毛庄村垃圾终端处理**
>
> 1. 建筑垃圾：统一拉到分类中心填坑（没有渗漏液，不产生甲烷和二氧化碳，所以对环境无害，填埋的场地可以覆土复耕）
> 2. 田间垃圾（农作物秸秆）：作物秸秆，如花生秧等，汇集到酵素种植基地做堆肥。还有部分蔬果用于环保酵素的制作
> 3. 厨余垃圾：分为两个部分，新鲜的制作成环保酵素，其余的做堆肥。这种方式可以处理100%的厨余垃圾
> 4. 有毒有害：集中收集，到一定量后交给专业处理公司。因为分类，不会对土地、水源造成污染
> 5. 塑料垃圾：分可回收与不可回收。可回收的直接卖给资源回收公司。不可回收的（价值低且没有回收单位的，一定量后再寻找处理方案）存入白色塑料垃圾袋，积攒多后由回收公司来收取
> 6. 其他可回收垃圾：卖给资源回收公司
> 7. 其他不可回收垃圾：主要是尿不湿和卫生巾。因为没有混合湿垃圾，交给市政处理（填埋或焚烧），危害性大大降低

果不打农药、不施化肥、不用除草剂，用的都是村里自制的环保酵素和堆肥（见专栏二）。经有关机构检测，它们的农残数量大大低于标准值，很多城里人闻讯前来大量订购。目前，毛庄村酵素、堆肥等垃圾处理后的初步产物主要用于农耕试验田酵素。从试验田的经济收益来看，以2019年为例，共计盈余47.24万元。张新岭说："销售现在不成问题，因为种植面积还没有上规模，不敢大规模卖。现在名气有了，只要说是我们这儿出去的东西，别人都真的想要。这几年我们已经把品牌打出去了，这是别人花很多钱都做不到的。"

毛庄村的垃圾治理成果得到了新乡电视台、河南卫视以及《新乡日

> **专栏二　2019年毛庄村酵素农耕试验田经济效益情况**
>
> 1. 开支
>
> 　　分类后做酵素的糖蜜15桶，平均2天一桶，每桶50斤；一个月用750斤，2元1斤，共计1500元
>
> 　　10个桶，每个批发价格450元左右，共计4500元
>
> 　　义工生活补助按每人每月1500元计算，21人（包括蔬菜基地义工6名，垃圾分类义工15名）的生活补助共计31500元
>
> 　　以上3项合计平均每月开支3.75万元左右
>
> 　　全年开支45万元
>
> 2. 收入预估（环保酵素与酵素堆肥的价值流通需要政府相关政策配套才能有效良性循环起来，现按价值预估）
>
> 　　根据以上情况，预计产出：
>
> 　　节约市政开支每个月不到1万元，一年约10万元
>
> 　　8亩小麦生产酵素小麦，亩产800斤，计6400斤，每斤3.5元，共计22400元
>
> 　　蔬菜瓜果年产值约为5万元
>
> 　　环保酵素产量约10吨，2元/斤（保守估计，市场价5—20元/斤），1个月约40000元。年产值约48万元
>
> 　　酵素堆肥产量约46立方米/月，年产量约552立方米。按500元/立方米计算，一年的产值约为27.6万元
>
> 　　全年收入合计约92.84万元

报》《河南日报》《中国文化报》《经济日报》《光明日报》的关注，新乡市主要领导也进行了实地考察，毛庄村的12万元垃圾治理经费也是在得到领导认可后特批供村里自行安排的。

故事人物金句

张新岭 女，河南新乡人。2013年返乡，本着为父老乡亲做实事的想法，垫资为村里修路，深受村民爱戴。2014年12月任毛庄村村委会主任，2018年任毛庄村党支部书记、村委会主任。先后被评为"优秀共产党员"、"优秀妇女工作者"、"妇女先进工作者"、新乡市"乡村光荣榜好支书"、新乡县"巾帼建功标兵"等。

» 只要一心一意为老百姓办能办的事，就可以获得信任。

» 我们就用旧桶、废纸箱做垃圾桶，因为新的垃圾桶用几天就成了旧的，然后就又成了垃圾。我们做垃圾分类就是为了减少垃圾，所以不能产生新垃圾。

» 集体活动的举办，很好地凝聚了村庄居民的凝聚力，对志愿者的教育有很大帮助。

» 孝道教育在中国乡村进行了几千年，是中国乡村最大的传统和文化遗产。毛庄村搞孝道文化，一搞就灵。

专家点评·张孝德

在生态文明建设思想的指导下，我们要探索基于重建人与自然循环的"化整为零、资源化、微循环的系统集成"的农村垃圾处理模式。河南毛庄村的垃圾处理是一个重大创新。这种成本低而且能够使垃圾不出村资源化利用的新模式，值得关注推广。毛庄村的"零污染村庄"建设给了我们许多启示。

1.从孝道到"零污染村庄"建设，治理从净化人心开始。从系统辩证思维看，环境污染和垃圾问题不是一个单纯的环境问题，环境污染的根源是人心污染的问题。毛庄村"零污染村庄"建设就是从治理人心污染开始的。毛庄村在启动"零污染村庄"建设以前，进行了长期的乡村慈善孝道文化建设。举办了"孝道文化大餐"，开办"道德讲堂""新时代文明实践站""中华优秀传统文化培训班"等，大大净化了村庄人心，唤醒了村民的利他之心，形成了新的凝聚力。毛庄村出现了党员带头、干部队伍团结、群众乐于奉献的让人心干净向上的新文化环境，这应该是毛庄村"零污染村庄"建设取得成功的深层原因。

2.重建人地循环，在地化、资源化垃圾治理，是农村垃圾治理的必由之路。简单地将城市垃圾处理方式搬用到农村，其弊端更大。第一，乡村是高度分散的居住环境，将乡村垃圾集中到县城统一处理，在人口密集的县域还可以，在许多地域广阔、人口密度小的县域，如西部许多地区，垃圾集中到县处理是一种成本很高的做法。第二，集中处理，是一种造成二次污染的垃圾收运的处理方法。将垃圾集中焚烧、填埋等做法，是将污染从一个地方转移到另一个地方。这种隔断人与土地循环的逻辑治理，一方面导致土地肥力递减，另一方面带来环境污染。以重建人地新循环为前提，垃圾治理在地化、资源化治理，是中国农村垃圾治理的新思路、新方向、新模式。毛庄村的垃圾治理走的就是这条路。毛庄村通过把垃圾制作成环保酵素，让垃圾在地变废为宝，实现了垃圾的在地循环，还带动了有机农业的发展，取得了良好的经济效益。

3.垃圾治理是乡村组织再造、乡土文化复兴、生态农业发展的系统工程。毛庄村"零污染村庄"建设的启动，是从张新岭回乡当党支部书记开始的。毛庄村的垃圾治理是一个系统工程。张新岭不仅思路开阔，懂管理，而且懂得中国乡土文化对应乡村振兴的作用。在她的带领下，毛庄村的垃圾治理，不是单一行动领域、单一政策目标，而是成为乡村可持续发展战略的一部分。毛庄村通过垃圾治理这件小事，实现了垃圾源头分类与减量，并带来了村庄团结和文化复兴，农田生态系统修复，生活垃圾在地化、资源化处理。这些成就的取得不是靠政府大量的财政投资，建设或购买垃圾处理设备，相反，在这个过程中几乎零投资。成绩的取得靠的是乡村组织再造、靠村民的集体参与、靠一个好的乡村带头人。因此，实施乡村环境整治要调整发力点，进而取得事半功倍的治理成效。

专家简介

张孝德，中共中央党校（国家行政学院）社会和生态文明教研部教授，原国家行政学院经济学部副主任。兼任国家气候变化专家委员会委员、中国乡村文明研究中心主任，担任多地政府的经济顾问。主要从事生态文明、生态经济、乡村文明发展研究。

浙江大竹园村

美丽乡村的蝶变之路

解读专家：王晓莉

大竹园村是浙江省安吉县灵峰街道的南大门，距县城 10 公里，因有大片竹林而得名。村域面积 8.7 平方公里，辖 16 个村民组，有 564 户、2133 人。2021 年村集体经营性收入 159 万元，农民人均收入 45705 元。村党总支下辖 5 个党小组，共有党员 80 名。

作为美丽乡村建设的省长项目试点，美丽乡村始发地安吉县的大竹园村，先后获得"国家级美丽宜居示范村"、"省级先进基层党组织"、省级

大竹园村一瞥

"AAA 级景区村庄"、"省级森林村庄"、省级"民主法治村（社区）"、"湖州市市级文明村"、"市级生态文明标准化示范点"、"市级先锋示范村"等荣誉称号。

一、从环境治理起步的美丽乡村建设"三步走"

大竹园村的"美丽乡村"建设始于 2003 年时任浙江省委书记习近平同志亲自推动的"千村示范、万村整治"工程（简称"千万工程"），直接原因是因竹林而兴的造纸厂污染严重。环境治理大致历经了 3 个阶段。

第一阶段：2003—2007 年，村庄环境"治乱治脏"阶段。主要内容是开展农村环境整治的"五改一化"：改厕、改路、改水、改房、改线和环境美化。最早叫"村庄整治"，当时大竹园村没有村集体经济收入，初创的压力非常大。顶着压力，在听说上级政府有资金支持后，村里请了一位乡村建设设计师来指导，按照"一村一景点"的理念设计，设计费用由乡镇政府负责。

第二阶段：2008—2014 年，"美丽乡村"创建阶段。打造"中国美丽乡村"精品示范村，主要内容是农村公共服务设施配套升级，文化大礼堂、党群服务中心、老年人日间照料中心、乡村大舞台、公墓、卫生院、幼儿园等实现了街道全覆盖。政府的资金支持方式是以奖代补，只有通过项目验收之后才会有资金到账。村里中标的施工单位先垫付大部分资金，村里也尽量解决一部分，其余则要等验收通过后才能到账。2009 年，大竹园村获得浙江省"美丽乡村"精品村一等奖。2017 年获得安吉县"美丽乡村"精品示范村第一名，得到奖金 600 多万元。

第三阶段：2015年至今，"美丽乡村"升级示范阶段。大竹园村民居建设始于2016年，被列为浙江省浙北民居示范项目，主要内容是打造"中国美丽乡村"精品示范村，加快转型升级。后期注重在转型升级的基础上，作为乡村经营的试点，注重环境整治成果的转化，盘活村庄的集体资源，提升造血功能。精品示范村有较高的申报门槛，除了硬件建设，还包括村集体年收入要达到50万元以上，此后每年还要达到一定的增长，否则要扣分。通常是一年申报、两年培育，三年才能正式投入创建。大竹园村成功申请到省级农房试点项目，得益于联系大竹园村的街道书记提供的信息。经过一番努力，省领导到村考察后，对大竹园村的区域位置和村庄面貌非常满意。入选后，湖州市政府和安吉县政府都比较重视，配套完善，进度快、质量高。先建了新区，后做老村的拆迁工作，阻力很小。

目前大竹园村已经进入经营"造血"阶段，2018年成立了经营公司，2019年正式运营，与其他地方比较，受新冠肺炎疫情影响不算大。公司将民宿定位为中高端，民宿的最低价格为580元一晚。专业经营户要聘请民宿管家，村里组织管家培训，包括接待礼仪、汉服和旗袍着装培训等。并与流转农田的农业公司合作，开展亲子采摘、认领土地、体验土灶文化、接待政府疗休养等活动。下一步，村民要将空闲房屋改造为"自住+经营"模式，与客人同吃同住，体验乡村文化。

二、"有为政府+有效市场+有情社区"的乡村环境治理模式

1. 有为政府：治理理念+公共品供给+监督考核。在大竹园村，有

为政府的作用主要体现在治理理念、公共品供给、监督考核三个方面。一是治理理念方面，安吉县政府搞改造不搞大拆大建，充分利用有文化、有历史的建筑，拓展创意空间，建设乡村民宿；尊重自然美，不搞千村一面，推行多村联创实践，注重把"美丽乡村"建设与生态环境保护、历史文化挖掘、古村古树保护、乡村记忆、文化礼堂建设、产业发展等有机结合；求普惠实现全域覆盖，全县于2018年底实现100%的行政村和所有规划保留点建设全覆盖。二是公共品供给方面，分层分类推进"美丽乡村"创建，每年按指令性创建村、申报创建村和提升创建村三个类型进行申报创建，考核结果按精品村、重点村和特色村三类实施以奖代补。截至2018年，全县直接用于"美丽乡村"建设的财政奖补资金已超过20亿元。通过部门结对创业、村企共建、捆绑考核等措施，拓宽资金渠道，形成多元格局。总体上，县乡两级以奖代补资金约占50%，社会资金投入占30%—40%，村集体自有资金和村民投入占10%—20%。三是监督考核方面，首轮创建时确定了36项考核指标，打造升级版时扩充到44项考核指标。在升级版精品示范村考核中，还对一些重点指标拉开10%—20%档次考核，并实行末位淘汰制度。实行创建工作日常指导督促制，请县农办、规划、建设、文化、旅游、环保、卫生、交通、水利等部门以及规划设计单位进行指导督促，并将此纳入考核，与指导督促部门的新农村建设、"美丽乡村"建设的评优评先挂钩。

2. 有效市场："垃圾四分法 + 日出日清"市场化运营。按照安吉县"垃圾不暴露、转运不落地、沿途不渗漏、村容更整洁"的原则，确保垃圾"日出日清"，避免中转和运输过程中的二次污染。大竹园村的生活垃圾采取的是厨余垃圾、可回收垃圾、有害垃圾和其他垃圾四分法，清运工人定点到家家户户上门收集，每天一次，做到户分类、保洁员二次分拣。村庄内看不到大垃圾桶，只有果壳箱。厨余垃圾运送到街道办的资源循环利用中心处置。厨余垃圾转换率大概为 100 斤垃圾转化成

大竹园村银行卡积分垃圾分类回收平台

15 斤肥料。采取的是生物菌发酵处理技术，利用生物菌把有机物快速降解发酵生成有机肥料，这种技术对垃圾分类程度要求不高。有机肥料提供给灵峰街道下属的农业公司，流转到周边村庄的农田。对于可回收垃圾、有害垃圾，村民可自主投放到垃圾分类智能回收终端机，之后由专车收集进行资源化利用或无害化处理，按照"一户一卡"登记办理。对于分类活跃度较高的农户给予物质奖励。至于其他垃圾，村民只须投放到指定垃圾桶即可。

村庄卫生保洁由物业公司管理，隶属县级农村物业管理协会。物业公司由招标确定，每年物业费打包 48 万元，提供河道清理、村庄卫生保洁、绿化修剪等相关环境卫生服务。48 万元服务费要达到一定的标准才能拿到全款，村里同物业公司签订协议，规定若出现一个考核"较好"则要扣多少钱，若出现一个考核"一般"则直接解除合同，将压力传导给市场主体。村民每人每月交纳卫生管理费 1 元，交纳率达 100%。1 元卫生费，是调动村民主体性的有效抓手。村干部坦言，"要大家知道垃圾收集和长效卫

生必须有钱的投入，而且必须村民人人参与，我们的村民比较能接受，同时我们的宣传工作做得比较到位"。垃圾分类专项培训被纳入农民培训计划，并引入市场主体提供技术服务。河道、保洁、绿化、修剪，由街道办相应的配套资金来维持，一年考核中得到10个"好"就能得到配套资金48万元。自创建以来，大竹园村几乎年年考核都是"好"，只有两年是"较好"。两次"较好"，不是因为卫生原因，而是其他原因拖了后腿。

3. 有情社区：带头人＋"红黑榜"＋软实力提升村民主体性。带头人对于提升村民主体性起到示范引领的作用。带头人主要有两类——村干部和志愿者。村"两委"班子齐心协力，遇到困难不推诿、不畏难，迎难而上破解问题。工作中有时会有两三位村民小组长反对某件事情，村主任、村党支部书记就上门去沟通，先形成共识。以村民垃圾费用收取为例，取消农业税、惠农政策不断出新，垃圾费是村里唯一要向村民收缴的款项，邻村很多都收缴困难。大竹园村党员干部上门宣传，工作到位，效果显著。村干部坦言："垃圾分类培训会，来的人素质层次参差不齐，有些人可能一听就懂了、学会了，然后回去认真做。还有一部分人不仔细听，回去也做不了，甚至根本就不愿意做，所以我们必须上门去指导。"

上门指导主要由志愿者负责，志愿者由妇女小组长兼任。垃圾分类也就成了志愿者的一项主要工作。村干部介绍："你说这个是餐厨垃圾，我要首先打开看看，你是不是把塑料袋一类的东西放到餐厨垃圾里去了。开始我们要每家去看，几天看下来的话，哪几家是分类很到位的，肯定知道了，就不用再去管了，让他们坚持下来就行了。还有几家不愿意分类的，要督促他们、帮助他们，这个过程就比较慢，现在也要每天有人去看。"此外,大竹园村还成立了由党员、民兵、退伍军人组成的家园卫队,由党员、妇女、儿童、青少年等组成的七彩志愿服务分队。党务、村务、财务定期公开,特别是财务明细及凭证,每月通过"村村看""爱安吉"手机App系统公布,方便村民查阅。

"红黑榜"对于提升村民主体性起到激励、督促的作用。大竹园村主要采取的是红榜正向激励的做法。县、乡镇(街道)和村经常举办垃圾分类大赛。村庄每年开展美丽家庭评选,激励各家庭竞争,促进村民整改,考核类别包括:庭院设计布局美、物品摆放整齐美、清洁卫生环境美、花木繁盛绿化美、文明和谐家庭美"五美"(见下表)。

"文明从家庭开始 我是庭院美妆师"庭院大赛评分表

考核类别	细则	分值	得分
庭院设计布局美	庭院整体及周边空间设计合理,与周边自然环境协调一致,庭院整体美观程度。如达不到要求,酌情扣分	8	
	庭院门口及周边公共绿化带无毁绿种菜等与整体规划不符现象,庭院内外无乱搭乱建情况,不侵占集体土地用作私用,视违建物面积大小及位置醒目程度,酌情扣分	8	
物品摆放整齐美	庭院周边及房前屋后设施用具合理摆放,有序停车,无杂物堆放,生产生活用具、洗涤设施、砖瓦石块、柴草木料等物品堆放整齐有序。每发现一堆有碍观瞻的杂物扣1分,扣完为止	8	
	衣服鞋袜晾晒美观、整洁,有随意晾晒衣物被褥等的酌情扣分	6	
	外墙无乱张贴、乱涂写现象,庭院外观规整有序。发现乱贴乱涂写现象的,一处扣1分,扣完为止	8	

续表

考核类别	细则	分值	得分
清洁卫生环境美	庭院地面干净整洁，庭院内外无垃圾杂物、无大面积污水污渍、无露天排水污沟、无卫生死角（盛水容器），地面平整无坑洼。每出现上述一类情况扣2分，扣完为止	8	
	做好垃圾分类、垃圾不落地收集，生活垃圾定点投放，垃圾分类按要求分类入桶（箱），每分错一种扣1分，扣完为止	8	
	鸡鸭狗等实行圈养，文明养犬，及时清理污染物和粪便，无污水直排或粪便露天堆放现象，有散养的家禽家畜，每发现一只扣1分，扣完为止	8	
花木繁盛绿化美	注重庭院绿化设计，绿化空间错落有致，生态环境良好，绿化面积占庭院面积50%得满分，每下降10%扣2分，扣完为止	8	
	庭院内广栽花草树木、盆栽盆景，品种丰富、四季常绿、养护良好，无杂草枯木，院内有5种及以上绿植得满分，每少1种扣2分，扣完为止	8	
文明和谐家庭美	有家规家训传承，体现正能量，并能提炼出通俗简洁的语句上墙展示的得满分	8	
	家庭成员环保意识强，积极参与各类志愿服务及公益活动，自觉维护公共卫生，绿化美化周边环境，家庭成员每年度每参加一次志愿活动得1分	7	
	自觉遵守社会公德、模范遵守村规民约，家庭关系和谐，家风向上向善，邻里相处融洽，主动配合中心工作。每出现违反上述一类情况的扣1.5分，扣完为止	7	

软实力对于提升村民主体性起到基础性作用。打造软实力的主要抓手是文化建设和人才建设。大竹园村编制村史、村歌，通过泥塑馆、文化礼堂，展示本土泥塑、农耕、竹文化，以文化元素传承共同记忆。开展各种文化活动，每年举行两场礼仪活动，中秋节举行"七岁开蒙礼仪"，重阳节举行"重阳敬老礼仪"。老年协会每月举行一场戏曲交流或排舞培训，村文体队在各个重大节日举行文艺活动，举行非遗－泥塑文化的学习与传承活动，常态化组织志愿者服务、美丽家庭评比、村民晚会、乡村体育节、白茶知识培训、垃圾分类培训等活动。支持培育优秀"村二代"发展电商产业，留住人才支持村庄发展。邀请年轻大学生回乡创业，为村里注入新鲜血液，凝聚乡村振兴正能量。例如，泥塑馆项目招租，既传承了泥塑文化，又引进了新的文化产业。

三、生态治理转化为经济效益和社会效益

1.经济效益。大竹园村完成了生态环境从破坏到修复的阶段，开始将绿水青山转化为金山银山。也就是说，大竹园村已经进入农业农村生态环境治理的发展期。目前做法有两类：第一类，村企合作模式。自2012年起，先行先试流转土地1763亩，实施"蔬香大地"项目，通过花卉种植、有机农作物销售等，发展现代休闲观光农业新业态。每年村集体及村民可获得土地经营权流转、劳务费等收入近260万元。第二类，公司化运营模式。村集体以公司为单位统筹资源，成立安吉春田原筑旅游发展有限公司，村集体入股占比30%，以其中15幢房屋+2套共建设施为自由资产，对外招商，创新形成"民宿+民舍"联动经营模式，深

度开发民宿、餐饮、文创、研学、农事体验等乡旅业态。目前已有36家民宿开业，2021年经营户+农户旅游收入达800万元以上；统筹管理、统一品牌，以"家"文化为主题，打造特色民宿，互利共赢。

2. 社会效益。大竹园村以生态环境治理为抓手，从全县的经济薄弱村发展为"中国美丽乡村"精品示范村，在整体环境提升的同时，村庄的人气也越来越旺。幼儿园入学率提升，村民更愿意在村里居住。过去，人们往往把孩子送到县城上学。2009年按照县实验幼儿园标准新建后，进入大竹园村幼儿园如今需提前报名。不仅本村的幼儿回村入园，就连附近村庄的幼儿都来入园。提升改造居家养老服务中心，每年重阳节给60岁以上老人发放补贴。此外，有效构建"自治、法治、德治"的"三治"融合的乡村治理"三脚架"。将垃圾源头分类、定点定时投放及其他规范村民卫生行为的相关要求纳入村规民约之中。妇女小组长和村民小组长定期召开有关垃圾分类的宣传会议，并逐户发放相关宣传资料。老党员、老干部对垃圾分类不规范行为进行入户规劝指导。村干部、保洁员、农户三方相互监督：保洁员在垃圾回收过程中对农户分类情况进行监督与指导；村督导考评小组每周汇总统计农户的垃圾分类情况；农户则可对保洁员、党员和村干部的失职失责行为进行投诉。

大竹园村幼儿园

故事人物金句

俞亚琴 女,大竹园村村委会前主任,2005年4月当选为村委会委员、妇代会主任,2013年12月至2020年11月任村委会主任。曾组建大竹园村平安家园卫队,致力于维护社会治安、应急处突、平安宣传、安全生产等方面工作。

» 我们是安吉县的经济薄弱村。通过2009年的"美丽乡村"精品村创建,我们大竹园村获得了一等奖,拿到了精品村,环境整体提升了很多。

» 我们就是从长效卫生这处入手,做精做好的。

» 村民每人每月交1块钱,就是象征性长效卫生管理。我们这个工作做得比较细。上门宣传的时候,就说你们垃圾以前是乱扔的,现在收起来了会产生费用,而产生的费用远远高于1块钱。那么,我们每月象征性地出1块钱,必须让大家知道垃圾收集和长效卫生要有投入,而且必须村民人人参与。

专家点评·王晓莉

大竹园村生态环境治理充分发挥了有为政府、有效市场、有情社区的合力,特别是在实践中充分提升农民参与的自主性。通过大竹园村的案例,可以将提升农民参与的主要经验归纳为如下四点。

1. 加大对农业农村生态环境治理的基础投入。足够完善的基础设施保障体系是农民参与生态环境治理的基础，让农民参与有畅通可行的渠道，有实实在在看得见的成果，进而增强群众的参与能力和参与意愿。大竹园村作为省长项目试点，既有大量公共财政的直接投入，同时鼓励地方以基层政府或行政村为单位有效整合多方资源，因地制宜，取得了1+1＞2的典型引路效果。

2.党员干部积极作为，强化自治，带动村民参与。大竹园村建设初期，党员干部以身示范，带动村民在参与过程中不断感化自身，如参与栽种绿化树、出力写标语、画画等。此外，大竹园村特别注重村民自治，按照"专家设计、公开征询、群众讨论"的办法，确保村庄规划让群众满意。创建工作按照"村民大会集体商量、村级组织自主申报、农民群众全员参与"的原则，变"为我建"为"我要建"。充分发挥村规民约的抓手作用，积极培育和发展志愿者和农民组织。

3.利益驱动，构建有效的激励约束机制。农村生态环境治理往往需要借助村庄内部的集体行动，克服集体成员的"搭便车"心理是关键。解决这一问题要从激励和约束两方面入手。大竹园村主要以社会奖励来激励群众主动参与，既有物质利益，也有精神奖励，如职业奖励、精神荣誉、名声威望等，开展"最美家庭""村庄好人""最美义工"等评选活动，公开表扬积极参与治理的群众或者直接给予物质奖励。随着大竹园村由治污进入美丽经济发展新阶段，利益驱动的促进作用越来越明显，下一步要健全完善要素保障机制，实现利益驱动同村民参与良性循环。

4.文化建设，强化农民参与的社区认同。提升农民参与农村生态环境治理的内生动力，本源在于农民自身对于良好环境需求的内在偏好和文化认同。因此，要建立并完善社会环保教育服务体系，以提高群众环境治理参与能力、参与意愿以及促进环境治理参与行为。大竹园村已经具备了建立环保教育研学基地的条件，不仅通过政府购买公共服务聘请专业人士定期开设农业生产污染防范、农村生活垃圾分类等针对农户的环保教育课程，鼓励引导农村学生参与生态环境治理实践，提升生态环境治理能力和意识，还面向城市人群开展各类环保教育研学活动。

■ 专家简介

王晓莉，中共中央党校（国家行政学院）社会和生态文明教研部副教授。

湖南光明村

分布式、生物化污水治理新模式

解读专家：王晓莉

光明村位于湖南省长沙市望城区白箬铺镇的西北部，西接宁乡，东临长沙，全村总面积约8平方公里，1077户，总人口3717人。光明村原是一个地处偏僻、相对封闭的山村，由于交通不便，资源匮乏，经济发展比较落后，2003年，全村人均年收入不足3000元，那时大部分家庭住的还是土坯房。人居环境较为落后，厕所是很简单的茅厕，村集体经济几乎为零，80%的劳动力外出打工。为改变光明村的落后面貌，2004年，光明村被列为长沙市的建设扶贫村。

光明村脱贫之路既不同于传统古村落，也不同于少数民族地区村落，而是把生态、零排放作为村庄治理的切入点，紧紧围绕"农业强、农村美、农民富"的战略目标，统筹推进农村人居环境和小微水体治理，打好乡村振兴的第一仗。2008年，光明村被评为"湖南省社会主义新农村建设示范村"。2021年，该村集体经济突破447万元。第三方机构所做民意调查显示，村民的幸福指数高达 98%。全村生活污水处理率达 95%，达到国家一级水源排放标准。目前，光明村已获"全国生态文化村"、"全国特色景观旅游名镇（村）"、中国"最美丽宜居示范村庄"、湖南省"两型"示范创建单位、省级乡村振兴示范村、湖南省农业旅游示范点、湖南省休闲农业示范点等荣誉。

光明村一角

一、因地制宜，分布式、生物化污水治理新模式落地光明村

光明村原来的人居环境"污水靠蒸发、垃圾靠风刮、屋里简单化、屋外脏乱差"，村民洗衣、洗拖把等的污水和各种垃圾都往小池塘里倒，夏天很多地方都是臭气四溢、蚊虫乱飞。2008 年在社会主义新农村建设的政策支持以及各级党委的领导下，光明村启动农村散户污水处理试点项目建设，重点整治村庄人居环境。

光明村在污水治理之初就采用 4 种较为先进的技术：一是采用"生物处理 + 生态过滤"处理工艺，属于可单独安装的污水处理模块，有 21 户村民投资 0.61 万元做试验点。二是太阳能新型复合人工湿地技术，设备总投资约为 7.06 万元，9 户试用村民每户 0.78 万元。三是中车华腾环保科技有限公司净化槽技术。四是人工湿地技术。

光明村分散式污水处理点

经过长时间的实践，结合光明村的村户排列特点、施工难易程度等现实情况，污水处理技术不断升级，严格意义上讲前述的4种技术，村里最终都没有采用，而是在实践后进行相应的优化，最后采用异曲同工式的人工湿地模块化，即在家门口草坪一角留三四平方米的地方用白色木栅栏围起来，里面种植一丛美人蕉，井盖上标识"调节区""生物处理区""出水区"，这是生物处理、生态过滤的一种方式。根据村庄形态和规模，按照"能集中则集中、宜分散则分散"的原则，在人口相对聚集区域建设联户型的生态模块，剩余农户选择村组处理或分户处理等分散处理方式。比较偏远的村户，采取的是三级净化、四级处理，即经玻璃钢三级化粪池流到一个大概1平方米的人工小湿地。

当然，现在的各种处理系统也在不断升级。例如，隔油池基本上每年都在升级，最开始的隔油池是分为三格，清理比较困难。现在的隔油池是钢化玻璃的，用篮子提起，油就直接滤出，使用起来比较方便，也更加人性化了。现在家家户户配备了玻璃钢三级化粪池，整体填埋式的一个玻璃钢三级化粪池售价1025元，村民出200元（劳动力投工折合）或者自己投入两天劳动用工，自主开挖就可以。

污水处理系统建成以后，更重要的是通过维护实现可持续化发展。

光明村实行门前责任三包制度、环境卫生管理实施方案等。现在家家户户有卫生厕所及污水生态处理系统，村民早上起来第一件事情就是拿上扫帚，清扫自己的责任区域，将生活垃圾进行有效分类和处理，再给自家的绿化除杂，清理污水处理设施里的沉积物。村里的河道、沟渠、池塘等公共生活水域，村民都有义务投入维护。大多数常态化污水治理的维护非常简单，有些模块只需要一两年维护一次电机，日常添加消毒棒，所需维护资金很少。这是一种可持续的污水治理模式。目前整个望城区农村基本上普及了这种污水处理系统。

二、分布式污水处理：成本低、操作便捷，深受村民喜欢

光明村非常重视污水的源头治理。对村民，要求所有农家乐、民宿的厨房污水进行油污分离处理，全村因地制宜地对农户的生活污水、垃圾实施集中和分散的"三池一地"（油污分离池、干湿垃圾分解堆沤池、三级化粪池和人工湿地处理）处理模式，每天村民家里厕所、厨房、洗衣洗澡的水进入"三池"后进行生态处理后再流到人工湿地，经植物净化后才能流进山塘、山坝。也就是说，从源头上，治污水、治厕、治垃圾同步进行。目前，光明村已建设 10 余个大型人工湿地，近 30 个分散式人工湿地，取得污水处理和资源节约的最佳效益。光明村"三池一地"散户生活污水处理模式在 40 余村推进，被全省推介。

在公共水域治理层面多措并举。第一，光明村"两委"积极主动进行产业结构调整，全村全域水系周围 500 米全部退出畜禽养殖。第二，严格控制化肥、农药的使用，实施生物处理技术与沟渠疏浚相结合的农

业面源污染综合治理模式，全村降低化肥、农药使用量20%以上，同时新增生态拦截沟以减少面源污染。第三，开展截污工程和水井治理，共修建生态拦截沟渠1000余米，完成山塘清污近100口，完成水井治理600余口。实施坝湾河坝护砌、八曲河闸门更新等水利工程，完成水毁工程修复近20项。对全村近百亩骨干山塘、重要干渠进行生态清淤。

人工湿地主要采取生物和生态的处理模式。处理污水需要8000—10000元/吨的资金投入，改造便捷。模块化快渗人工湿地处理系统有突出优势：设计灵活，简单规范，工程费用低；处理效果持久有效；运营成本低、操作简单。而且，人工湿地还是一道微景观，一年四季鲜花盛开。美人蕉、燕尾草、狗尾草，这些吸附能力特别强的植物可以吸附氨和氮，处理的效果也很明显。目前，人工湿地技术已经获得湖南省环境保护厅、科技厅的认可。湖南省环保厅和科技厅组织专家对人工湿地技术进行技术鉴定后，将人工湿地向全省范围进行推荐，并纳入政府采购目录之中。目前，光明村污水治理排放达到国家一级B类排放标准。

光明村小型人工湿地

三、党建引领综合治污，治污带来乡村发展新气象

最初，村民不愿意参与环境治理。2008年，民居改造和环境治理开始时，如果有领导来村里考察调研，由村干部组成的工作小组要到农户家中清扫庭院，甚至要为他们叠被子。村民不知道切入点在哪里。2012年，乡村环境（生活污水、厕所等）连片综合整治开始之后，村镇鼓励村民办农家乐，发展现代休闲农业，以带动乡村旅游。村"两委"借此机会，抓住党员这个关键少数，由党员家庭带头参与，以党建引领村庄环境整治。村民开办农家乐，房屋、厕所进行改造后，房前屋后绿化得很漂亮，生意红火，经济效益可观。有的村民把建于20世纪80年代的老房子经社会企业投资改造后，每年有3万元租金。村民赚钱的路子变多了，青山绿水带来了"美丽经济"，真真切切获得了实惠。在环境改变的过程中，村民的观念逐渐改变，从原来的等、盼转变为积极主动参与。村民总结，现在的光明村是"环境好了，素质高了，乡风变了，荷包鼓了"。村民由当初的不支持、不了解、徘徊、观望到现在的筹资筹劳、自我管理、自我建设、共同维护，发生了质的变化。近年来，环境整治、民居改造、道路养护、水利疏浚等事务，村民投工投劳比例达到90%。

小微水体治理工作在开始推进时，光明村采取的重要举措就是通过党建带群建，引领群众。2013年，光明村创新了党员管理模式，即"党员一联三"工作方法，也叫"1+1+1帮扶"，以党建带群建，以党风带家风。每名党员负责联系三家农户，每个月走访一次，对其生产生活习惯、思想动态、生活垃圾分类、养老合作医疗缴费等进行动态跟踪，开展亲

情帮扶、劳动力帮扶、资金慰问帮扶,做到相互监督常态化。例如,资金慰问贫困户,或者谁家有急需劳动力的,可以互相帮忙,在这个过程中凝聚了群众的向心力。这也是考虑到村集体经济比较落后,要可持续发展必须激活群众的内生动力。光明村率先创新探索"三三四"模式工作方法,即按照党委主导、村委主体、村民主人的方向,发挥党建聚合力、资源整合力、群众内生力作用,实施共商、共建、共治、共享路径,党员带头、户户参与、人人出力,调动了群众的积极性。另外,光明村非常重视对党员群体的感情维护,村"两委"定期组织党员走访,了解党员对村里学习情况的反馈,自评志愿服务、好人好事自荐,收集党员对党支部、村委会的工作等的评价。建立村干部联系党小组制度和党员干部联系群众制度,在各项重大事务决议中走访联系党员和群众,广泛征求党员和群众的意见建议。

光明村在处理村民各种争议时采取道德评议与法治相结合的方法,用社会舆论来推动正能量。其中,村务重大事项交由村民代表大会表决,村民代表大会表决通过的要无条件执行。对村里事务不了解的,对村干部有异议的,家庭之间利益分配有矛盾的,对公共事务不同意但又没有违法的,要采取道德评议来解释。道德评议组由60岁以上的党

光明村小微水体治理(池塘)

员组成。两种方法相结合，村庄实现了在民风淳朴的基础上的稳步发展。这充分体现了自治、法治、德治的统一，解决当前农村法律管不到、行政管不来或管不好的事情。

光明村始终贯彻"绿水青山就是金山银山"理念，从人居环境整治着手发展农家乐、民俗，带动乡村旅游业，农产品销售产业的发展，短短几年的时间改变了贫穷落后的面貌，摇身一变成为美丽宜居、生活富裕、生态优美的新乡村。这是因为光明村"两委"精准识别村庄区位优势、原生态优势，从小微水体治理着手环境治理，发展农家乐、民宿、乡村旅游等特色生态产业。同时，注重传承"孝、贤、礼"孝贤文化，物质基础和精神文化建设同步提升，实现了村庄的全面可持续发展。

四、志愿者服务，让治污成为村民参与的公益活动

望城区是雷锋的故乡。光明村注重弘扬雷锋精神，在中心工作中既注重村内的志愿者组织，也借助专业的志愿者服务力量。光明村发起"爱村日行动""雷锋志愿者活动"等，村里每个月基本都会组织一次针对全村公共区域、房前屋后河塘等地的白色垃圾拾捡以及水域清理维护活动。镇一级有相应的河长制、林长制，由村党支部书记、村干部常态化地去巡河、巡塘，村里志愿者也会开展常态化的维护环境活动。自2013年始，光明村就采取党员积分考核的办法，确定党员每年每人至少5天义务劳动，在节假日进行志愿服务。现在道路两侧的绿化栽植及维护都是党员的常态化工作。村民家庭进行垃圾分类后，由雷锋百姓城管志愿服务中队跟踪分类后的垃圾常态化管理，每季度村里会对志愿者服务队进行一

次考核。每个片区有 100 多户人家。每个片区 1 个保洁员志愿者，负责 120—140 户人家。保洁员志愿者的绩效工资就是村民无偿给予的可回收垃圾：志愿者分类之后，镇环保总站按照市场价格予以回收，回收金额即志愿者的绩效工资。这就促使志愿者积极进行生活垃圾分类。此外，村里还非常重视妇女的作用。妇女是村里最接地气的志愿者，每个妇女代表一个家庭，通过每一个妇女能够调动家庭的积极参与。村庄要靠所有村民家庭共同的参与来激活、共建、共治和共享。

故事人物金句

陈志伟 光明村党总支副书记、第一支部书记，长沙市望城区众大文旅产业发展有限公司执行董事兼总经理。社会主义新农村建设之初众多回乡创业青年之一，是近年来村庄发展、建设的参与者、见证者、受益者。承担光明村的外事接待工作，至今已接待 87 个国家的外宾、近 600 万游客，年接待公务考察团队 400 余批次。

» 通过环境的改变能够带来村民精神上的改变，精神变化又成为乡村发展的新动力。但转变并不是一蹴而就的，它是通过 10 多年的时间慢慢积累起来的。

» 妇女能顶半边天，一定不要忽视这股力量。所以，我们注重妇女的团结和她们的凝心聚力。妇女组织是乡村黏合剂，能助推乡村形成文明和谐之风。

» 小事讲风格，大事讲原则。办事一定要站在维护广大群众的角度，不能想着为自己谋利。这样即使工作上有个别人不理解不支持，时间久了也都会转变态度支持村里的工作。

» 乡村生活是包括自然和人文全方位的原生态，其核心是原住村民，然后才是建筑、环境、田园等风物。乡村建设是营造一种小众的、鲜活的、带有情感色彩的亲情社区，渲染一种与原住村民心相印、手相牵的生活氛围，而非创造一个大众的、生硬的、带有商业气息的业态和客情的景区。

专家点评·王晓莉

1. 光明村走的是因地制宜自上而下与自下而上相结合的治理之路。近年来，全国各地县域统筹推进农村生活污水治理，取得了一定的经验，但主要是基于技术治理为主的思路，大致做法是设计、建设、运营一体化，交由第三方统一运行维护，村民作为受益对象被动配合。通常的做法是，政府通过自上而下的行政动员，使村民了解污水治理的知识和政策，增强参与污水治理的意识，查处违规处理污水、破坏治理设施等行为。有的地方会要求村庄配备协管员，提供基本运行维护知识培训，注重在特殊气候条件下的快速响应，以及强化节假日和边远运维的巡查等。还有的地方细化村民参与机制，要求每个项目村都落实一名村民监督员参与项目建设与运维，协调矛盾，监督工程质量。大量的实践证明，这种单一的依靠自上而下的技术输入、市场化运营的方式，虽然为乡村治理提供了许多技术，但缺乏自下而上的当地村庄的参与，形成了许多治理工程不能落地或者落地后成本高以致无法运营的问题。

光明村的生活污水治理，之所以取得成功，主要是发挥自下而上的村庄参与作用。作为长沙市散户型污水处理试点村，光明村同时引进了四项技术，成为各类生活污水治理技术的竞技场。经过试验之后，结合当地实际情况，在借鉴四类技术的基础上，采取了成本低、操作便捷的人工湿地的新方案。这个最终落地的新方案，实现了生活垃圾、厕所粪污与生活污水同步治理。人工湿地模块化技术不仅改变了水质，也带来了村容村貌的改变，一年四季鲜花盛开，使治污工程成为美丽工程。

2.自下而上的村庄、村民参与的过程，是乡村组织化的过程。随着治理的推进，村民参与呈现由被动的"受益对象"到主动的"参与主体"的转变。治污启动阶段，村民主要在行政力量动员下被动参与，光明村采取的重要举措就是通过此前建立起来的"党员一联三"的党建带群建工作方法，党员带头干，并且对党员进行积分量化考核。治污常态化阶段，充分弘扬雷锋精神，借助专业志愿者力量进行常态化管理，群众看到成果后逐渐就跟着党员和志愿者进行日常维护，逐渐形成一种常态化机制。治污收益阶段，光明村进入发展美丽经济阶段，发展农家乐、民宿、乡村旅游、特色农产品销售等生态产业。村民切切实实从治污中获得了实惠，提升了收入，自发投资投劳进行运维管护，精神面貌、乡风民俗都有了明显改观。

3.光明村采取的是一种政府、村庄、农民三个主体协调治理的模式。光明村是湖南省社会主义新农村建设示范村、长沙市市长的联络点。光明村环境治理的最初推动者确实是政府。但是，光明村能够走出自己的治理模式，最重要的原因，还是村党支部发挥了重要作用。他们不是盲目接受政府的投资和外来技术，而是把功夫用在内生力上。例如，来自长沙市和望城区财政补贴的2700万元，作为新农村建设人居环境治理的启动资金，在村委会的运营下，吸引对农村有情怀、有实力、有想法的企业家投资乡村旅游逾9亿元。10年间，光明村吸引政府投入和社会资本共计约10亿元，带动村民自主投入3600多万元。

■ **专家简介**

王晓莉，中共中央党校（国家行政学院）社会和生态文明教研部副教授。